金融减贫的理论与实践
——以四川省宜宾市为例

JINRONG JIANPIN DE LILUN YU SHIJIAN
——YI SICHUANSHENG YIBIN SHI WEI LI

主　编○刘　艳　臧敦刚
副主编○池文强　吴　平　程　亚　刘丹

西南财经大学出版社
Southwestern University of Finance & Economics Press
中国·成都

图书在版编目(CIP)数据

金融减贫的理论与实践:以四川省宜宾市为例/刘艳,臧敦刚主编. —成都:
西南财经大学出版社,2018.5
ISBN 978 – 7 – 5504 – 3509 – 4

Ⅰ.①金…　Ⅱ.①刘…②臧…　Ⅲ.①金融—扶贫—研究—中国
Ⅳ.①B832.3

中国版本图书馆 CIP 数据核字(2018)第 118181 号

金融减贫的理论与实践——以四川省宜宾市为例
主编　刘艳　臧敦刚

责任编辑:汪涌波
封面设计:何东琳设计工作室
责任印制:朱曼丽

出版发行	西南财经大学出版社(四川省成都市光华村街55号)
网　　址	http://www.bookcj.com
电子邮件	bookcj@foxmail.com
邮政编码	610074
电　　话	028 – 87353785　87352368
照　　排	四川胜翔数码印务设计有限公司
印　　刷	四川金鹏宏达实业有限公司
成品尺寸	170mm×240mm
印　　张	20.5
字　　数	237 千字
版　　次	2018 年 7 月第 1 版
印　　次	2018 年 7 月第 1 次印刷
书　　号	ISBN 978 – 7 – 5504 – 3509 – 4
定　　价	92.00 元

序言

　　我国是世界上最大的发展中国家，贫困仍然是我国经济发展过程中面临的重要问题。 世界银行在 2015 年将国际贫困线标准从此前的每人每天生活支出 1. 25 美元上调至 1. 9 美元，相关报告显示我国极度贫困人口数量排在世界第三位。 消除贫困、改善民生、逐步实现共同富裕，是社会主义的本质要求，也是我们党的重要使命。党的十八大指出，消除绝对贫困、"补齐短板"是全面建成小康社会进程中最为关键的一环。 2018 年的中央一号文件《关于实施乡村振兴战略的意见》则再次明确目标任务：到 2020 年，现行标准下我国农村贫困人口实现脱贫，贫困县全部摘帽，解决区域性整体贫困。

　　金融作为现代经济的核心，不仅是经济社会发展的重要推动力量，也是消除贫困、改善民生、逐步实现共同富裕的重要保障。 在我国减贫过程中，金融工具、金融服务及金融机构发挥着不可忽略的作用，推动着我国减贫工作的顺利进行。 2016 年央行等七部门共同发布了《关于金融助推脱贫攻坚的实施意见》，该意见指出，到2020 年金融应为实现打赢脱贫攻坚战、全面建成小康社会的目标提供有力有效的支撑。 这表明扶贫的要点之一就是发挥金融的作用，推动金融资源更多地向农村倾斜，加快构建多层次、广覆盖、可持续的农村金融服务体系，发展农村普惠金融，降低融资成本，全面激活农村金融服务链条。

　　目前，我国脱贫攻坚取得了阶段性成果。 截至 2017 年年末，全国农村贫困人口 3 046 万人，比上年末减少 1 289 万人；贫困发生率 3.1%，比上年末下降 1.4 个百分点。 而到 2020 年我国要全面建成小康社会，这意味着在未来三年，要全部解决剩下的 3 000 多万人口的贫困问题，所有的贫困县包括 592 个国定贫困县和 200 多个省一级贫困县要全部摘掉贫困帽子，扶贫开发已进入啃硬骨头、攻坚拔寨的冲刺期。 四川省是全国脱贫攻坚任务最繁重的省份之一，且多集中分布在连片特困地区，同时藏区、彝区等民族地区深度贫困与自然条件、民族宗教、社会治理等因素交织，扶贫攻坚更具特殊性、复杂性和艰巨性。 其中，宜宾市属于我国乌蒙山集中连片特困区域，屏山县、高县、珙县、筠连县、兴文县是国家和省级扶贫开发工作重点县，贫困规模相对较大。 区域集中连片贫困与"插花"式贫困并存，贫困问题较为复杂，是四川省贫困问题较为严重并具有代表意义的地区。 在国家和地方的共同努力下，宜宾市通过政策性金融机构、传统商业性金融机构以及新型金融机构扶贫模式相结合等金融扶贫方式，贫困问题逐年缓解。 特别是以村镇银行、资金互助社和小额信贷公司为主要构成的新型金融机构，一方面帮助贫困人群克服了信贷约束，另一方面平滑了贫困家庭消费并增加了经济活动能力，有效缓解了贫困地区银行业金融机构网点覆盖率低、金融供给不足、竞争不充分、信息不对称等问题。

金融减贫是当前打赢脱贫攻坚战进而全面建成小康社会的重要措施。 之前相关研究普遍以我国整体或东西部各省份作为研究对象，同时，直接研究区域金融减贫问题的文献较少，两者的关系大多隐含在金融发展、经济增长与收入差距的研究结论中，缺乏全面的讨论与分析。本书选择宜宾市为研究对象，首先，立足反贫困理论与金融减贫理论，通过理论分析得出金融减贫的直接与间接影响机制；其次，在归纳与总结四川省及宜宾市金融减贫现状与问题的基础上，对宜宾市金融减贫绩效进行实证评估研究；最后，借鉴国内外金融减贫经验，结合区域发展实际，为区域的脱贫攻坚问题提出相应政策建议，具有一定的理论和现实意义。

本书力求概念简明易懂，原理阐述清晰，影响分析全面，政策含义明确，对金融减贫的理论与实践问题有较为深入的研究。本书主要包括六章：第一章，引言。该章主要介绍本书的研究背景与意义，并对国内外学者关于金融减贫的相关研究成果进行了梳理和评述，在参考借鉴的基础上确定本书研究思路、内容与方法以及相应的创新点和不足。第二章，反贫困理论与金融减贫理论。该章主要围绕"金融减贫"和"反贫困"两个关键词，对贫困、反贫困、金融减贫等重要概念和理论基础进行界定与阐释，论述了金融发展与贫困减缓之间的逻辑关系及作用机理。第三章，宜宾市金融减贫的现状与问题分析。该章由大及小地梳理了四川省与宜宾市金融减贫的现状与问题，重点阐述了宜宾市金融减贫模式，并从经济发展、公共服务、基础设施与生态环境四方面的静态和动态评价区域实际减贫成效，为"十三五"期间区域金融减贫提供现实参考。第四章，宜宾市金融减贫绩效的实证评估研究。本章通过搜集整理宜宾市年度时间序列数据，以金融发展规模、金融发展效率与金融储蓄结构度量区域金融发展水平，以农村居民恩格尔系数和农村居民人均收入度量贫困减缓水平，构建向量自回归模型（VAR）实证研究区域金融发展对贫困减缓的长期与短期影响。第五章，国内外金融减贫经验借鉴。本章从国内（宁夏回族自治区、甘肃省、青海省、湖北恩施州）和其他国家（印度、孟加拉、美国等）两个方面分别阐述较为典型的有效扶贫模式，为区域金融扶贫乃至全国性的金融扶贫提供了有益的经验借鉴。第六章，金融减贫的政策启示与建议。根据前文对宜宾市金融减贫现状的分析及问题总结，结合宜宾市金融减贫绩效的实证分析及结果讨论，借鉴国际经验，提出相应的政策建议，主要包括金融扶贫的规模、效率、具体措施、内在发展、制度环境建设与财政扶贫的协同联动等多方面内容。

本书的编写者是具有多年教学和科研经验的老师，其研究方向多为农村金融。同时，部分优秀的研究生及本科生参与了本书的资料搜集及撰写工作。本书各章编写分工如下：第一章，臧敦刚、苟均林、谢世民；第二章，刘艳、郭思好、田尘；第三章，刘艳、艾思静、胡芝嘉；第四章，李后建、池文强、任石；第五章，吴平、程亚、何婷；第六章，刘丹、李子祎、唐瑭；全书最后由刘艳和臧敦刚统一定稿。

本书的筹划、写作前后经历一年，各位编写者付出了艰辛的劳动。但由于时间相对有限、数据和内容较多，不当之处甚至错误之处在所难免，恳请各位读者批评指正，以便我们进一步完善。

刘艳　臧敦刚

2018 年 4 月

目录

1 引言

1.1 研究背景与意义

1.1.1 研究背景

我国目前是世界第二大经济体，2017 年国内生产总值（GDP）首次迈入 80 万亿元大关，6.9% 的增速是我国经济年度增速自 2011 年下行以来的首次回升。 作为拉动全球经济发展的重要动力，中国已经远远超过了日本，跟在美国的后面，在世界经济大舞台扮演了重要角色。 2017 年，中国经济稳中向好：就业稳、物价稳、国际收支稳，形成经济"多稳"格局。 特别是供给侧结构性改革持续深入，经济结构优化，发展的质量效益稳步提升。 中国经济不仅实现了自身跨越式发展，更成为全球经济增长的"主引擎"。 2017 年 12 月，联合国发布《2018 年世界经济形势与展望》，认为中国是 2017 年世界经济复苏中的一大亮点，全球经济增长的贡献 1/3 归功于中国，超过美、欧、日贡献之和。 2017 年中国居民人均可支配收入为 25 974 元，扣除价格因素实际同比增长 7.3%，超过 GDP 增速，中国居民恩格尔系数降到 29.3%，达到联合国粮农组织划定的富足标准。

但同时我国也是世界上最大的发展中国家，亦是世界上拥有人口数量最多的国家，贫困仍然是我国经济发展过程中面临的重要问题。 贫困问题也是世界各国一直想要攻克的一大难题，更是发展中国家挥之不去的隐痛。 世界银行在《1990 年世界发展报告》中给"贫困"下的定义是"缺少达到最低生活水准的能力"。 该报告显示，极度贫困人口居世界前三位的国家和地区分别为撒哈拉以南非洲、印度和中国，这些人口主要集中在农村、偏远地区和城市的边缘郊区等。 世界银行 2015 年 10 月初宣布，按照购买力平价计算，将国际贫困线标准从此前的每人每天生活支出 1.25 美元上调至 1.9 美元。 此次大幅上调意味着全球贫困人口数量大量增加。

然而，作为一个发展中国家，中国却在 2015 年年底做出庄严承诺，到 2020 年要实现现有标准下贫困人口全部脱贫。 党的十八大明确提出了到 2020 年全面建成小康社会的战略目标。 消除绝对贫困、"补齐短板"是全面建成小康社会进程中最为关键的一环。 各级党政主要负责人带头应战，从责任书到军令状，从精准扶贫到脱贫攻坚，压力层层向下传递；从扶贫工厂到消费扶贫，从互联网到无人机，创新举措层出不穷，而其中推动金融发展，做好金融扶贫工作被国家视为脱贫的重要举措。

2015 年中央一号文件提出我国现行标准下农村贫困人口实现脱贫，贫困县全部摘帽，解决区域性整体贫困的目标规划。 其中要点之一就是推动金融资源更多地向农村倾斜，加快构建多层次、广覆盖、可持续的农村金融服务体系，发展农村普惠金融，降低融资成本，全面激活农村金融服务链条。 进一步改善存取款、支付等基本金融服务。 2015 年中央发布的《关于全面做好扶贫开发金融服务工作的指导意见》中重点指出，全面做好贫困地区的金融服务，到 2020 年使贫困地区金融服务水平接近全国平均水平，初步建成全方位覆盖贫困地区各阶层和弱势群体的普惠金融体系，金融对促进贫困地区人民群众脱贫致富、促进区域经济社会可持续发展的作用得到充分发挥。 2016 年央行等七部门共同发布了《关于金融助推脱贫攻坚的实施意见》，指出 2020 年金融应为实现打赢脱贫攻坚战、全面建成小康社会的目标提供有力有效的支撑。 2017 年中央一号文件《关于深入推进农业供给侧结构性改革 加快培育农业农村发展新动能的若干意见》中再次提到要加快农村金融创新，强化激励约束机制，确保"三农"贷款投放持续增长，为"脱贫攻坚"、农业供给侧结构性改革助力。 国家统计局于 2018 年 2 月 1 日发布报告：2017 年全国农村贫困人口明显减少，贫困地区农村居民收入加快增长，数据显示，根据对分布在全国 31 个省（市、区）的 16 万户家庭进行抽样调查，以国家农村贫困标准（2016 年贫困线约为人均纯收入 3 000 元）测算，截至 2017 年年末，全国农村贫困人口 3 046 万人，比上年末减少 1 289 万人；贫困发生率 3.1%，比上年末下降 1.4 个百分点。 分三大区域看，2017 年东、中、西部地区农村贫困人口均全面减少。 东部地区农村贫困人口 300 万人，比上年减少 190 万人；中部地区农村贫困人口 1 112 万人，比上年减少 482 万人；西部地区农村贫困人口 1 634 万人，比上年减少 617 万人。

2018 年中央一号文件《关于实施乡村振兴战略的意见》中明确指出目标任务，到 2020 年，现行标准下农村贫困人口实现脱贫，贫困县全部摘帽，解决区域性整体贫困问题。 截至 2017 年年末贫困人口已经减少到了 3 046 万，换句话讲，5 年时间内我国平均每年减少 1 300 多万贫困人口，而未来三年，剩下的 3 000 多万贫困人口要全部解决。所有的贫困县，其中包括 592 个国定贫困县和 200 多个省一级贫困县，也就是说 800 多个省级和国家级贫困县，要全部摘帽子，这个任务是非常艰巨的。事实上，越往后贫困问题越难解决，所以中央就提出聚焦精准扶贫，精准脱贫。在我国"三区三州"区域，如西藏、四川、青海，包括藏区、新疆的南疆；甘肃临夏、四川的凉山，以及云南的怒江三州，是中国集中连片或者贫困程度最高的区域。通过未来几年的努力，解决该贫困地区贫困人口的贫困问题，实现贫困"摘帽"，是乡村振兴战略到 2020 年取得重大进展的一个基本要求。

四川省是扶贫攻坚的关键省份，有着众多的贫困人口，且多集中分布在生存环境恶劣、生态脆弱、基础设施薄弱、公共服务滞后的连片特困地区，扶贫开发任务艰巨。贫困"面宽、量大、程度深"，截至 2017 年年底，全省仍有 88 个贫困县，其中位于藏区、彝区深度贫困县共 45 个（甘孜藏族自治州 18 个县，阿坝藏族羌族自治州 13 个县，凉山彝族自治州 11 个县，乐山市 3 个县），共有 2 126 个深度贫困村，建档立卡贫困人口 73.9 万，其中 16~60 岁贫困劳动力有 37.7 万人。

2014 年四川省人民政府办公厅转发人行成都分行等部门《关于深入推进金融支持扶贫惠农工程全面做好四川省扶贫开发金融服务工作的实施意见》中，明确信贷总量持续增长、融资结构不断优化、金融扶贫开发组织体系日趋完善、金融服务水平明显提升、促进政策资源有效整合五大目标，从而使四川省扶贫对象运用金融脱贫致富的能力和金融扶贫项目覆盖带动的精准度进一步提升，聚力贫困短板。 2016 年人民银行成都分行牵头联合相关部门印发了《四川省金融助推脱贫攻坚行动方案（2016—2020 年）》等全省金融精准扶贫的纲领性文件，要求完善政策措施，突出精准对接，强调考核监督，并且联合相关省级部门召开全省金融助推脱贫攻坚工作推进电视会议，组织对全省各级扶贫干部开展金融精准扶贫政策培训，推动形成省、市、县、乡、村五级政府与金融部门密切联系互动的金融精准扶贫工作机制。

2018 年 2 月习近平总书记来四川视察指导，在成都主持召开了打好精准脱贫攻坚战座谈会。 习总书记强调，全面建成小康社会最艰巨最繁重的任务在贫困地区，特别是在深度贫困地区，无论这块硬骨头有多硬都必须啃下，无论这场攻坚战有多难打都必须打赢，全面建设小康社会的路上不能忘记每一个民族、每一个家庭。 由于国家与地方政府高度重视与众多政策的推出，2017 年四川省成功实现减贫 108.5 万人，目前，全省贫困人口从 2012 年年底的 750 万减少到 2017 年年底的 171 万，四川省贫困发生率已从 11.5%下降至 2.7%，实际退出贫困村 3 769 个，15 个计划摘帽县贫困发生率均下降至 3%以下。 目前，这些贫困人口、贫困村、贫困县已通过省级验收，全面达到脱贫摘帽标准。 所以如何有效发挥区域金融减贫作用，很大程度上影响着全面建成小康社会目标能否如期实现。

1.1.2 研究意义

贫困一直以来都是世界性的难题，因此早已成为世界各国普遍关注的重点，而减贫更是世界上最重要的人权事业之一，但各国政府基本都将经济发展作为工作重点，主要利用财政资金或者外部援助等手段来减少本国贫困。 尤其是发展中国家金融市场不完善，加上信息不对称和存在高昂的借贷成本，穷人几乎不可能从正规金融部门获得急需的金融服务。 因此，理论界也基本上将经济增长和收入分配作为减少贫困的研究重心，较少涉及金融在减少贫困方面的作用。

自改革开放以来，随着中国经济的迅速发展，中国在减贫工作上取得了巨大的进展。 截至 2017 年年末，全国农村贫困人口从 2012 年年末的 9 899 万人减少至 3 046 万人，累计减少 6 853 万人；贫困发生率从 2012 年年末的 10.2% 下降至 3.1%，累计下降 7.1 个百分点。 世界银行的数据显示，我国极度贫困人口占世界极度贫困人口总数的比例从 1981 年的 43% 下降至 2010 年的 13%，30 年间下降了 30%。

同时这 30 年间，中国的金融事业一直保持快速发展的趋势——金融体系从单一机构到多元体系建立、金融市场从融资补充到资金运行的大舞台、金融运行从政府主导到以利率和汇率为中心的价格引导机制的形成、金融管理从高度集中管理到货币政策作用的凸显与监管调控方式的转变，金融在社会经济发展中的定位越来越重要。 在我国减贫过程中，金融工具、金融服务及金融机构发挥了不可忽略的作用，推动着我国减贫工作的顺利进行。

2017 年是精准扶贫、精准脱贫的深化之年。 聚焦目标、突出精准、体现特惠、创新财政支持方式，进一步提高扶贫资金管理使用效率，是当年财政扶贫工作的重中之重。 四项扶贫基金从制度层面丰富和完善了脱贫攻坚政策体系，解决了贫困群众在上学、就医方面存在的特殊困难和发展产业缺乏启动资金等问题，目前运行良好，政策效应初显，基层和困难群众非常拥护。

为进一步发挥金融机构在精准扶贫、精准脱贫中的"放大器"作用，2017 年 9 月，四川省财政厅下发了《加快完善扶贫小额信贷分险基金通知》，要求有扶贫任务的县（市、区）在"四到县"扶贫资金中和历年财政专项扶贫结余资金中安排部分资金、本级财政预算安排部分资金、贫困县（市、区）在省财政脱贫攻坚地方政府债务资金中安排不少于 50%的资金、财政涉农资金试点贫困县（市、区）在统筹整合使用的财政涉农资金中安排部分资金，用于建立扶贫小额信贷分险基金，对银行业向贫困户发放扶贫小额信贷发生的损失，扶贫小额信贷分险基金与贷款经办银行按照 7：3 的比例分摊。至今，全省引导发放扶贫小额信用贷款 106.9 亿元，惠及 37.9 万贫困户。

在当前我国精准扶贫、精准脱贫、脱贫攻坚的背景下，许多学者从不同角度对反贫困问题展开了研究。而关于金融发展影响贫困减缓的相关研究，特别是从区域角度进行探讨的已有成果相对较少。另外资金的使用效率是扶贫的关键，关系到扶贫的质量和扶贫的可持续性，同时较少文献结合到 2020 年全面建成小康社会的背景，从静态与动态角度对区域实际减贫成效进行全面评价。

本书的理论意义在于从区域角度对金融发展与贫困减缓等已有理论进行有效梳理和丰富完善，并阐明金融发展对贫困减缓的影响机理，有助于以新的理念和思路破解中国金融扶贫面临的难题，更有助于用整体思路来研究同类问题，促进金融减贫相关理论的发展。

宜宾市属于我国乌蒙山集中连片特困区域，贫困规模相对较大，同时，区域集中连片贫困与"插花"式贫困并存，贫困问题较为复杂，是四川省贫困问题较为严重并十分具有代表意义的地区。

2015 年全市贫困人口由 81.85 万人减少到 37.33 万人，贫困发生率由 18.7% 下降到 8.4%，乌蒙山片区农民人均纯收入增幅高于全市平均水平，宜宾市锁定精准扶贫，着力创新机制，狠抓难点破解，脱贫任务超额完成，全面扶持农村贫困人口 68 713 人脱贫，完成目标任务 65 162 人的 105.45%。在"十三五"期间，宜宾市将以乌蒙山片区为重点，以贫困村为主战场，做实落地"五个一批"脱贫行动计划和 10 个扶贫专项方案，着力构建"六大保障机制"，每年减少农村贫困人口 7 万人左右，力争到 2019 年全面消除绝对贫困。

2017 年全市累计投入扶贫资金 130.5 亿元，贫困人口减少 41.8 万人，贫困村退出 75 个，贫困发生率下降到 3.82%，同时在金融发展方面引进金融机构 16 家，金融业增加值年均增长 18.5%，金融服务质量大幅度提升，金融服务范围更加广泛，因此以拥有区域特点的宜宾市为例进行金融减贫的理论与实证分析极具现实意义。

一是深入研究金融发展对贫困减缓的影响机制，可以进一步丰富和完善贫困理论和金融发展理论的研究成果，结合区域特性为中国金融扶贫实践提供参考。基于贫困减缓视角对金融发展问题进行系统探究，一方面有助于实际工作者及政策制定者考虑贫困人群的实际需要，使金融产品与服务的设计更加符合实际，以实现贫困减缓的目标；另一方面，对金融发展与贫困减缓之间的动态关系进行深入研究，也给我国未来的金融改革及扶贫工作确定了新的方向，既有助于我国金融机构和金融服务的完善和发展，也对贫困减缓工作具有积极的指导意义。

　　二是中国金融发展对贫困减缓作用机制的实证研究，对于选择适合中国国情的金融发展模式，发展并完善中国金融机构具有重要的现实意义。我国近 30 年来金融发展蓬勃向上，呈现多元化良性的发展态势，但由于我国人口基数大与中国特色的社会主义制度等方面的原因，我国金融发展还处于极具发展空间的阶段。因此，从贫困减缓的视角来看，对金融发展与贫困减缓问题进行系统研究具有十分重要的现实意义。

　　三是根据研究结论并结合区域实际，在分析和评估区域金融发展与减贫成效现状的基础上，通过实证研究得出区域金融减贫的实际效果以及存在的问题，并借鉴国内外金融减贫经验，从金融扶贫的角度，为区域脱贫攻坚问题提供具有启示意义的政策借鉴。

1.2　文献综述

1.2.1　金融发展与贫困减缓的国外研究

　　早期金融发展和贫困减缓之间没有必然的联系，但是国外学者较早揭示了金融与经济的联系，从理论与实证的角度充分研究了金融发展与贫困减缓的内在关联性。

　　(1) 金融发展能促进贫困减缓

　　部分学者认为金融发展能促进贫困减缓。从使用数据类型的角度，Burges 和 Pande（2005）使用时间序列数据，来证实金融发展能促进贫困减缓。而 Akhter et al.（2010）、Li et al.（1998）和 Geda 等（2006）利用面板数据，也得出了同样的结论，并且还认为金融

9

发展能促进教育、医疗事业在贫困地区的发展，有减缓贫困的作用。 LiH. Squire. L. and Zou. H（1998）运用面板数据得出结论，金融发展有效缓解了收入不均的情况，提高了大部分贫困人口的收入。 Imai et al.（2010）使用 100 个左右发展中国家的跨国面板数据研究信贷与 FGT 贫困指数二者之间的关系，结果显示，信贷机构发展不仅能显著降低贫困广度，还能显著降低贫困深度和贫困强度，且这种效果在农村要明显大于城市。 Burgess and Pande（2004）使用 1977—1990 年印度农村农业信贷协会的面板数据进行研究，结果显示，农村基层银行机构数量每增加 1%，农村贫困发生率将降低 0.34%，农村金融的变革和发展显著促进了贫困减缓。 Copestake et al.（2005）使用秘鲁乡村银行的面板数据检验农村金融发展对贫困减缓的影响，结果显示微型金融对贫困减缓的影响是正向的。 Liverpool and Winter（2010）研究了埃塞俄比亚农村地区小额信贷对农户资产的影响，结果显示，小额信贷会使农户资产因此增长，同时小额信贷发展也能促进没有参与小额信贷的贫困农户家庭消费的增长，但是在数量上存在差异。 Clark、Xu and Zou（2003）通过搜集 91 个国家面板数据的检验也得到了相似的结论，扩大金融和信贷市场的准入有利于减少贫困。 Beck、Demirguc - Kunt and Levine（2009）则利用面板数据进行实证分析，结果显示，金融发展促进贫困减缓中 3/5 来源于经济增长的影响，2/5 来自于缩小收入差距的影响。 Selim and Kevin（2009）使用 FEVD 面板数据、流动资产、采用储蓄率、M3/GDP 对 GDP 的比例等金融指标研究 54 个发展中国家 11 年中金融发展对贫困缓减的影响。 研究表明，金融发展能有效促进贫困人口数量的下降，还提到稳定的金融体系更加有利于贫困人口。 Jalilian and Kirpatrck（2002）通过分析 20 多个国家的面板数据得到结论，金融发展每提高 1%，发展中国家穷人的收入将增长 0.4% 左右。 也有学者通过建立指标来分析，Jeannene and Kpodar（2011）在控制其他影响因素不变的基础上，利用 M3/GDP 和信贷/GDP 等金融发展指标，采用 GMM 动态面板估计分析了金融发展和贫困减缓两者之间的关系。 研究发现，金融发展水平的提高促进了国民收入增长，从而有利于贫困减缓。 有学者解释了其原因，金融发展之所以能促进贫困减缓，是因为金融机构的存在，降低了金融和信贷市场的准入门槛，提高了社会底层居民的收入。 而 Ray（2007）认为道德风险阻碍金融发展对贫困减缓的促进作用。 在影响因素上，Greenwood and Jovanovic（1990）则认为金融发展促进贫困减缓是有条件的，在拐点之后，金融发展才有利于贫困减缓。Canavire et al.（2008）的研究认为，金融是否稳定，影响金融发展对贫困减缓的促进作用。 Ranjan and Zingales（2003）认为，金融体系是否具有反垄断性，影响金融发展对贫困的减缓关系。 Matin.Hulme and Rutherford（1990）认为，只有提供穷人所迫切需要的金融服务才能够促进贫困减缓。 Ranjan and Zingales 认为贫困减缓必须以金融体系的开放程度、竞争性为前提。 如果提升了金融可得性，金融发展有利于贫困减缓（Bae et al.，2012）。 Kunt and Levine（2009）等学者进一步研究认为，相对公平的社会分配制度和完善的金融市场，是贫困减缓的重要条件。 Demirguc-Bakhtiari（2006）在孟加拉国的格莱珉银行、泰国的 BAAC 以及印度的 SHARE 等金融机构的反贫困实践基础上，研究认为，小额信贷一方面通过提高穷人规避风险的能力、帮助穷人构筑资产、平滑穷人的消费和发展微

11

型企业等方面直接提高穷人的收入，并改善他们的生活质量；另一方面通过改善资源配置效率、培育市场环境以及加速新技术的使用等方式直接或间接促进贫困减少。 Michael Chibba（2008）认为金融知识、金融部门、信贷等发展对金融减贫具有重要作用。 Doug Pearce（2004）认为发展中国家的金融部门在减缓贫困和饥饿的过程中有重要的作用，而农村金融市场存在诸多缺陷阻碍了贫困减缓。Burgess 和 Pande（2003）使用印度银行近十年的数据，实证分析金融机构数目和农村贫困率之间的关系，发现金融机构数目越多，金融发展对贫困减缓的效果越好。 Ruerd Ruban（2003）认为农村信贷对于贫困减缓十分重要，在洪都拉斯，农村金融有利于稳定家庭收入和农业产量，降低农业风险，并且为引用新技术提供了充裕的资金。 Robinson（2001）研究发现，过去几十年中，部分小额信贷机构提供的大量扶贫小额贷款，已让上百万贫困群体获得了可观的回报。 对于贫困减缓中政府的角色，Jacob Yaron（2004）认为政府应是间接引导作用，让农业补贴转变为以价格为导向的金融服务活动，通过持续金融创新更好地促进农户收入和贫困减缓。 此外，部分学者认为，直接金融方式更有利于贫困减缓。 Remenyi and Quinones（2000）使用亚太国家的数据进行研究，结果显示，直接获得小额信贷的贫困群体，贫困减缓的效果明显好于不能直接获得信贷的贫困群体。 Martin and Chen（2007）、Beck et al.（2005）、Pablo（2012）的经验研究都表明，金融发展的直接减贫效果显著。Schumpeter（1911）、Hicks（1969）、Bagehot（1873）等从技术进步、工业发展等角度肯定了金融对贫困减缓的促进作用。 从影响机制角度看，Gulli（1998）的研究认为金融发展促进贫困减缓主要通过以下途径：避免收入波动、改善生存条件、促进投资、提高生活质量和构建社会资本。 Maladonado and Gonzalez（2008）、Gutierrez et al.（2009）、Rooyen（2012）等学者研究了金融发展对教育贫困的影响，认为金融发展主要通过性别效应、风险管理效应、收入效应、儿童劳动力的需求效应和信息效应六大途径对教育贫困产生影响。 Mahjabeen（2008）研究认为金融发展实现贫困减缓是通过鼓励和培养非正规金融发展，提升非正规金融服务家庭成员的自尊心、社会地位和增加自信心来减缓贫困。 Ghazala et al.（2007）则研究了金融促进贫困减缓的微观机制，认为：首先，金融发展提升了参与者的信心，从而更有自信投资于收益更大、规模更大的项目来赚取更高额的利润。 其次，通过鼓励妇女积极参与小额信贷，授予她们使用资金的知识，提高资金利用效率，来缓解贫困。 最后，提供贷款者相互交流的平台，有利于提高他们的资金使用效率。

（2）金融发展不能促进贫困减缓

部分学者认为金融发展不能促进贫困减缓。 Arestis and Caner（2005）研究发现发展中国家才会出现这种现象，由于经济发展总量与结构相对落后，而导致金融发展最终不能改善贫困水平。 而Maurer and Haber（2003）却认为发达国家也会出现这种现象，金融发展水平越高，大部分资金则更多的流向少数人，这样对贫困减缓不利。 Perez-Moreno（2011）认为金融发展与贫困之间不存在格兰杰因果关系；不少学者解释了金融发展不能促进贫困减缓的原因。 Banerjee and Newman（1993）认为经济增长带来的效应被收入分配的不平等所抵消，所以对贫困减缓会带来消极影响。 而Fowowe and Abidoye认为贸易开发和较高的通货膨胀率导致贫困减缓无效。

Haber（2004）则指出由于政治因素的影响，穷人无法获得金融发展带来的贫困水平改善。Holden and Prokopenk（2001）认为在偏远农村地区增设金融机构的成本很高，使得金融发展最终不能促进贫困减缓。Galor and Zeira（1993）、Ravallion（1997，2001）认为分配不平等导致金融发展对贫困不利。Lustig（1995）认为从长期来看，金融发展不利于贫困减缓，可能会造成债务危机，他对1982年墨西哥债务危机进行了研究，危机期间贫困家庭放弃子女教育，降低了初等、高等教育入学率，使教育程度普遍下降，从而没有促进贫困减缓。从微观角度看，Banerjee et al.（2009）对印度的实地调查和Hsu（2014）对中国农村信贷的田野调查都表明，金融发展不能促进贫困减缓。从收入分配的角度看，Arestis and Caner（2004）的研究认为，穷人难以接触和获得金融服务，导致资金不能实现合理配置，贫困不会减缓。部分学者认为高成本问题始终存在，而使金融发展不利于贫困减缓。Holden and Prokopenko（2001）、Canavire et al.（2008）认为在贫困地区，金融运行需要较高成本，高成本会限制农民得到农村金融服务，所以金融发展不利于贫困减缓。Stiglitz（1998）也得出类似的结论，不完善的金融市场会抑制穷人借贷，进一步会减少投资和获得与之匹配的收入，信息不对称也会加剧贫困。Jeanneney and Kpodar（2005）则认为金融波动对金融发展有很大影响，由于金融发展和收入分配之间存在非线性关系，Galor and Zeira（1993）、Ravallion（1997）表明当分配不均效应大于经济增长减贫效应时，金融发展对贫困减缓不利。Milford Bateman（2012）发现微型金融已发生使命漂移，逐渐远离贫困。以Gregorio and Kim（2000）为代表的学者认为获取金融服务存在门槛效应，资金和收益主要流向富人,最终会导致贫富差距拉大,不能促进贫困减缓。
Gagetti and Nardi (2006)、Maurer and Haber (2007) 的实证研究也证明了这一结论。

(3) 金融发展与贫困减缓之间呈非线性关系

也有学者认为金融发展与贫困减缓之间呈非线性关系。 在 Greenwood and Jovanovic (1990) 用动态模型对金融发展对收入分配的影响进行的研究发现,金融影响经济增长,随后收入分配差距会先扩大后缩小。 Townsend and Ueda (2006) 利用泰国的数据实证研究佐证了金融发展与贫困减缓之间存在着倒 U 形关系。 继 Greenwood and Jovanovic 之后,Aghion and Bolton (1997)、Lloyd-Ellis and Bernhardt (2000) 等也得出了相似的结论,金融发展和收入分配之间存在非线性关系,因为金融发展、穷人收入的增加,数量呈现周期性变化,在此基础上提出著名了"涓流效应"——当资本积累率较低时,金融发展会扩大收入差距。 而当资本积累率足够高后,"涓流效应"发挥自动分配的作用。 Matsuyama (2000) 指出金融发展程度较低时,不能促进贫困减缓。 而当金融发展到一定程度时,能帮助贫困人民摆脱贫困,并且社会会达到收入平等的状态。 Zahonogo (2017) 使用 GMM 估计法,进行实证研究,结果显示金融发展与贫困减缓之间存在倒 U 形关系,且金融发展存在门槛。 此外,一些学者认为金融发展对减贫发生作用以经济增长为中介,这就是著名的"PGI 理论"。 Dollar and Kraay (2001) 认为,经济增长无论是正还是负,经济增长和贫困减缓之间都是呈显著正相关关系。 Jalilian and Kirpatrick (2005) 使用 42 个国家的样本数据进行实证分析,得到了同样的结论,金融发展通过影响经济增长从而影响贫困减缓。 Nicholas（2010）使用一个协整和误差修正的三元因果关系模型研究肯尼亚金融发展与贫困减缓，研究结果显示，经济增长是该国金融发展促进贫困减少的主要因素。

1.2.2　金融发展与贫困减缓的国内研究

国内学者主要从金融发展对经济增长与收入分配的影响两个方面间接地研究金融减贫效果。 在金融发展的增长效应上，多数学者认为金融发展能有效推动经济水平提高，但金融发展总体滞后于农村经济增长。 在金融发展的分配效应上，大部分学者的观点则存在着分歧，金融发展是否对收入差距的减小有积极作用的主要分歧来源于金融发展为低收入者所带来的金融服务特别是信贷服务所获得的相对收入是否增加。

（1）金融发展的增长效应

在金融发展的增长效应上，多数学者认为金融发展能够有效地推动经济水平的提高，但农村金融发展总体滞后于农村经济增长。周立、王子明（2002）采用了 1978—2000 年经济金融相关数据系统地对增长效应进行分析研究，结果表明，金融发展有利于经济增长，并且金融差距是中国各地区经济增长差距的重要原因。 在传导途径方面，丁志国、徐德财、赵晶（2012）研究得出农村金融对经济增长的影响途径是通过储蓄率、储蓄投资转化比率和投资效率实现的。 而崔艳娟、孙刚（2012）认为农村金融对经济增长的影响通过两个传导渠道实现——经济增长和收入分配，但伴随而来的金融波动会减弱这一效应，并且由于金融服务成本等因素的限制，金融发展对经济增长起作用需要跨过一个门槛值。 在具体影响上，叶初升、唐晋荣（2012），杨小玲（2009），邵李莲（2015），杨俊（2008），任美盈（2015）等众多学者通过研究各地区的金融数据发现各地区金融发展规模对农村经济具有显著正向影响，而金融机构的资金运行效率对经济增长则没有显著的影响。 而张冰、冉光和（2013），赵洪丹（2011）则认为金融发展对农村经济的影响不能一概而论，金融发展效率会显著推动经济发展，而金融发展规模却存在负面效应，由于资金在城市的投资效益高于农村，因此金融规模的扩张意味着更多的农村金融资源流出农村输入城市，促进了城市经济增长，阻碍了农村经济增长。

金融发展的增长效应存在地区差别，艾洪德（2004）通过格兰杰因果检验模型研究，结果表明东部和全国金融发展与经济增长间存在正相关关系，而中、西部则是负相关关系，且存在明显的滞后效应。 在实现条件上，刘忠群等（2008）和谈儒勇（2000）认为可以通过改善农村金融发展的必要条件，来实现金融中介水平的高效率，从而提高农民的收入。 在两者的发展速度上，禹跃军、王菁华（2011）的研究认为我国农村金融发展与农村经济增长为正相关关系，但前者滞后于后者。 李晟（2014）指出提升中西部地区金融发展水平能够有效缓解农村地区的贫困，不同的是，在东部地区，金融发展却不能对贫困减缓起积极作用。

（2）金融发展的分配效应

金融发展通过经济增长、金融服务功能和金融危机三个传导机制对收入分配产生影响。 从整体上说，金融发展可以促进经济增长，金融发展可以健全金融服务，同时金融发展也可以降低金融危机发生的可能性。 但是由于金融组织在农村等地区的缺失，金融发展反而会加快收入差距拉大的速度。 在金融发展的分配效应上，不同学者的研究存在分歧，目前主要分为三种观点：金融发展对收入分配存在倒 U 形效应、金融发展对收入分配存在正效应和金融发展对收入分配存在负效应。

经济增长与收入分配存在倒 U 形效应最早是由库兹涅茨提出的，而在国内刘佳凌（2013）与李志军、奚君羊（2012）分别利用面板数据建立个体固定效应模型和采用结构分解的方法研究金融的分配效应，研究结论均显示我国的金融发展与各项收入差距之间确实存在倒 U 形关系。 陈立中、张建华（2007）以贫困的收入增长偏弹性、收入分配偏弹性的性质为基础，构建了一个分析经济增长、减贫进程和收入分配间的关系的统一框架。 研究结论显示，在经济发展的不同时期，收入水平与收入不平等的初始值对经济增长的减贫能力，以及收入不平等的贫困效应的具体影响是不同的。 李琳（2013）通过收集我国 10 年的面板数据和固定效应向量分析法进行实证分析，发现金融发展和城乡差距之间存在 Kuznets 效应，是一种非线性关系，城乡收入差距拉大有一部分是由于中国金融发展规模的扩大而导致的，但是缩小城乡差距可以通过提高金融发展的效率来实现。 从短期来看，发生频率没有显著变化，因为金融发展、经济增长的效应有所滞后，收入水平能够有效减少贫困；从长期来看，当金融发展到一定程度时，信贷投放的增多、经济增长都有利于增加收入，也有利于减少贫困。 而吴拥政、陆峰（2014）在对我国省、市、县多级面板数据的研究中发现，代表金融发展与收入差距线性负相关的 G-Z 假说与代表倒 U 形的 G-J 假说仅具有区域特征，均不能显著成立。 张鹏（2016）对此作了更细致的研究，利用省级面板数据分析发现，由于地区金融发展不平衡，导致我国东、中、西部农村金融发展对区域贫困减缓分别存在收敛、加速与分化的门槛效应，因此应当采取区域性的金融政策。

还有部分学者认为金融发展对于收入较低者具有积极作用。由于资本市场的不完善以及人力资本和物质资本不可分，使得低收入者需要依靠金融体系的完善来提高投资收益率，因此，高收入者与低收入者直接的长期收敛不会存在。叶初升、唐晋荣（2012）认为地区的经济增长有利于缩小农村居民的收入差距，这使得贫困地区的经济增长的减贫效应相对于一般意义的经济增长来说更为显著。而胡德宝、苏基溶（2015）利用 2001—2011 年中国省级数据，运用GMM 动态面板估计方法检验了金融发展对收入分配的影响，结果表明现阶段我国金融发展能缩小收入差距，有利于提高低收入家庭的相对收入。在金融发展初期存在金融结构不完善、金融中介成本比较高等状况，收入低的群体因为无法承担这个成本而不能获得金融服务，而收入高的群体则由于可以承担高成本而获得金融服务，发展水平较低的金融体系阻碍了收入差距的改善，如果金融市场不改善，则这种金融差距会继续拉大。但随着金融市场尤其是信贷市场的发展和完善，金融中介的竞争加大以及收入低的群体不断的储蓄行为，多层次的资本市场体系可以满足不同层次客户的金融需求，因此一部分低收入者也可以获得一部分的贷款，从而进行人力资本投资，通过改善投资效率而使得低收入者和高收入者的差距降低。因此，金融发展的分配效应不是一种倒 U 形关系，而是具有正效应。

随着解决贫困问题的重要性日益突出，越来越多的学者开始研究金融发展对贫困减缓的直接影响。苏静、胡宗义（2015）通过宏观层面的跨国案例研究以及从产业层面和微观企业层面去验证金融发展（或金融发展的滞后）是否会影响经济增长的模式和速度，结果表明，金融发展和经济增长之间存在紧密的正相关关系；金融市场和金融机构的发展本身就是经济增长的一个必要的组成部分；金融发展的水平预示了未来的经济增长、资本积累和技术变迁的速度。 在随着金融过度发展带来的金融风险已成为影响全球经济周期重要因素的现实条件下，今后理论界可能要面临的一些新论题是：金融发展与经济增长之间的正相关关系是否存在一个度的限制；金融发展是否应由经济发展水平和市场完善程度来规定其上限；经济增长中的金融贡献因素是否具有长期有效性；内生于金融发展的金融风险对经济增长的反向冲击应如何评估等。 直接面向贫困户投放的信贷更能被用于解决农民生存性问题，其利用 1986—2010 年我国时间序列数据的构建状态空间模型也说明了农村金融对贫困减缓影响的直接效应占比达到一半以上。 苏静、张宁和张兵（2015）通过搜集江苏省农村地区的农户的调研数据和农业部农村固定观察点的数据，分析指出，农村非正规金融对缩小城乡收入差距和贫困减缓是通过为低收入的农村贫困人群提供相符合的金融服务实现的。 金融服务通过平滑消费、良好的金融创新产品能在减缓贫困中起到杠杆作用，例如"微型金融"为低收入者提供了信贷、储蓄、保险等金融服务。 但目前由于收益率、征信系统不完善以及抵押物缺乏的情况，"微型金融"产品仍然是供小于求的状况，因此，应当更加注重向低收入者提供相关金融服务，通过这样的方式来减缓贫困，缩小收入差距。

金融发展对收入分配有负效应即金融发展会导致收入差距扩

大，支持这一观点的学者不多，较为著名的是金王宁、王丽娜、赵建玲（2014）利用指数平滑法来建立普惠金融发展对贫困家庭收入差距影响的理论框架。 其结论是：由于贫困地区信贷市场信息不对称从而导致逆向选择，金融机构设置很高的信贷门槛，使得没能享受到金融服务的贫困家庭陷入"贫困陷阱"。 在金融深化和金融自由化程度加深的过程中，低收入者群体的融资渠道没有得到有效的扩张，融资难的问题并没有得到有效的改善。 相反，收入高者因为具有政治背景和较多的资本能够获得更多的金融服务，尤其是信贷服务，金融发展更大地扩宽了高收入者的融资渠道，其结果是低收入者的相对收入反而下降，收入高群体与收入低群体的收入差距不但没有因为金融发展得到缩小反而进一步扩大。 陈志刚（2007）在研究拉丁美洲国家金融危机治理的过程中发现，金融转移的财政支出费用主要由贫困人群来支付，这样会加剧贫困。 因此，要想减少贫困，需要金融财政支出费用由高收入者支付。 景楠、王彤（2015）从金融发展的"质"和"量"两个方面分别考察了金融发展对城乡收入差距的影响。 研究结果表明我国金融业规模的增长是我国城乡收入差距的扩大的原因之一，而金融发展效率的提升，可以缩小我国城乡收入差距，并且我国金融发展与城乡收入差距的实证关系表现出了地域性差异的特点。

1.2.3　文献评述

根据国内外相关研究，国外学者在金融发展能否促进贫困减缓这一问题上形成了三种观点：金融发展与贫困减缓呈正相关；金融发展与贫困减缓呈负相关；金融发展与贫困减缓之间不是呈线性关系。国内学者较少直接讨论金融发展与贫困减缓之间的关系，多从经济增长、收入差距的角度进行研究，普遍认为金融发展能促进经济增长，而由于研究对象、研究方法的差异，对于金融发展与收入差距的关系不同学者的结论也不尽相同。

由于我国各区域要素禀赋的不同，各区域之间发展水平存在较大差距。农村地区一方面因为金融市场的不完善，金融中介成本太高，另一方面农民信用记录空白，抵押物少使得农民得到金融服务特别是信贷服务的可能性极低。单纯的加大农村地区的资金投入并不能改善低收入者的贫困，不能带来持续性的收入，而促进贫困地区收入增长产生质变主要是促进劳动力的转移以及人力资本的投资，金融资源必须帮助贫困地区内部发生作用，减少农村金融资源流向城市。

之前相关研究普遍以我国整体或东、中、西部各省份作为研究对象。同时之前相关文献直接研究区域金融减贫效果的文献较少，两者的关系大多隐含在金融发展、经济增长与收入差距的研究结论中。本书选择宜宾市为研究对象，宜宾市属于我国乌蒙山连片特殊困难区域，是当前我国全面建成小康社会中的短板，通过立足金融发展理论与贫困减缓理论等经典理论对金融减贫进行理论分析，并实证研究贫困区域金融减贫效果。最后结合区域发展实际，为区域的脱贫攻坚问题提出相应的政策启示。

1.3 研究思路与方法

1.3.1 研究思路

本书研究思路如图 1.1 所示。 首先通过查阅大量的文献对金融发展、贫困、贫困减缓等相关概念进行界定，并在金融发展理论、贫困减缓理论的基础上阐述金融发展对贫困减缓的影响机理。 其次分析宜宾市金融发展及减贫成效现状，减贫成效部分构建指标从经济发展、公共服务、基础设施、生态环境四个方面进行评价。 再次实证研究区域金融发展对贫困减缓的长期与短期影响。 最后根据实证结论并结合区域实际为区域的脱贫攻坚问题提出政策建议。

1.3.2 研究方法

（1）文献研究法

对国内外金融发展与贫困减缓的相关文献进行回顾与梳理，归纳金融发展、贫困、贫困减缓等概念，通过总结演绎得出了金融发展对贫困减缓的影响机理。 并运用系统分析法对研究结论进行总结，在此基础上提出政策建议。

（2）对比分析法

阐述说明国外具有代表性的发达国家与发展中国家金融支农的模式，包括美国、日本、印度和孟加拉国等国家，从而借鉴金融减贫的国际经验，为优化金融减贫效果提供经验参考。

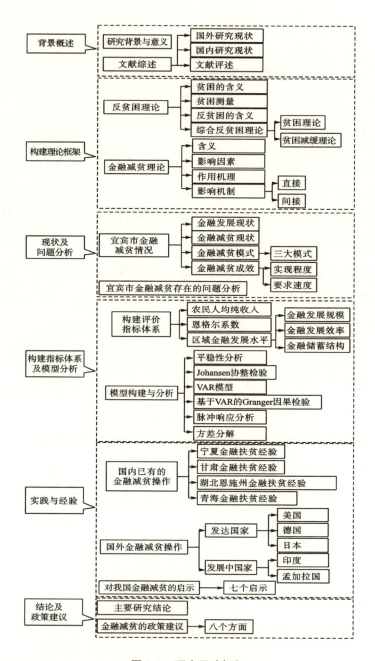

图 1.1　研究思路框架

（3）案例分析法

通过分析我国地方金融减贫成功的案例，包括宁夏回族自治区、甘肃省和湖北省恩施土家族苗族自治州等地区，分析其成功原因、效果等，从而为更大范围的金融减贫提供范例。

（4）实证分析法

构建 VAR 模型，通过平稳性检验、协整检验、Granger 因果检验、脉冲响应分析与方差分解，实证分析区域金融发展对贫困减缓的长期与短期影响。

1.4 主要研究内容

全书内容共有六章，各章主要内容如下：

第一章 引言。 首先从研究背景出发，从不同地域范围陈述了我国贫困问题的严峻性与复杂性，从宏观层面总结出我国当前减贫事业采取的措施及取得的部分成效，并着重强调了金融发展对贫困减缓的作用，进而从学术理论和现实实践两个角度阐述了本书的研究意义；其次对国内外学者关于金融发展与贫困减缓的相关研究现状及成果进行了全面梳理，在概括总结前人的研究文献基础上借鉴其经验成果，找出已有研究的缺陷与不足，以期为本研究提供借鉴与参考，并寻求新的创新点与突破口；最后在此基础上，总体上介绍了全书的研究思路、逻辑框架与研究方法、主要研究内容、本书篇章内容以及创新点和不足之处，为后文分析奠定了基础。

第二章 反贫困理论与金融减贫理论。 本章作为全书构建的理论基础，论述了金融发展与贫困减缓之间的逻辑关系及作用机理，为后文进一步从实证角度进行金融减贫绩效评价分析提供了强有力的理论支撑。主要围绕金融减贫和反贫困两个关键词对贫困、反贫困、金融减贫等重要概念进行界定与说明，并阐释了金融减贫的影响因素、作用机理、直接影响机制与间接影响机制以及反贫困理论的相关内容。

第三章 四川省及宜宾市金融减贫的现状与问题分析。首先从四川省到宜宾市，系统梳理了四川省与宜宾市金融发展与金融减贫的现状。其中在宜宾市区域减贫方面，着重分析了宜宾市已有的不同的金融减贫模式，并对其减贫成效进行了分析总结，其分析主要基于《关于建立贫困退出机制的意见》《中国农村扶贫开发纲要(2010—2020年)》和《全面建成小康社会统计监测指标体系》等政策文件构建指标，以2020年为截止年份，从经济发展、公共服务、基础设施与生态环境四方面进行评价。其次从宜宾市金融减贫的实现程度和要求进度两个角度出发，以上文构建的四个评价指标为基础，总结出了当前宜宾市金融减贫存在的诸多问题，涵盖扶贫政策实施、扶贫资金来源、扶贫模式与方法、社会保障体系四方面。本章对宜宾市金融减贫具体的现状与问题的分析为后文有针对性地提出政策建议奠定了基础。

第四章 宜宾市金融减贫绩效的实证评估研究。本章以贫困规模大、程度深、贫困人口集中的欠发达地区——四川省乌蒙山区宜宾市作为典型研究样本，通过搜集整理1996—2014年的时间序列数据，先后通过模型平稳性检验、Johansen协整检验、构建运用向量自回归模型（VAR）实证研究区域金融发展，包括金融发展规模、金

26

融发展效率与金融储蓄结构分别对贫困减缓指标农村居民恩格尔系数和农村居民人均收入的影响，在脉冲响应分析与方差分解的基础上，得出金融发展对贫困减缓具有长期和短期的影响且影响不一致的结论。

第五章　国内外金融减贫经验借鉴。 本章从国内（宁夏回族自治区、甘肃省、湖北恩施州、青海省）和国外发展中国家（印度、孟加拉国）以及发达国家（日本、美国、德国）两个方面分别阐述介绍了典型的成功扶贫模式，并从中借鉴可以参考的经验，为我国区域金融扶贫乃至全国性的金融扶贫，进而为实现脱贫攻坚提供有益的实践经验。

第六章　金融减贫的政策启示与建议。 根据前文对宜宾市区域金融减贫现状分析及问题总结，结合宜宾市金融减贫绩效的实证分析及结果讨论，本章从加强财政与金融扶贫的联动、实施差异性金融扶贫措施、扩大金融服务覆盖面、提升金融扶贫效率、以农业保险助力金融扶贫、农村信用环境建设、促进金融扶贫可持续、加强金融监管八个方面提出政策建议，以期为宜宾市以及我国其他贫困区域实施精准扶贫实现脱贫攻坚提供可行的、合理的、有针对性的、推广价值高的直接或间接的政策思路与方向。

1.5　创新与不足

本书结合现有研究，试图从以下几个方面做出创新与突破：

理论分析方面。 本书全面系统地梳理和总结了金融发展理论、贫困理论及贫困减缓理论，阐述了金融发展与贫困减缓之间的内在逻辑及作用机制，从理论上充分证实了金融发展对于贫困的有效减缓作用，突出了金融减贫的两大作用机制，即直接机制和间接机制，具体表现为直接机制中的信贷与储蓄服务功能和间接机制中的金融发展增长效应及分配效应，补充完善了金融减贫影响机制，为全书的后续分析提供了强有力的理论支撑，使得研究结论更具科学性与实用性。

研究方法方面。本书研究方法可以归纳为五种，即文献研究法、理论分析法、案例研究法、对比分析法、实证分析法。其方法全面多样，能理论联系实际，体现"理论支撑实践，实践检验理论"的研究思想。其中尤以案例研究法为鲜明特点，以四川省连片贫困地区之一的乌蒙山区中的宜宾市作为研究的典型样本，不管是对四川省金融扶贫还是全国其他类似地区金融精准扶贫而言，均具有十分重要的借鉴意义与推广价值，且在本书第三章中对四川省与宜宾市的金融发展情况和金融减贫现状有一个具体深入的描述性统计分析，根据相关研究构建了一个金融减贫绩效评价指标体系，从四个维度即经济发展、公共服务、基础设施和生态环境对宜宾市区域金融减贫绩效进行测度和评价，这对于理清宜宾市金融发展与贫困减缓两者之间的实际关系、认清金融扶贫现状、发现金融减贫存在的问题等具有指导意义和引领作用。

实证研究方面。一是在指标设计上，所选取指标具有代表性。避免使用贫困发生率这一传统的贫困程度度量指标，考虑到数据可得性与科学性，使用联合国粮农组织确定的农村恩格尔系数来衡量贫困程度，从直接角度实证检验金融减贫效果。此外，同时使用了农村人均收入水平来间接测量并实证研究金融减贫绩效。 而金融发展变量的度量则使用了金融发展规模、金融发展效率和金融储蓄结构三大指标，用来反映宜宾市区域金融发展水平。 二是在计量模型上，构建了向量自回归模型（VAR），通过平稳性检验和 Johansen 协整检验，契合了时间序列数据的分布特征。 再以此为基础通过格兰杰因果检验证实金融发展是贫困减缓的原因，但贫困减缓并不是金融发展的原因，即得出宜宾市金融发展并未与贫困减缓形成良性互动和高效联动的结论。 最后进一步采用脉冲响应函数分析贫困程度变量对金融发展三个变量冲击的反应效果，得出金融发展由于某些原因只能在短期促进贫困减缓，而长期影响却不明显的创新结论。同时还运用方差分解的方法分析了金融发展变量对贫困减缓变化的贡献度，表明在短期，贫困减缓的增加更多地受金融发展规模和金融发展效率的影响；在长期，金融储蓄结构对贫困减缓的解释力最大。 因此合理的实证计量方法使得研究的结论更加"精准"可靠，这种实证模型研究实际上是将直接或间接影响机制和金融减贫短期影响与长期影响有机结合起来，考虑到了金融发展的动态发展和滞后作用。

对策建议方面。 结合国内外金融减贫的实践与经验，根据宜宾市区域实际和四川省贫困特征，提出了提高金融减贫绩效，完善金融减贫实践经验的系统性政策建议。 本书认为扶贫涉及多方主体，应因地因人施策、扶贫主体客体全员参与、相关主体内外共同发力，进而从加强财政与金融扶贫的联动、实施差异性金融扶贫措施、扩大金融服务覆盖面、提升金融扶贫效率、以农业保险助力金融扶贫、农村信用环境建设、促进金融扶贫可持续、加强金融监管八个方面全面地提出政策建议，响应国家号召，贯彻扶贫理念，符合区域实际，对于指导宜宾市和其他相似贫困地区实现脱贫攻坚有较强的现实意义。

不足之处主要有：①金融减贫模式分析不够具体和突出，详略不当。由于我国金融减贫工作已开展多年，在农村地区发展也较为普遍与成熟，呈现扶贫手段多样、扶贫模式新颖、扶贫主体多元、扶贫成效显著等特点。本书以宜宾市金融扶贫为样本进行案例研究，在具体描述宜宾市金融减贫现状部分，更多的是侧重于宏观地介绍宜宾市目前采取的各种金融扶贫方式或措施，而没有详细具体地介绍宜宾市典型的金融减贫模式，并挖掘其内在的减贫脱贫机理与政策内涵。同时，此类有关金融扶贫的创新基层项目正在全国范围内陆续实践，对此应重点关注并动态跟踪，作为今后进一步深化金融减贫研究的典型素材。②实证研究部分。限于数据可得性及实际的操作难易性，本书实证研究指标设计部分对于变量的选择不太广泛，比如金融发展水平的衡量只选择了金融发展规模、效率、储蓄结构三个指标，未能涵盖更多其他指标、构建一个全面系统的指标体系并通过综合的评价方法来确定各级指标的权重大小，且所选样本数据仅限于宜宾市，对金融减贫的系统研究缺乏足够的有效数据支撑，且实证所得结论还有待实践的进一步检验。③本书横向对比了国外典型国家以及国内不同区域的金融减贫模式，并分别提取了其中可取之处作为借鉴与参考。另外，本书也分析了宜宾市不同主体参与的多样化扶贫合作模式，需要进一步深化的是可以增加对同一国家或同一区域同种模式的纵向对比，选取一个有意义的时间点，以纵向比较研究金融减贫的变化情况，或者通过建模研究金融发展与贫困减缓之间是否存在非线性关系，再针对存在的特殊年份进行具体分析以得出有意义的结论。

2 反贫困理论与金融减贫理论

2.1 反贫困理论

2.1.1 贫困的含义

贫困伴随着经济社会的发展而产生。 由于经济发展水平、文化、自然等很多条件的差异,人们对贫困的认识也不同。 随着社会的快速发展,学术界至今对贫困也没有一个明确的定义。 有一些学者将贫困看作是缺乏经济收入的这种观点是错误的。 经过了人类社会漫长的发展,已经有人慢慢认识到贫困不只是经济问题,而是涉及了健康、教育、资本、公平公正、基础建设、公民权利、男女平等、人的尊严等很多复杂的社会问题。 其中的贫困有收入贫困、文化贫困、资源贫困、素质贫困等诸多方面。 将贫困现象作为理论来研究的时间并不长,基于不同的角度,国内外学者给出了不同的定义。 贫困现象的出现由来已久,但将其纳入理论研究的历史并不久,Rowntree 和 Booth 在 20 世纪初第一次将贫困问题作为理论提出,给出了贫困的定义。 他指出,如果缺乏能力获得个人和家庭所必需的一定数量的物品与服务,这种人和家庭的生活状况即是贫困。 此贫困定义，被后续研究认为是绝对贫困的初次定义。Qusanski 在 Rowntree 的基础上，改进方法确定最低食物支出，然后通过一个确定的恩格尔系数值来确定贫困与非贫困，以最低食物支出除以恩格尔系数来建立了贫困线。 Lee 和 Murie 认为贫困是一种状态，在这种状态下，社会个人或家庭平均支配的资源远高于个人和家庭其所拥有的资源，处于这种状态下的人被排除在一般社会成员应具有的正常的生活方式和习惯之外。 随着贫困研究的发展，Holman 认为贫困需要关注个人经历、感情和态度。 Ansel 和 Sharp 认为自我感受、最低标准需求的判断、社区中的收入排名可以被用来度量贫困。 Samuelson（1948）认为贫困是一种人们没有足够收入的状况。 Reynold（1973）认为贫困是说家庭没有足够的收入使之拥有起码的生活水平。 Townsend（1993）认为贫困是所有居民中那些缺乏获得各种食物、参加社会活动和最起码的生活的个人、家庭或群体。 Oppenheim 认为贫困是在物质、社会和情感上的匮乏，它意味着平均水平高于在食物、保暖和衣着方面的开支。 艾泽尔（2000）认为贫困是政治、经济、社会的等级格局的一部分，穷人就处于这格局的底部。 Mollie Orshansky（1969）认为贫困只存在于观察者的主观标准之中。 印度经济学家森（Sen，A.K.）指出，贫困是指人们获取收入的能力有限以致机会的丧失。 世界银行对贫困的定义为贫困不仅指物质的匮乏，而且还包括低水平的教育和健康；风险和面临风险时的脆弱性，以及不能表达自身的需求和缺乏影响力。 德国政府对贫困的定义是：贫困意味着没有足够的食物、较高的婴儿死亡率、较低的平均预期寿命、较少的教育机会、较差的饮用水、较少的医疗服务、简陋的住房和决策程序中缺乏积极的参与意识。

2.1.2 贫困的测量

学术界一般把贫困分为绝对贫困和相对贫困。 绝对贫困被认为是存在的 (Schauble, 1984; Hemmer/Katetr, 1990)。 绝对贫困的定义较为客观和稳定，常以一条固定的贫困线作为衡量标准，任何低于此标准的个人被认为处于贫困状况，而贫困线的测定则以满足生存要求为基本条件。 在相对贫困的确定上，一般将生活水平低于社会平均值的一定比例的人口定义为相对贫困状态。 或者更为直接地将社会总人口中生活水平最低的一定百分比人群定义为相对贫困。 相对贫困是一个动态的概念，贫困不只取决于个人生活状况，还强调其会随经济、社会的发展而改变。 人生存的物质（营养、衣服和住房）都得不到满足，就被称为第一位绝对贫困；不能正常的参与社会活动被称为第二位贫困。 因此，最低的物质或非物质需要都得不到满足的人被称为"穷人"。 贫困可以从两个角度来考察。从宏观经济（国家）角度看，贫困是指一个国家的居民大多数生活比最低生活水平高得不多或者在其以下。 从微观经济（个人）角度看，贫困是指个人或家庭的基本需要无法得到满足，或者只能在极低的水准上得到满足（伦纳特·斯科伯特，1995）。 李冬梅认为绝对贫困的概念其实有三个基本假设：①贫困线的位置处于只能满足人们的生存需要的水平，不包括享受、智能的发展；②贫困者的消费费用的计算和生活方式都具有严格意义上的定义；③绝对贫困是客观的衡量和比较，不会随着外界生活水准的变化而变化。 绝对贫困的概念在人民生活水平低、经济落后、有不少数量的人生存问题没有被解决的国家很有现实意义。 欧共体委员会也对贫困做了解释："因资源有限而被排除在本国最低生活标准之外的个人、家庭和群体。"作为世界上最大的发展中国家的中国，人口数量多是我国目前面临的一个现状。 结合我国的实际，我国是世界上第一大发展中国家，人口数量多，这使得我国的贫困问题尤为突出。 国际组织和国内外学者对贫困做了相关定义，结合我国国情，也给出了对于贫困的理解。 国家统计局（1993）认为，贫困是指个人和家庭依靠合法收入不能维持基本的生存需求。 屈锡华、左齐（1997）采用了世界银行对贫困下的定义。 唐钧将贫困分为三个层面：①贫困是与"困难"或"落后"相联系的生活状况；②贫困是低于"最起码"或"最基本"的生活水准的；③贫困与"匮乏"有关，实质是缺乏"机会""手段"和"能力"。 杨颖（2010）认为贫困是人的一种状态，个人或家庭不仅资源缺乏，更主要表现为发展机会以及权利的不均等导致能力匮乏的生存、生活状态，并且到了难以自我改变的地步。 童星、林闽钢（1994）对于贫困的理解为"经济、社会落后的总称，是由低收入造成的缺乏生活必需的基本物质和服务以及没有发展的机会和手段这样一种生活状况"。 从上述国内外文献综述可知，学术界对贫困仍然无法给出一个明确的定义，但是可以整理出贫困的一些特征：贫困不仅仅局限于物质匮乏，也意味着权利、机会、能力等方面的匮乏。 贫困涉及社会、历史、经济等诸多因素，并且有绝对和相对的区别。 在这里，我们使用国家统计局对于贫困的定义。

2.1.3　反贫困的含义

贫困减缓即反贫困的代名词。 贫困减缓是人类的一个发展目标，是各国政府和国际组织政策制定的重要基点。 在联合国的千禧年计划中，将贫困减缓列在了目标中的第一位。 中国在政策制定中将贫困减缓作为优先级考虑。 贫困是较为复杂的社会现象，由于不同时期社会发展水平的不同，贫困减缓具有明显的阶段性特征。 发达国家的减贫由最初的减少贫困到缓解贫困，再到最终的消灭贫困，共依次经历了减少贫困人口的数量、减轻贫困程度以及彻底消除贫困三个阶段。 而发展中国家的减贫也包含了经济发展，涵盖经济水平的提高和收入差距的缩小两方面。 减贫效应从城市化的角度来看，依次经历了"城市化—经济增长—贫困减缓"三个阶段，贫困减缓效果取决于生产效率提升对经济增长的促进程度（Bertinelli and Black，2004； Fay and Opal，2000）。 从城市对农村溢出的角度来看，城市化会造成农村劳动力的流动，这将会通过打工、做生意等方式增加农民的收入，很多实证研究表明了城市化会增加农村居民的福利、工资水平。 贫困减缓在西部地区有一种途径：一种为"经济增长—要素参与—初次分配—二次分配—收入提升"。Jaiillan and KrkPatirek（2001）、Dehejia and Gatti（2002）、Hoonhan（2004），以及 Jeannen and Pkodar（2005）从经济增长的角度阐明了贫困减缓的含义。 经济增长会使财富从富人流向穷人，可以减轻贫困程度，降低一国的贫困率。 但是需要注意的是，如果经济增长中忽视了收入差距，则不利于贫困减缓。 本书根据减贫工作不同阶段目标的多样性，从动态的角度将贫困减缓定义为贫困减少、贫困缓解直至贫困被消灭的过程。

2.1.4　综合反贫困理论

2.1.4.1　贫困理论

（1）马尔萨斯的贫困理论

马尔萨斯的贫困理论即人口理论，该理论建立在两个前提下：①食物是人类生存的必需品；②两性之间的情欲是必然的。 马尔萨斯提出：人口的增殖比生活资料的增长要快，人口是按几何级数增长的，而生活资料则只按算术级数增长。 因此，在这种情况下，人类必然会面临饥饿与贫穷。

动植物的生长繁衍因为空间和滋养物的缺乏会受到抑制，而人类的生长繁衍则会因为食物的缺乏而受到抑制。 马尔萨斯又提出限制人口的两种方法：预防抑制和积极抑制。 预防抑制主要是指道德的抑制，要求人们节育和独身，这是考虑到无力负担家庭而不结婚或者推迟结婚的情况。 马尔萨斯本人非常反对堕胎和避孕，因此，他认为起决定性作用的只能是积极抑制，即战争、瘟疫、繁重的劳动、饥荒等。 灾难会缩短生命，这是一种恢复人口增长与生活资料平衡的有效方式。

但我们可以从他的结论中看出，马尔萨斯的两个级数是虚构的，且其结论是在为资本主义剥削工人作掩护，期待发动战争来减少人口更是暴露了其反动的本质。

（2）马克思的贫困理论

马克思最早从制度的层面揭示了贫困的根源，进而揭示了资本主义社会的阶级贫困。 马克思认为，在资本主义的经济发展中，无论是经济增长还是经济衰退对无产阶级都是不利的，都会造成无产阶级的贫困。 当社会财富衰退时，无产阶级当然地陷入贫困之中；当社会财富增长时，资本家延长了对工人的剥削时间，引起工人的过度劳动，对应资本家财富的积累，工人阶级的贫困也在积累，最终会导致工人越是努力地生产，工人越是失业，越是会陷入贫困。

因此，无产阶级的贫困是资本主义制度的产物，无产阶级要摆脱贫困的唯一出路就是"剥夺者的消除"。 马克思贫困理论中的消除贫困、实现人的全面自由发展的思想对目前减缓贫困有着重大的理论和实践意义。

（3）恶性循环贫困理论

贫困恶性循环理论是经济学家 Nurkse 于 1953 年在其著作《不发达国家的资本形成问题》一书中提出的，关于资本与经济发展关系的理论，即著名的"一国穷是因为他穷"命题。

恶性循环贫困理论从供给和需求两个方面来论述：从供给方面看，存在"低收入→低储蓄→低资本形成→低生产效率→低产出→低收入"的恶性循环；从需求的角度看，则存在"低收入→低购买力→低投资引诱→低资本形成→低生产效率→低产出→低收入"恶性循环。

Nurkse 指出发展中国家必须通过扩大储蓄与投资，大规模的转化为资本，才能解决贫困问题。 但这一理论也过分地强调储蓄和资本积累的作用，忽视了其他因素的影响。

（4）低水平均衡陷阱理论

Nelson（1956）在《不发达国家的一种低水平均衡陷阱理论》一书中，以马尔萨斯理论为基础，研究了发展中国家人均资本、人口增长、产出增长和人均收入增长的关系，说明了发展中国家存在低水平人均收入反复循环，难以增长的现象，即发展中国家存在低水平均衡陷阱。

低水平均衡陷阱是指在发展中国家，当人均收入水平得到增长并且增长速度大于人口增长率时，生活条件的改善使得人口死亡率降低且出生率提高，导致人口快速增长，最终使得人均收入又回到之前维持基本生存需要的水平。

因此，在人均收入水平从最低增长到与人口增长率相等之间，存在一个"低水平均衡陷阱"。发展中国家只有进行大规模的资本投资，通过投资促进产出增长，并使其增长速度大于人口的增长速度，才能解决这一陷阱问题。

(5) 循环积累因果关系理论

Myrdal (1957) 认为在动态的社会经济发展过程中，各种因素是相互影响、互为因果的，一个因素的变化，会引起另一个或另一些因素发生相应地变化，并产生次级变化，强化先前因素，使经济发展过程沿着原来的发展方向发展，这是一种激烈的因果循环，即循环积累因果关系理论。在发展中国家，人均收入水平低，造成生活水平低、营养不良、卫生健康状况恶化、教育文化落后、人口质量下降、劳动力素质不高、就业困难等情况；反过来，劳动力素质低，劳动生产率也低，产出停滞或下降，造成低产出和低收入，其结果是贫困进一步恶化。这样，发展中国家总是陷入低收入和贫困的积累性循环中而难以自拔。

Myrdal 认为，收入水平低是发展中国家贫困的重要原因，而产生低收入的原因是多方面的，但起重大作用的因素是资本形成不足和收入分配的不平等。因此，他提出应当通过权力关系、土地关系以及教育体制方面的改革，逐步使收入趋于平等，增加贫困人口的消费。

（6）权利贫困理论

作为权利贫困理论的创立者，阿玛蒂亚·森的权利贫困理论突破了传统贫困概念的局限，不再只是关注经济发展对于贫困的影响。他认为造成贫困和定义贫困的因素不应该只是经济因素，更应该看到政治、法律、文化、制度等领域对贫困的影响。

在《贫困与饥荒》一书中，他用"饥饿"这一特殊形式来表示贫困，在实际生活中一些最严重的饥荒发生，"只是因为他们未能获得充分的食物权利的结果，并不直接涉及物质的食物供给问题"。森指出，一个人之所以饥饿，是因为缺乏获取包含食物在内的消费权利的结果，贫困的实质就是能力的缺乏。

权利贫困就是指基本能力被剥夺和机会的丧失。因此，拥有获得良好教育和健康身体的权利，不仅能提高生活质量，而且还能提高摆脱贫困的能力，即重建个人能力是避免和消除贫困的有效方法。

2.1.4.2　贫困减缓理论

（1）收入再分配理论

收入再分配理论的核心在于通过国民收入的再分配，对公民在暂时或永久丧失劳动能力以及由于各种原因生活发生困难时给予物质帮助，保障其基本生活，使社会财富在富人和穷人之间、在职者与失业者之间、健康者与病残者之间、富裕地区和贫困地区之间合理地转移。与初次分配有所不同，初次分配着重的是效率，由于"市场失灵"，扶助弱者就被看作弥补市场缺陷，再分配则强调注重公平。 社会保障在减缓贫困中发挥了巨大的作用，不仅保障了穷人的基本生活，有利于消除绝对意义上的贫困，而且维护了社会的公平，促进了社会的文明进步。

通过再分配的方式解决贫困问题，必然也涉及社会财富的创造问题。"福利国家"的危机表明，创造财富和分享财富是一样重要的，否则就不能从根本上消除贫困。

(2) 平衡增长理论

资本一直被认为是稀缺的资源，因此，最初的贫困减缓理论也是从资本形成问题入手的。 Rosenstein-Rodan（1943）为此提出了平衡增长理论。 他认为打破恶性循环，关键在于突破资本形成不足的约束，影响资本形成的主要因素是决定投资预期的市场有效需求不足，即是投资需求而不是储蓄需求缺乏引发的资本形成不足约束了经济增长。 发展中国家应该对各行业各部门进行全面投资，通过平衡增长引发更多的投资需求，改善资本的供给与需求水平，突破贫困恶性循环，促进经济的持续增长，从而达到减贫目的。

平衡增长理论为发展中国家迅速摆脱贫穷落后的困境、实现工业化和经济增长提供了一种新发展模式，对一些发展中国家的实际经济发展产生了一定的影响。 然而，平衡增长过分依赖于计划和国家干预，而忽视了政府失灵的可能性，一旦计划失误，大规模投资所造成的损失往往是灾难性的。 更为重要的是，这种模式限制了市场体系的发育和发展，其直接后果是经济效率丧失。

(3) 不平衡增长理论

Hirschman（1958）根据平衡理论，结合发展中国家的实际提出了不平衡增长理论。 该理论认为发展道路是一条"不均衡的链条"，从主导部门通向其他部门。 资本与技术往往会集中于部分主体，形成主导产业，而主导产业能带来显著的规模经济效应和正外部性，在促进自身发展的同时能带动整体经济水平的提高。

因此，在发展中国家资本相对有限的前提下，需要进行选择性投资，优先选择能产生带动效应、具有战略意义的产业部门投资，从而为其他产业的发展提供良好的外部环境，促进经济增长和贫困减缓，即发展某一类或某几类有带动作用的部门，通过这几类部门的发展，带动其他部门的发展。 Hirschman 认为政府应主动对投资额大、建设周期长、对私人资本缺乏吸引力的社会基础设施进行投资。 不平衡增长论主张，集中有限的资金，扶持具有较强产业关联度的产业部门。

不平衡增长与平衡增长论的区别就在于其认为落后地区资本有限，不可能大规模地投向所有部门，而只能集中起来投入到几类有带动性的部门，这样可以更有效地解决资本不足的问题。

（4）临界最小努力理论

Leibenstein（1957）基于发展中国家确实存在恶性循环贫困与低水平均衡陷阱两种现象，他在《经济落后于增长》一书中提出临界最小努力理论，强调资本形成对于贫困减缓的重要程度。 该理论认为人均收入水平受总体收入水平与人口规模的影响，发展中国家需要使投资率达到临界值，从而使国民收入的增长速度大于人口数量的增长速度，进而提升人均收入水平，摆脱贫困恶性循环和低水平均衡陷阱。

该理论使人们注意到投资规模的积极作用和人口压力造成的现实的和潜在的威胁。 但也过分夸大了资本形成对促进经济增长的重要性。 有的经济学家指出，突破恶性循环，谋求经济增长，并不一定需要一个"临界最小努力"，少量资本投入也可以达到目的。 因为，人均收入提高时，资本存量的质量、劳动力素质以及工作技能都可能得到改进。

(5) 人力资本减缓贫困理论

Schultz（1965）强调非物质资本的作用，从人力资本的角度提出了人力资本减缓贫困理论。 该理论指出，食物、耕地等物质资本不能较好地改善贫困人口福利，提升人口质量、素质以及技术水平才是改善福利水平、促进贫困减缓的关键，即一个国家之所以落后是因为人力资本的短缺而非物质资本的短缺。

因此发展中国家有必要进行人力资本投资，提升贫困群体的自我发展水平，把教育看作是一项投资而不是消费。 人力资本投资的核心在于教育投资，一方面可以提升穷人使用自身劳动力的能力，提高劳动生产率，改善当期福利水平；另一方面能促进远期穷人对新机会的把握，改善未来福利水平。 因而包括教育、健康等在内的人力资本投资是促进人力资本积累进而改善穷人当期与远期的福利水平，最终实现减贫的重要途径。

2.2 金融减贫理论

2.2.1 金融减贫的含义

许多学者认为金融发展对贫困减少有积极作用，金融发展可以促进经济增长和收入分配。 事实证明，金融参与扶贫开发是解决贫困问题中重要的里程碑。 与财政"救济式扶贫"不同，金融扶贫关注有发展意愿的、有生产能力的贫困群体，遵循的是"开发式扶贫"原则。 林茹、栾敬（2014）肯定了中国金融发展对贫困减缓之间的积极作用，并且认为金融发展规模和效率、经济增长、收入分配与贫困减缓之间存在着稳定的均衡关系。 郑长德（2006）也认为金融中介发展可抑制农村贫困发生率，同时有利于促进经济增长和改善收入分配。

金融对贫困地区经济发展的作用不容忽视，金融机构可以通过增设营业网点、提高存贷便利化程度、增加农民收入水平、促进经济增长等途径对减贫起到一定的作用。 但由于服务体系不完善、保障机制不健全等因素限制，金融减贫的作用一直未能得到很好发挥。 对此，丁志国等（2011）提出农村金融发展的间接效应高于直接效应，因此，政府应该将重点放在农村金融作用的间接效应上，而不是简单片面地强调直接效应，以便更好地发挥金融减贫作用。也有部分学者在实证研究的基础上提出，金融发展与贫困减缓的关系并非线性，金融发展促进贫困减缓是在一定条件下产生的，随着时期长短、金融机构特点、农户收入水平和金融服务渠道不同，其作用强弱也表现各异，应根据各农村地区自身的差异，制定不同的金融减贫方案。 米运生（2009）从金融自由化角度进行分析，表明国有商业银行农村网点的撤销，致使农民难以享有金融发展的好处，农村相对贫困提升。 李新然表明小额信贷可缓解有生产能力的农民的资金困境，可以产生良好的扶贫效果。

2.2.2 金融减贫的影响因素

在贫困地区，农村金融运行和发展受到经济发展、交通状况、区域文化等因素的影响，金融减贫问题存在与富裕地区不同的特征与困境。

在制度层面，农村金融的缺陷限制了对农民贫困和生计的改善。中国的农村金融市场大多是支离破碎的，农村融资效率低且供需失衡，几乎无法满足农村居民的金融需求。对此，冉光和、赵倩（2012），谷慎（2012）考虑不同区域的农村金融制度效率，表明中、西部落后地区明显低于东部地区，因此需要针对欠发达地区设置差异化的金融制度，以此防止资金外流。杨育民等（2006）则认为应以金融产权制度改革为先导，全面激活农村金融制度。

在供给层面，大多学者认为农村金融存在目标偏离贫困群体，贷款服务更为非贫困农户所获得的问题。这主要是因为农业信贷额度小、农户缺乏抵押品、成本高、风险大，金融机构获利不足，无动力进行农业信贷产品的创新，而这进一步导致农村信贷的恶性循环。程恩江、Abdullahi D.Ahmed（2008）基于中国北方四个贫困县的农户调查，发现中国贫困地区所试验的孟加拉乡村银行模式的小额信贷项目不能自动地瞄准贫困地区的贫困人口，许多贫困农户将自身排除在小额信贷市场之外。林万龙、杨丛丛（2012）对仪陇贫困村互助资金试点的实证研究显示，相对于资金互助社供给抑制，有效需求偏低才是抑制贫困农户获得信贷扶持的主要因素。

在需求层面，众多学者发现贫困农户的有效需求偏低。贫困农户的贷款需求以中短期小额需求为主，但实际发生的借贷大多为中长期贷款，从正规金融机构获得贷款的农户更少，绝大部分为关系型融资。刘西川、程恩江（2009）认为所调查的农户信贷需求主要受到数量、成本与风险的影响。刘明（2012）以陕西、青海的欠发达农村为例，认为关系型融资对不同的信贷来源作用效果不一致，虽然可以抑制民间金融的风险，但却滋长了正规金融的寻租活动。

综上，通过对金融机构供给与贫困地区农户需求的考察，不难发现金融机构目标偏离贫困群体和贫困农户自身需求抑制，是导致贫困农户参与正规信贷金融活动程度低的最主要原因，欠发达地区金融资源配置效率低，对农村经济发展促进不足也是另一重要原因。

2.2.3 金融减贫的作用机理

金融发展影响贫困减缓的途径有的是宏观的，有的是微观的。从宏观角度看，良好的金融发展可以促进经济增长、提高收入水平，而经济增长和初始收入又会影响穷人的收入水平，从而影响贫困减缓；从微观的角度看，金融机构的完善、规模的扩大，不仅提供了贫困人口提高收入的机会、降低风险的可能，甚至可以有效地减少对企业、家庭的融资约束，创造就业机会，穷人能否有效地获得这些金融服务对贫困减缓有着直接的影响。此外，在开放经济条件下，金融发展往往会出现波动，也就是金融风险，以及与之相伴的经济波动、价格波动等对贫困产生不同程度的影响，从而构成在开放经济条件下，金融发展影响贫困的渠道。

理论上，金融发展可以通过多种方式作用于贫困减缓（Odhiambo，2010），然而，无论何种方式，都离不开金融功能的作用。随着金融发展的深化，整个金融体系质和量的提高，使得其资源配置、公司治理、风险管理、金融服务（储蓄、贷款、保险、培训等）等功能日益明显化。 金融发展的这些功能将直接影响一国的经济增长、居民收入分配以及金融机构提供金融服务的质量和数量，并作用于居民初始收入和就业机会等方面，从而对居民生活水平产生重要的影响。 金融发展优化资源配置的功能为经济增长提供重要推动力。 反贫困离不开经济发展，没有持续的经济增长，反贫困就不具有稳定性和连续性。 此外，许多研究证明，金融发展不仅与经济增长相关，同时也能影响收入分配，只有贫困群体分享了经济发展的成果，经济增长的减贫作用才能发挥。 因此，金融减贫，应以金融发展的方式促进经济增长、提高收入水平，降低金融波动的不良影响，从而达到贫困减缓的目标。 因此，推动经济增长的金融发展（Levine，2004）对贫困减缓的作用不能忽视。 虽然贫困的内涵越来越广泛，但收入水平低仍是贫困的重要标志。 影响收入水平的经济增长、收入分配、金融服务获得成为金融发展影响贫困减缓的重要作用与途径。

除了这一宏观经济调节作用外，金融发展减贫还包含直接为贫困群体提供金融服务的方式。 许多国家的反贫困经验表明，贫困群体在脱贫的时候会遇到各种各样的困难，其中最大的困难就是资金的限制，如无法获得金融产品和服务、缺乏资金进行人力资源投资等。 此时，金融机构，尤其是中小金融机构，能带来很多帮助，金融中介机构的金融服务获得对贫困减缓有着重要意义。 一方面，正规的金融机构通过为农户和农村中小企业提供信贷资金，为农村地区提供金融服务，保障农户和农村中小企业的生产经营活动，从而推动农村地区经济发展；另一方面，由于民间借贷等非正规金融组织的存在，农村金融市场对农村经济的发展有着难以忽视的影响。

2.2.4　金融减贫的影响机制

2.2.4.1　金融减贫的直接影响机制

穷人自有资本的局限性使其对金融服务（如储蓄、信贷等）的需求更为迫切，而金融发展扩大了企业和家庭金融服务的可获得性（Beck，Demirguc Kunt and Martinez Peria，2007），即金融惠及贫困户。以需求为导向，瞄准穷人设计的金融服务产品供给，能通过促进交易、降低成本、平滑消费、降低风险的途径增加穷人可持续生计的潜力，减少贫困。从直接作用机制来看，表现为提供储蓄及信贷服务。

（1）金融的信贷功能减缓贫困

信息不对称所导致的信贷约束对穷人的影响尤甚，金融发展能够缓解穷人进行人力资本投资时所面临的信贷约束。从金融与信贷的关系来看，一方面，信贷是金融发展的一种重要形式；另一方面，信贷也能促进金融的发展。首先，通过建设更为完善的信贷体系，农户能获得更多的可贷资金，从而降低贫困，并助力于市场化的发展。其次，对于经济落后的国家及大多数发展中国家而言，小额信贷成为其发展普惠金融的一大重要金融手段，通过小额信贷惠及贫困户，缓解金融机构的"精英俘获"现象，使金融产品与贫困目标相匹配，纠正瞄准偏差。关于信贷的减贫效应影响机制，我们从以下几方面进行阐述：

信贷通过提供外部资本来扩大农业投资，有利于提高生产率和产生规模经济效应。 贫困户通过申请信贷，获得对设备、厂房、原材料等生产性资产的投资，提高生产力，获得更多的产出。

信贷进军贫困地区改善了农村的经济结构，增加了贫困人口的就业机会。 我国农村是以家庭为单位的小农经济生产模式，这种模式生产效率低下，劳动力成本较高，其显著提升了农民工就业的机会成本。 信贷的进入缓解了贫困人口"资金难"的问题，在自给自足的生产模式上，其能通过初始资本进行非农自营活动，谋求更高的收入。 同时，就业的转变带来了产业结构的转型，贫困户可从第一产业转向第二、三产业，由此导致家庭收入结构的转变。

信贷的增加提升了贫困户的个体素质。 在提供信贷资金的同时，大多数金融机构会附带技术培训服务。 通过技术服务和技术培训，信贷服务增加了贫困户的生产知识和技能，增强其对于经济信息的接受度，在当今市场经济的竞争环境中，其生存能力得到锻炼，从主观上增强脱贫致富的信念。 因此，从经济学的角度，贫困户将信贷支持转换为可使用的技术或可观察的人力资源效率，产生溢出效应（即"学习曲线效应"），最终为贫困户带来家庭经营的边际成本递减，增加其收入总量。

信贷服务降低了贫困户所面临的风险及脆弱性。 从短期来看，贫困户所面临的自然灾害对其收入的影响较大；而从长期来看，风险与脆弱性又成为导致贫困迭代的结构性因素，因而从风险及脆弱性角度减缓贫困是一大核心因素。 在缺少储蓄或保险时，信贷可以帮助穷人建立更正规、更可靠的多元化收入渠道，平滑消费，增加储蓄和资产，扩大信贷选择，改善家庭资金管理。 这些综合效应虽然不能增加穷人收入水平，但有利于提高穷人应对危机和冲击的能力，发展信贷服务和金融市场有利于贫困减缓。

信贷服务调整资源配置，优化贫困户收入分配。 一般认为，贫困户的储蓄能力较弱，面临资金不足的问题，这导致了贫困户的生产机会和资源禀赋与其他阶层的差异，进而导致了收入差异的逐步拉大。 信贷服务优化资源配置，改善贫困户的生产机会和资源禀赋，减少了收入差异。

鉴于金融体系日趋完善，越来越具竞争力，它更有能力和意愿去承担小额信贷的高额成本。 例如，拉丁美洲商业银行开始像小额信贷机构那样向穷人发放贷款。 而且，非正规金融信贷随着金融体系的发展和完善也变得越来越容易，而在这之前其往往是穷人借贷的唯一来源。 金融体系的发展也为非正规金融机构提供了投资获利机会。 最后，在竞争性商品市场和生产要素市场的框架下，获得信贷能够使穷人平滑消费，减少外部冲击的脆弱性，积累人力资本，从而提高收入水平。

信贷服务挤压了农村非正规金融服务的生存空间，有利于减少农户债务负担与遭受欺诈的风险。 非正规金融机构往往存在经营目标异化、经营行为不规范、信用行为的欺诈性、信用行为不规范等问题。 在此情况下，贷款人可能陷入利率欺诈和暴力追债的险境。

将社区性的农民合作组织嵌入信贷减贫体系中的组织嵌入型扶贫贷款模式有助于将更多的农户纳入信贷减贫体系，扩大信贷减贫体系的覆盖面，同时能更加精准的瞄准贫困农户。 同时，合作组织中农户的相互监督与相互激励机制能提高信贷资金的使用效率。 组织嵌入型扶贫贷款模式同时也可克服单个农户抗风险能力弱的缺陷。

信贷减贫体系的动态激励机制。 动态激励机制是在多重博弈中，信用社在经营小额信贷业务时，将信贷农户的历史记录和对其未来行为的预期纳入合约中，从而促进农户改善还款的行为。 如果借款农户拖欠或不能偿还所贷款项时，信用社会降低其再次获得资金的可能性，甚至不再对其提供贷款；偿还信贷资金表现良好的农户在后续借款时可以获得更高金额的借贷资金，即信用社对其实行累进贷款，从而增加了借款农户逃避其债务的机会成本，对其顺利履行合约产生了正向激励作用。

小额信贷的团体贷款筛选机制。 小组信贷目前是大多数小额信贷所采用的一项重要制度，通过借款者之间的自我组合与筛选，以及小组成员自我甄别风险特征，从而将不同风险程度的借贷者分离开来，并通过设计针对不同风险特征的信贷合同，利用连带责任方式及时有效地淘汰小组中的违约者或潜在违约者。 这种机制缓解了贷款者和借贷者之间的信息约束即信息不对称，高效地化解了逆向选择与道德风险，并在违约有可能发生或已发生的情况下，通过社会资本与连带责任派生出的来自小组其他成员的压力，增加借贷合同的执行效率。

信贷服务有利于优化农村信用环境，促进农村金融的完善。 信贷服务的扩展实质是信用制度在农村的扩张。 在信用制度的扩张中，有助于农户树立和培养现代金融意识，改善农村信用环境，为农村金融进一步的创新和发展奠定基础。

信贷修正了农户家庭经营的生产函数，追加的资金通过生产过程中的流动性和集聚性配置，形成效率扩散效应，使得在不增加其他要素的情况下，通过要素结构的改善来有利于农户产业的定位和产品结构的转换。 农户生产经营的要素调整，能够实现低效率向高效率均衡的改进，实现生产函数的改进从而增加农业的产出和农民的收入。 另外，若农户将获得的资金转换为技术或人力资源效率的改善，会形成技术或人力资本的溢出效应，出现家庭经营边际成本的递减。 农户由于获得资本支持，能够在既定的经营安排下，实现产品品种从量到质的转换。 由于新要素投入的追加，农业中经济资源的含量和资源的产出效率趋于上升，实现了农业资源配置的改善与农业全要素生产率的提高，这是农业结构升级的过程，也是农业生产中高效率资源替代低效率资源的过程，即实现"低效率均衡"传统农业向"高效率均衡"现代农业的迈进。

扶贫信贷消减金融排斥对贫困户贷款的影响。 金融排斥包括以下几个维度：地理排斥、条件排斥、评估排斥、价格排斥、营销排斥以及自我排斥。 地理排斥指由于被排斥对象无法就近获得金融服务，因而依赖各种交通工具到距离较远的金融中介获取服务；条件排斥则是指经济主体获取金融产品存在附加条件且条件不合理；评估排斥是指主流金融机构通过风险评估手段对经济主体施加的准入限制；价格排斥是指金融产品价格过高并超出了某些主体的偿付能力，将这些经济主体排斥在外；营销排斥是指主流金融机构的目标营销策略，往往会将某类人群有效排除；自我排斥则与被排斥主体的自身经历和心理因素相关，是被排斥主体主动将自身排斥在主流金融体系之外。 贫困农户由于自身资源不足，在这个多维度评价体系中始终处于农村金融的雷区，因而被金融市场排斥在外。 小额信贷制度设计的出发点也是基于此前提。 一般认为，在农村金融市场，贫困农户在正规金融机构的技术评价体系中，受到识别歧视，导致其融资能力下降，发展路径堵塞，但小额信贷的出现，在一定程度上打破了这种排斥，通过信用与联保这样的软信息，解决了传统金融机构评价体系只注重硬信息的缺陷，帮助贫困农户增加资本投入，摆脱贫困。

小额信贷的公共品特性。 根据公共经济学理论，人们的消费品分为私人物品和公共物品。 按照萨缪尔森在《公共支出的纯理论》一文中的定义，纯粹的公共产品或劳务是每个人消费这种物品或劳务不会导致别人对该种产品或劳务消费的减少。 公共物品是相对于私人物品而言的，其特征有两个：一是消费中的非排他性，二是消费中的非竞争性。 而凡是可以由个别消费者所占有和享用，具有敌对性、排他性和可分性的产品就是私人产品。 介于二者之间的产品称为准公共产品。 准公共产品亦称为"混合产品"。 这类产品通常只具备上述两个特性中的一个，而另一个则表现为不充分。 在一个完全由有效的市场进行信贷资金配置的体制下，资金的流动将由投资的回报率决定。 一个群体的投资回报率较高，则资金就会流入该群体。 从公共经济学角度来看，小额信贷是一种具有利益外溢特征，即正外部性的公共产品。 这是因为小额信贷具有规模效应，其贷款规模增加引起服务的边际成本是微乎其微的，且不存在像私人物品那样在消费中的替代效应，导致其具有弱竞争性，体现了其具有准公共产品的特性。 加上金融资源本身是稀缺的，为了促进贫困人群发展，需要政府提供公共金融产品。 这时，小额信贷作为一个准公共产品，不仅保证了政府在扶贫公共政策上的支持，而且确保了间接金融的优势，即保证了金融资源的有效配置，有效解决了贫困群体获取信贷支持的瓶颈。 通过以上分析，可以认为，有效解决贫困人群融资困难是市场经济体制下政府的公共职能之一，这也是小额信贷具有准公共产品属性的原因。

金融约束理论在信贷扶贫中的作用。金融约束，是指政府运用行政手段对一系列的金融制度进行安排，从而限制银行类金融机构之间的竞争以及直接融资对银行类金融中介的替代，并促使事实存在的存贷款利率高于完全竞争市场下的均衡利率水平，从而为相关金融机构和生产部门创造出可能性租金收入。金融约束论认为，最优市场配置的前提是假设信息具有完全性，但客观事实在于，现实中的金融信贷市场往往是不具有完全信息特征的即市场信息不完全，因而产生了由于信息不对称导致的逆向选择、道德风险和委托代理行为，这些也通常是金融市场不可消除的严重缺陷。在这种金融市场发生一定程度失灵的情况下，政府干预就变成了一种必然选择的方式。小额信贷扶贫从本质上来说就是金融约束理论的实践形式之一。由于在农村信贷市场上，贫困农户与正规金融机构之间存在着信息不对称，必须要依靠政府的行政干预来解决这一问题，这时小额信贷作为一种最为可行的选择，成了利益相关体的首选，扩大了农村金融市场的覆盖面，促进了农村经济的发展。

信贷扶贫有助于解决贫困群体在信贷市场融资发生的市场失灵问题。市场失灵是指在完全自由的经济条件下，市场无法有效率地分配商品和劳务的情况。"市场失灵"一旦出现，政府干预就是一个很必要的选择。市场这只"看不见的手"对资源配置有其有效的一面，但是也有其失灵的时候。一方面，市场经济是迄今为止最具效率和活力的经济运行机制和资源配置手段，它具有任何其他机制和手段不可替代的功能优势。但是另一方面，市场经济也有其局限性，仅仅靠市场自身是难以克服的，如果没有政府干预的市场调节会使其缺陷大于优势，导致"市场失灵"。因此当出现市场无效的情况下，借助于市场之外的力量——政府这只"看得见的手"来弥补市场失灵，是一个必然的选择。贫困群体在信贷市场融资发生市场失灵的主要原因是贫困群体和金融机构间的信息不对称。信息不对称是指交易双方的一方拥有相关的信息而另一方没有这些信息，或一方比另一方拥有的相关信息更多，从而对信息劣势者的决策造成不利影响的情况。信息不对称可以分为两类，第一类是事前信息不对称，第二类是事后信息不对称。在信息经济学理论中，事前信息不对称导致逆向选择，事后信息不对称导致道德风险。在与贫困者相关的信贷市场上，事前信息不对称，主要包含两个方面：一是贫困户对投资项目盈利大小的掌控能力的信息不对称；二是贫困户偿还能力的信息不对称。事后信息不对称，主要是指贫困户偿还意愿强弱以及是否努力工作。这时，政府这只"看得见的手"出来解决贫困户与金融机构之间的信息不对称是必然选择。小额信贷扶贫作为一种金融制度安排，一方面通过政府相应机关对贫困户给予评价及监督，并给予贷款发放金融机构一定补偿，解决了金融机构的贷前、贷中、贷后风险，规避了逆向选择与道德风险；另一方面，通过政府的政策宣传，使符合条件的贫困人群根据自己的现实状况，选择是否需要通过信贷资金来加大生产投入或者改善生产、生活条件，摆脱贫困。

(2) 金融储蓄服务减缓贫困

储蓄是金融服务的一个主要功能构成，对于贫困户来说，储蓄不失为一种良好的投资方式。不少学者通过空间计量分析金融支农减贫效应，发现农户自持资金对减贫的增效并不显著，其原因主要是农民自身视角的狭隘，基于此做出的投资容易产生投资损失。金融储蓄具有低风险低回报率的特征，可以为贫困人口提供安全的资金积累方式，使其获得利息收入。将现金变成存款虽然缺乏流动性，但是这种约束恰恰可以使得这笔钱不被随意使用，而用于将来较大、预期消费或投资的支付，从而实现对资金的合理规划与使用，可以帮助贫困户实现基本的投资理财，取得适当的投资收入。

英国国际发展部（DFID，2004）指出，金融服务通过两种途径对贫困减少产生直接影响：一是金融部门向穷人提供信贷服务。信贷服务可以使穷人有能力投资于新技术，也可以提高穷人的教育和健康水平，这些都将提高穷人的生产力，帮助他们摆脱贫困。二是金融部门向穷人提供储蓄服务。储蓄服务可以帮助穷人积累资金，从而可以帮助穷人平滑其消费，抵御收入不稳定带来的风险。Floro（2007）的研究发现，通过提高穷人应对风险的能力，能够降低其脆弱性，进而有利于减贫。当穷人的收入和支出出现意料外的波动时，储蓄可以帮助穷人平滑消费，增加对经济和健康恶化等打击的适应能力，降低由此而导致贫困的关联性。三是自然灾害、气候变化对于农村地区居民具有一定的影响，节气也会影响着不同农产品的产量，进而导致了收入的不稳定性。对于农村贫困户来说，在有闲置资金时进行储蓄，以应对不时之需，对于降低收入不稳定带来的风险有很大的作用，避免了贫困户因短时间入不敷出而导致的生活水平下降、健康状况不能保证或农产品初期种养无法投入、低价卖出生产性资产等问题。同时，有一定的储蓄资金，也能降低脱贫人口返贫的概率。

储蓄服务包括服务态度、服务质量、服务机制、服务方式以及服务手段。储蓄服务,作为金融机构的主要职能,能够积聚社会闲置资金,支持生产,调节流通,引导消费,改善宏观控制。储蓄,有时被认为是好于信贷的金融工具。相较于信贷服务,储蓄服务是没有门槛的,理论上是所有贫困户都可以获得的。但在储蓄服务上,多维贫困对农户储蓄倾向有显著的负向影响,农户多维贫困程度越深,农户越倾向于不参与储蓄服务,因此储蓄服务客户集中在非贫困户,只实现了对农村贫困户的部分覆盖,几乎没有覆盖到最贫困户(杨畅,2015)。因此,金融储蓄服务的改革,可以增加最贫困户金融服务的可获得性,在帮助贫困户积累闲置资金的同时有利于金融机构对地区贫困人口收入的监控,记录收入变化,便于更精准地扶贫减贫。

储蓄资金可以创造更多的信贷和融资供给。储蓄是金融机构对外贷放和投资的主要资金来源之一,在存款准备金率和利率的影响下,动员储蓄可以满足更多的信贷和大规模的融资供给,帮助贫困家庭投资于生产性资产或帮助小企业融资,实现贫困家庭的自我雇佣,从而提高收入水平。绝大多数贫困阶层不可能经营企业,但他们却会不定期地储蓄。通过利用贫困家庭的储蓄资金,能够充分调动贫困地区地方性金融机构的融资供给,推动当地生产经营的发展。

储蓄服务不但可增加个人收入,满足投资的需要,同时是贫困家庭的第一道防线,使之适应可预见生命周期的需求,平滑消费,降低抵御风险的脆弱性,增强对不可预知负面事件的应对能力和抵抗风险的能力,同时在一定程度上也是创造更多的信贷和融资供给的前提,有利于满足社会资本积累和投融资的需要。

2.2.4.2　金融减贫的间接影响机制

（1）金融发展的增长效应

正如 Honohan（2004）所提出的"经济增长是金融发展缓解贫困的一大重要间接途径"，学者们广泛认为金融可以通过发展经济的途径实现减缓贫困的目标。然而，学术界在金融推动经济增长以及经济增长减缓贫困的具体路径研究中却存在巨大的争议。

金融与经济增长关系的研究最早起源于货币理论中货币与经济发展关系的探讨。古典学派的"两分法"认为货币仅为覆盖于实物经济之上的"面纱"，与经济的运行并无必然联系。他们将经济体系分为货币层次与实物层次，实物价格变化由其自身供求决定，而物价水平即货币价格变换则由货币的供求决定，二者没有关联性。随着经济的发展，货币的功能得以扩展，相关理论的研究也逐步深入到货币的经济作用。瑞典经济学家魏克塞提出，货币不是中性的，而是能影响经济运行的重要变量，是影响经济波动的利率杠杆。美籍奥地利学者 Joseph Schumpeter 则在《经济发展理论》中提出，银行企业具有信用创造能力并可以将创造出来的货币发放给符合借贷要求的具有新产品研发和生产能力的企业，借此促进创新，从而促使经济发展。这一理论将银行的信用创造与生产资本形成联系起来，在一定程度上吻合信用支持经济发展的实际。Dillard 总结提出的货币制度理论，指出产出是资本、劳动与货币的生产函数，货币是影响实体经济产出的重要变量，能够通过货币政策与财政政策增加有效需求从而刺激产出增加；反之，货币资本收缩，也将引起经济周期发生波动。波林等总结了马克思的内生货币理论，认为货币在经济系统逻辑的内在力量驱动下，内生于以货币效用为主要内容的商业活动中，因经济中的商品特性不可能消失，货币的内生性不可能被消灭或中立。 内生货币的数量，由商品交易量和商品的平均价格决定。 因货币具有广义内生性，货币管理机构的职能与权限也是内生的，对于供给货币量和流通中的货币量无法直接调节。20 世纪中叶，凯恩斯提出，中央银行管理通货能够助推经济发展，只要增加货币供应量，就能降低利率、刺激投资、增加有效需求、实现充分就业从而推动经济发展。 为应对不同经济发展阶段所出现的问题，他主张银行通过信用调节使得自然利率与货币市场利率相等，从而平衡储蓄与投资、平衡经济；在资本主义经济出现危机时，主张通过增加投资来降低资本边际效率，降低利率以刺激再投资，并借助于投资的乘数效应，增加收入扩大就业，引导经济走向繁荣。 这一理论虽然将货币与就业、产出联系起来，使得实物利率过渡到货币利率，但仍未将货币融入资本主义经济生产过程中解释，缺乏将货币理论经济化的微观理论基础。 熊彼特在其货币促进经济增长理论中提出，不具有现实商品流通基础的信用即"非正常信用"，相比于凭借商业票据获得的银行贷款即"正常信用"而言更能够促进利润增加，提高收入和物价从而促进经济发展。 1965 年，J.Tobin 发表了论文《货币与经济增长》，货币增长理论已具雏形。在托宾看来，国家可以通过对货币政策的影响，从而影响居民的可支配收入进而影响投资，最终实现影响经济增长的目标。 托宾的理论可以简要表示为：

$$Y_D = Y + [d(M/P)/dt] = Y + M/P \cdot (u - \pi) \qquad (2.1)$$

其中，Y_D 为实际可支配收入，Y 为国民收入，$\dfrac{M}{P}$ 为实际现金额，u 为货币增长率，π 为物价上升率。通过该方程我们可以发现，实际可支配收入，由国民收入水平、实际现金额、货币增长率和物价上升水平共同决定。由于国家可以通过调整利率或者其他货币政策调整实际现金额，影响实际可支配收入，进而影响社会储蓄（等于储蓄率与总可支配收入的乘积），达到通过影响投资来影响经济增长的目的。通过这些理论可进一步认识到，金融的微观元素——货币对经济增长的作用。

受托宾研究的启示，以 H.Gjohson 和 D.Patin KIN 为代表的一系列学者先后提出"货币增长理论"，旨在说明货币金融与经济增长的关系以及货币政策对经济增长的影响。虽然这些理论将储蓄和投资函数看作是相互独立的变量，强调市场本身的不均衡状态，并在实物资本和货币资产之外增加了债权资产，但由于这些理论均以发达国家的经济状况作为研究的背景与对象，并未考虑到发展中国家经济发展的特殊性，因此不能直接运用于发展中国家的研究。在此背景下，金融发展理论得以创立。

于 20 世纪 50 年代开始兴起的金融发展流派，着重分析了金融与经济两者之间的关系。美国经济学家 John G.Gurley and Edward S. Shaw 在合作发表的《经济发展中的金融方面》和《金融中介机构与储蓄》两篇论文中提出，金融的发展与经济的发展之间有着非常密切的联系。经济的发展是金融发展的前提和基础，而金融发展又是推动经济发展的动力。随着经济的发展，金融亦获得发展，这种发展不仅表现在各种非货币金融资产的涌现及其数量的增多，也表现为各种非银行金融中介的建立和发展。Patrick（1966）首次阐明金融发展与经济增长之间可能存在的因果及主次关系，并在其论文

《欠发达国家的金融发展和经济增长》中提出，应将"供给优先"和"需求追随"两种研究方法结合起来，探讨金融发展与经济增长的关系。就前者而言，它强调经济增长会对金融服务产生需求，从而推动金融不断发展。后者侧重于金融服务的供给先于经济增长需求，金融发展有助于推动实体经济的增长。此外，他还认为这两种金融发展路径会随着经济发展阶段的推移而发生转换，也就是在经济发展之初，供给引导型金融居于主导地位，而随着经济向成熟阶段发展，需求尾随型金融会逐渐取代供给引导而占据主导地位。

King and Levine（1993）从金融功能的角度将金融变量内生化引入金融机构效能指标研究了金融发展对经济增长的影响。研究得出金融中介的规模和功能的发展有利于促进资本形成、提高经济效益以及刺激经济增长。Rousseau and Wacthte（1998）的研究也指出金融制度对资本产出具有一定的作用，金融中介结构的建立可以促进经济更好发展。Felix Rioja and Neven Valev（2004）认为对于收入水平相对较低的国家，金融发展是通过扩大资本积累促进经济增长。而对于收入水平相对较高的国家，金融发展是通过提高资本效率促进经济增长。同时，金融发展带来的储蓄率转化以及资本的社会边际产出率的增加提高了资本积累的速率，因此金融发展主要通过提高资本利用效率来促进经济增长。约翰·希克斯（Jonhn Hicks，1969）在《经济史理论》一书中，提出金融体系加速了资本积累，金融革命的发生刺激了工业革命的过程。戈德史密斯（Raymond W. Goldsmirh）则在《金融结构与金融发展》一书中得出同一类型国家在不同时期的金融结构也不尽相同的结论，认为金融发展就是金融结构的改变。

麦金农（Ronald I.Mckinnon）和肖（Edward S.Shaw）于 1973 年出版的《经济发展中的金融深化》正式创立金融发展理论。该理论选取存在金融抑制的发展中国家作为研究对象，通过建立金融深化与经济发展关系的分析框架来考察金融抑制现象，揭示发展中国家的金融发展特征，提出了发展中国家的金融发展的路径。与其他理论的区别是，与之前的主流观点——金融部门有别于其他经济部门，政府的干预是其有效运行的前提条件不同，麦金农和肖认为，正是由于政府对利率和银行信贷的严格管制等金融抑制行为，导致实际利率为负，社会储蓄率低，使资本积累趋于缓慢，从而损害了投资配置的有效性和合理性，经济发展受到阻碍。反之，若实行较高的实际利率以消除金融抑制，减轻经济的分割性，经济会得到健康的发展。实现实际利率和汇率的自由化，是发展中国家推动经济增长的重要路径，低于均衡水平的实际利率与高估的本币等金融抑制现象则是发展中国家经济增长缓慢的重要原因。显而易见，金融发展理论克服了前人将金融特征一视同仁、忽视了发展中国家金融发展的特殊性的缺点，弥补了传统发展理论对货币金融因素重视不足的缺陷，但缺乏数学推导。马尔科帕加洛（Pagano，1993）构建了一个简单的内生增长模型并指出，通过提高储蓄—投资转化率、资本配置率和私人储蓄率三种方式能够发展金融。

本书将通过哈罗德—多马模型，阐释金融深化作用于经济增长的机理。哈罗德—多马模型的基本假定如下：

①社会上存在两种类型经济活动，即：I 表示投资，C 表示消费，P 表示价格，P_I/P_C 表示相对价格比率。

②边际储蓄倾向 s 给定，且：

$$s = \frac{S}{Y} = \frac{\Delta S}{\Delta Y} \qquad (2.2)$$

上式中，s 表示边际储蓄倾向，Y 表示产出，ΔS 表示净储蓄，ΔY 表示净产出。 对于给定投资率时，储蓄等于投资。

③如不考虑技术进步和折旧，总投资和净投资相等。 给定资本产出率（用 V 表示），其中资本用 K 表示，ΔK 表示净资本，并且

$$V = \frac{\Delta K}{\Delta Y}, \ \Delta K = I \qquad (2.3)$$

④给定资本劳动比率 σ。

⑤设定劳动力（用 L 表示）按一种外生决定的比率 n 增长，表示如下：

$$n = \frac{\Delta L}{L} \qquad (2.4)$$

⑥假设企业家完全理性，进行了充分的市场分析，其投资是为了在一定的产出水平上达到预期的资本产出比率，从而形成既定的增长率。 根据上述假设推出实际增长率如下：

$$G = \frac{\Delta Y}{Y} = \frac{S}{Y} \div \frac{\Delta K}{\Delta Y} \qquad (2.5)$$

即：

$$G = \frac{s}{V} = \sigma s \qquad (2.6)$$

式中，G 表示经济增长率；S 表示社会储蓄倾向（储蓄率）；V 为资本产出比率（或投资系数），表示在一定的产量下投资需求；σ 是 V 的倒数，为资本生产率，或者称为投资效率。 上式说明，实际

经济增长率是由储蓄率和资本产出比率（或投资效率）共同决定。当然上述并行的假设并不符合经济发展的实际，其分析结论也只是适合于分析短暂的经济增长情况。

而且从长期看来，s 和 σ 并非固定不变，以 $s(t)$ 和 $\sigma(t)$ 分别表示变化的储蓄率和投资效率，则有：

$$S = s(t)\ \sigma(t) \ \text{且} \ K = \frac{1}{\sigma(t)}Y \tag{2.7}$$

$$I = \frac{dK}{dt} = \frac{-\dfrac{d\sigma(t)}{d(t)}}{\sigma(t)^2} + \frac{1}{\sigma(t)}\frac{dy}{dt} \tag{2.8}$$

在 $I=S$（即假设社会储蓄全部转化为投资）的均衡条件下，可以推出经济增长的长期决定因素为：

$$\frac{\Delta Y}{Y} = s(t)\ \sigma(t) + \frac{\Delta\sigma(t)}{\sigma(t)} \tag{2.9}$$

根据麦金农和肖的理论，储蓄倾向是受农村经济增长和农村金融深化程度影响的一个变量，所以并非是一个常数。用 P 表示金融深化的指标，则：

$$s = S(G,\ P) \tag{2.10}$$

将（2.10）带入（2.9）得到

$$\frac{\Delta Y}{Y} = s(G,P)\ \sigma(t) + \frac{\Delta\sigma(t)}{\sigma(t)} \tag{2.11}$$

投资效率 σ 也受到金融深化的影响，即：

$$\sigma = \sigma(P) \tag{2.12}$$

将（2.12）带入（2.8），可以得到：

$$G = \frac{\Delta Y}{Y} = s(G,P)\ \sigma(t) + \frac{\Delta\sigma(P)}{\sigma(P)} \tag{2.13}$$

由（2.11）、（2.13）可知，随着农村金融深化的推进、实际利率水平的上升，农村储蓄倾向得到增强，农村的投资效率也会不断得到提高，农村居民收入增长率也将随之提高，证明金融对贫困的减缓作用。

无论是对历史研究的回顾还是对数理推导的说明，均表示金融发展是推动经济发展的重要一环，金融发展水平的提高对经济的增长是能起积极作用的。

进一步分析经济增长对贫困减缓的影响效应，现有研究表明其作用机理为惠及贫困户，即通过扩大就业、增加社会总支出来提供更多的经济创收的机会。关于理论作用机制，可概括为经济增长的涓滴效应和亲贫式经济增长。

涓滴效应是指经济增长带来的收益会自发地从富裕群体向贫困群体流动和转移，从而贫困群体也能间接地从经济增长中受益，贫困状况得到缓解（Dollar et al. 2002）。其作用机制主要是，富人首先从经济增长中得到好处，然后富人通过带动投资、消费，影响就业，进而通过乘数效应增加贫困户的收入状况。Bhalla（2001）指出经济增长对于减少贫困有决定作用，要达到减少贫困的目的，就必须通过各种途径使得经济得到增长，但是经济增长得越快不一定代表贫困减少得越快，经济没有增长也不意味着贫困没有减少。Kraay（2002）在发现经济增长会给包括穷人在内的所有人带来好处的同时，也发现政府单纯的经济政策对穷人收入所占份额并不会起什么作用。如果这些研究成果普遍成立，则说明随着经济的增长，贫困会自动减缓。然而，贫困并未随着全球经济的发展而在世界范围内得到缓解，涓滴效应自动减贫的观点受到了广泛的质疑和批判。

　　此时，一部分人提出亲贫式增长，其主张是，穷人应直接从经济增长中获得好处，而不是间接。穷人与富人相比，在自由市场竞争中缺乏原始资本的积累，在起步阶段便被激烈的市场竞争淘汰，而富人却获益良多。这时有些国家实行有益于富人的政策，使得穷人与富人的贫富差距越来越大，贫困不仅得不到减缓，反而更为严重。此时，政府若专门制定一个倾向于贫困人群的发展战略，便能使得贫困人群在经济增长中获益更多，减缓贫困。学术界已广泛认识到，亲贫式增长提出的主张，虽然经济增长对贫困的减少有绝对作用，但收入分配的不均等一些因素对经济增长的减贫效应有减缓、抵消作用。Bhagwati（1995）指出，经济增长中的一些高增长，不仅不能使贫困减少，反而在这个过程中贫困人口越来越多，究其原因是高增长的过程中同时带来了不均等的现象——这里的不均等不仅指收入分配的不均等，还有社会机会的不均等。经济中高增长的部分很可能被这些不均等的因素抵消。

　　总的来说，贫困的减缓离不开经济增长，但贫困人群具体从经济增长中获得的效益却依赖于收入分配状况、人力资本、资源禀赋等（阮敬，2008）。例如，我国在改革开放初期，通过先富带动后富，能激发后进人群的动力，贫困者也能通过涓流效应自动获得经济增长的好处，减贫效果明显。但在经济增长发展到一定程度后，人力资源的累积效应开始生效，资源禀赋格局初步形成，收入差距扩大，抵消了由于经济增长带来的贫困减缓效应，贫困减缓效应开始不明显，甚至在收入差距进一步扩大的情况下还会出现脱贫后返贫的现象。这时涓流效应已经不明显，只有采用亲贫式增长的方式才能减缓贫困。通过对贫困人群制定倾向性政策，使其能够直接在经济增长中获得好处，能有效地减缓贫困。目前，我国实行的精准扶贫政策正是亲贫式增长理论所提倡的方法，能有效地减缓贫困。

(2) 金融发展的分配效应

金融作为资源配置的重要手段，可以实现经济资源在不同社会群体间的转移和配置。因此，金融发展会影响经济利益在不同群体间的分配。金融的趋利性及"精英俘获"现象，会导致其在配置资源的过程中呈现嫌贫爱富的特征，如果金融发展加剧了收入分配不公，那么其分配效应会对贫困的减缓起抑制作用 (Galbis，1977)，反之，如果金融发展能缩小收入分配不公的现象，那么金融的发展将有助于贫困的减缓。

目前，国内外对金融发展与收入分配之间的关系，主要存在三种分歧。第一，金融发展与收入分配存在倒 U 形关系；第二，金融发展会缩小贫富差距；第三，金融发展可能扩大贫富差距。本书将通过对相关成果的阐述，具体说明这三种不同观点。

第一种观点的主要代表人物是 Greenwood and Jovanovic (1990)，他们率先通过建立动态模型研究在库兹涅茨假设下金融发展和收入差距之间的倒 U 形关系。初期低收入群体由于融资成本（例如金融机构收取的中介费用）原因参与金融市场受到限制，而高收入群体能通过融资活动进行项目投资获取收益，扩大其财富拥有量，收入差距逐渐扩大。而伴随着金融发展与经济增长个体的收入水平逐渐提高，相对于固定融资成本，之前低收入群体将能进入金融市场进行融资，收入差距不断减少。具体来说，Greenwood-Jovanovic 模型（简称 G-J 模型）假设在社会中存在两种投资方式，每个人在一期中只能选择一种投资方式，一种投资于收益率较低的无风险资产，另一种投资于高风险高收益的风险项目，比如股票买卖。 由于每个投资者仅仅掌握了一部分关于投资项目的信息，因此对其而言只有综合投资收益是可观察到的，但对整个经济的平均收益率和具体项目的盈利状况缺乏了解。 金融中介手中掌握较为充分的关于项目投资的信息，这些信息能为金融中介机构掌握市场动态分析项目收益提供便利，因此能获得较高的收益。 与金融机构有合作关系的存款人也因此能获得较高的收益。 但金融中介机构的服务并非可免费获得的，在第一次享受金融中介机构服务时需要支付部分固定成本，并且在之后的交易需要支付一定比例的可变成本。 这样一来形成一种金融服务门槛，这种门槛形成的主要原因是，在经济发展初期，金融发展水平较低，需要大量资金的投入来修建和维护基本的服务设施，以实现获取金融信息的目标。 穷人因为经济实力不足被金融机构拒之于门外导致不能享受金融服务，只有收入较高的且愿意支付费用的少数人才能享受到金融服务进而获得较高的收益，收入也得到了进一步提高，穷人和富人由于财富的不同导致投资收益率也不同，因此扩大了收入分配差距。 但随着经济发展到成熟阶段，金融中介机构数量增长、规模变大，穷人可以通过保持更高的储蓄率在未来跨域门槛。 但随着经济发展到成熟阶段，金融中介机构数量增长、规模变大。 经营效率提升，伴随着金融中介经营规模的扩大，其平均成本在下降，门槛降低，穷人通过逐渐积累的财富越过门槛财富水平，从而获得充分的金融中介服务。 这时穷人和富人均能获得较高的投资回报率，收入分配差距格局会逐渐改变，收入差距会逐步缩小，最终稳定在相对比较平等的水平上，即随着金融发展收入，分配差距经历了一个先扩大后缩小的过程，呈现倒 U 形曲线状态。

在 G-J 模型提出后，经济学家围绕着金融发展与收入分配的倒 U 形关系从不同角度进行研究，丰富了 G-J 模型的理论内涵。 Murphy、Sheifer 和 Vishy 从经济增长的规模和产业升级角度入手，对金融发展与收入分配不平等性之间的作用机制进行了分析，研究得出，伴随着农业部门的萎缩，劳动力将会转移到生产效率较高的现代产业部门，在这个过程中收入分配的不平等性将会逐渐增大，并且这一过程只有持续到工业化阶段才会结束。 Aghion and Bolton（1997）在信贷市场不完善的假设下，建立经济增长与收入分配的模型，提出在资本积累的初始阶段收入差距会扩大，但在后期阶段更有利于穷人，收入差距将会逐步的收敛，资本积累与收入不平等的变化路径近似库兹涅茨曲线。 他提出财富的分配状况取决于均衡利率和经济增长的状态，而借贷市场的均衡利率由资金供求的相互作用内生决定。 逆向选择、道德风险是信贷市场不完善和持续收入不平等的根源。 在富人的财富积累到一定程度后，其充足的资金会使得借贷市场资金充裕，利率下降，由于富人的资本边际效率递减最终成为贷款人，而穷人的资本边际生产率递增最终成为借款人，于是穷人能以较低利率取得更多的贷款，从而走出贫困陷阱，与富人的收入差距缩小。 Aghion and Bolton 从模型中得到三个结论：①当资本积累率足够高时，财富从富人流向穷人，收入分配差距缩小；②政府的干预可以加速资本积累的进程，再分配政策能够提高长期的生产效率，最终到达一个有效的资源分配状况，但是一次性的再分配只有临时效应，永久的再分配政策才能发挥永久的作用。Townsend（2003）使用 G-J 模型，发现在金融发展的作用下收入差距曲线的增长路径遵循库兹涅茨曲线，而穷人在初期，进入金融市场的成本较高，因此部分学者认为金融发展对贫困人口生活水平的影响也会呈现出这种 G-J 效应，即先恶化后改善的效应。

然而，Galor and Zeira（1993）通过两部门且代与代之间存在遗赠的跨期经济模型对收入分配效应进行分析，得出在有信用约束以及对人力资本与物质资本的投资不可分割的情况下，贫富间的收入分配差距不会出现长期收敛效应，拒绝两者间的倒 U 形关系。

Galor 和 Zeira 提出，在有信用约束的情况下，银行等金融机构会更倾向于向有偿还能力或声誉良好的富人融资，限制穷人的投资机会，从而富人有更多的机会对人力资本与技术资本进行高回报投资，进而加大贫富差距。但随着金融发展水平的提高，信用约束降低，收入差距会缩小，但初始财富分配不均的国家的经济发展速度会远低于初始财富分配较为平等的国家。Banerjee and Newman（1993）在信贷市场约束不完善的假设下，从职业选择角度分析金融发展对收入分配的影响，构建三部门模型，研究金融发展与收入分配的关系。在信贷市场不完善时，即使穷人拥有更好的创意也不能取得贷款，只有拥有远超穷人融资能力的富人才可以取得贷款。穷人因资金缺乏，为工资工作，不能自我雇佣，富人从事高投资回报行业，变为雇佣工人的企业家。初始财富影响个体的职业选择，在劳动力市场供求和均衡工资水平确定的情况下，稳态均衡时各种职业的收入回报决定了财富分配，并通过代际转移影响长期收入分配状况。而随着金融发展水平的不断提高，对穷人信贷约束放松，职业结构发生改变，穷人也可以选择成为企业家，收入差距自然缩小。除此之外，研究发现，政府的一次性再分配政策可能对收入分配产生永久的影响。

Beck、Demirg-Kunt and Levine（2007）更为注重金融发展对穷人的影响。 他们利用 1980—2005 年的跨国数据，在解释变量中加入基尼系数的滞后项，考虑收入不平等的动态变化，研究发现：①金融发展与基尼系数增长率负相关，说明金融发展降低了收入不平等；②金融发展更有利于穷人，它使穷人收入增长快于每单位资本的平均增长，而其对最穷人口收入的影响归因于其缩小收入不平等的作用，另外归因于其对经济增长的促进作用；③金融发展对缓解贫困有显著的积极作用，降低了日均生活消费少于 1 美元的人口的比例，同样分别归因于其对收入不平等和经济增长的影响。Dollar and Kraay（2000）和 Gross（2001），指出通过金融体系的逐渐完善就能创造更多的就业机会进而不断提高生活水平，达到减少甚至消除贫困的目的。 Barr（2005）认为"微型金融"提供了穷人小的信贷项目、储蓄、保险等金融服务，这些都有利于减少贫困，"微型金融"在金融发展中起着重要的降低贫困的作用。

在前两者观点争鸣时，部分人提出了第三种观点，金融发展会扩大收入差距。

这些人将金融家描述为贪婪的中间商，只为富人和具有政治联系的企业服务，这些"上层"成为金融发展的唯一获益者，穷人面临的只有更多的障碍，尤其是在制度不健全的情况下，这种趋势还将得到加强。

这种现象存在的原因主要有五个：

（1）个体能力的差异，在金融发展的过程中，能力强的个体进入高投资回报的行业，而能力差的个体则在市场的选择下成为工人，社会收入差距扩大。

（2）资本是趋利的。 银行等金融机构存在的目的是要获得利润，因此在发放贷款时，会有意识地选择偿还能力强的优质客户，而放弃偿还能力低甚至无偿还能力的劣质客户，自然而然的，资金会自动流向富人，穷人和小微企业难以取得贷款，只能依赖于非正式的家庭联系取得资金，因此，金融发展（更多表现为正式金融部门的扩展）仅使富人受益，穷人则未分享到发展成果。

（3）内部人设置进入障碍。 Claessens and Perotti 指出金融发展带来金融体系的深度发展而非宽度发展，从而加剧了收入分配不平等。 在许多发展中国家，企业和家庭的金融可得性是扭曲的。 影响可得性的原因不仅是自身经济条件，还在于内部人设置的进入障碍。 在薄弱的制度体系下，金融规则很容易被内部人控制，他们利用信息、资本和权力等优势抵制那些损害其影响力和利益的变化，通过限制穷人和小微企业获得金融服务以压制竞争、阻止进入（Acemoglu and Robinson，2005；Rajan and Zingales，2003）。"内部人"指的是既得利益群体，可能是社会精英、权贵或者有政治联系的人，他们在整个社会中所占的比例非常小。 金融发展使得内部人获得大部分利益，发展成果没有惠及弱势群体，利益集中化而风险社会化。 存在这样的循环：初始财富不平等——政治势力不平等——金融获得不平等机会——加剧初始不平等，金融自由化在实践中将产生更严重持久的不平等。 Maurrer and Haber（2003）也提出，在金融深化和金融自由化的推行过程中，低收入群体的融资渠道并没有得到有效的扩展，低收入群体融资难的窘况并没有得到实质性改善，相反富人和具有政治背景关系的企业依然能比低收入群体得到更多的金融服务尤其是信贷服务，金融发展更多的是拓宽了他们得到信贷支持的渠道，其结果是低收入者的相对收入反而下降了，高收入群体的富人和低收入群体穷人之间的收入差距不但没有因为金融发展而降低，反而进一步拉大。

（4）金融发展影响劳动力市场。 Jezmanowski and Nabar（2014）基于内生增长模型证明了美国 20 世纪最后 20 年的金融发展是不同技能劳动力工资差距扩大的重要原因。 金融管制放松，金融市场复杂度上升，允许养老金投资高风险资产，新项目的金融摩擦减少，导致企业形式改变，大量小企业成立，技术创新加快，生产方式发生变化，熟练技能工人离开制造业进入研发部门，制造业对熟练技能工人的需求出现缺口，而新企业生产效率较高，技术溢价，共同推升了熟练技能工人的工资水平，低技能工人生产效率的提高慢于其相对工资下降的速度（Acemoglu，1998、1999），他们之间的工资分配不平等扩大。

（5）金融危机扩大收入差距，Galbraith and Lu（1999）从金融危机的角度出发研究金融发展和收入差距的关系。 他们以全球发生的几起典型金融危机为案例分析金融危机对收入不平等的影响。 研究指出金融危机存在增加社会收入分配差距不平等的倾向，与有管制的劳动力市场相比，自由的劳动力市场不平等倾向更为明显，例如在金融危机过后，亚洲的劳动力市场受到的冲击要小于自由开放的拉丁美洲劳动力市场。 Arestis and Cancer（2004）则致力于研究金融危机和金融自由化影响贫困的具体机制。 他们指出金融危机在影响富人的生活标准的同时也会影响穷人的脱贫能力。 在金融危机背景下，金融自由化使得更多的资金投入到非正规部门和增加穷人的信贷能力，然而穷人由于缺乏技能和管理资金的能力，从中获益是很少的，从而导致全社会资源配置的低效率，最终造成穷人收入的减少。

上述三种观点均是从影响穷人可贷资金的数目来说明其对收入分配的影响，总结得出的结论是：穷人获得的可贷资金数量能直接影响其贫困程度，获得的可贷资金越多就越容易脱贫，获得的可贷资金越少就越容易陷于贫困中。认为金融发展最终会缩小收入分配差距的两方主要是从金融发展会使得金融市场完善、信贷约束放宽的角度出发，提供证据；而反对方主要从金融市场因其自身的趋利性、内部性导致穷人不能公平地获得贷款的方向提供证据。因此，要使金融减缓贫困的作用得到充分发挥就必须进行政策的倾斜，削弱金融市场本身的不足，实现精准扶贫，确保穷人的可贷资金数量，缩小贫富差距，最终达到减缓贫困的目标。

3 四川省及宜宾市金融减贫的现状与问题分析

3.1 四川省金融减贫情况

"十三五"时期，是我国脱贫攻坚前所未有的机遇期。党中央、国务院高度重视脱贫攻坚工作，对"十三五"脱贫攻坚工作做出全面部署，确立了精准扶贫、精准脱贫的基本方略，制定出台了一系列重大政策措施，为打赢脱贫攻坚战提供了政治保证和制度保障。"十三五"时期，也是四川省全面建成小康社会的决战期、攻坚期。四川省准确把握四川脱贫攻坚形势，编制出台了《四川省农村扶贫开发纲要（2011—2020 年）》，颁布实施了《四川省农村扶贫开发条例》，省委十届六次全会审议通过了《中共四川省委关于集中力量打赢扶贫开发攻坚战确保同步全面建成小康社会的决定》，打出了扶贫攻坚"3+10"政策组合拳，明确了新阶段四川省推进脱贫攻坚的总体设计、制度安排、政策措施和工作要求，全力推动脱贫攻坚工作，坚决打赢脱贫攻坚战，确保到 2020 年现行标准下的建档立卡贫困人口全部脱贫、贫困村全部退出、贫困县全部摘帽。

金融作为现代经济的核心，不仅是经济社会发展的重要推动力量，也是消除贫困、改善民生、逐步实现共同富裕的重要保障。打赢脱贫攻坚战，银行业责任重大，金融减贫意义重大。 习近平总书记强调在脱贫攻坚中"要做好金融扶贫这篇文章"，要通过完善激励和约束机制，推动各类金融机构实施特惠金融政策，加大对脱贫攻坚的金融支持力度，特别是要重视发挥好政策性金融和开发性金融在脱贫攻坚中的作用。 因此，四川省高度重视金融扶贫，制定了一系列的政策保障金融和银行业在"十三五"脱贫攻坚中发挥重要作用。 其中，《四川省"十三五"脱贫攻坚规划》中的金融政策明确指明了金融扶贫方向，提出对贫困地区的金融扶贫措施主要内容包括：鼓励和引导各类金融机构加大对扶贫开发的金融支持，深入推进普惠金融，确保银行金融业信贷投放规模逐年上升，认真落实国家贴息贷款政策，用好扶贫金融特惠产品，积极推动金融产品和服务方式创新，推广资金互助，拓宽生产融资渠道，鼓励资金留在当地使用，积极稳妥推广小额信贷扶贫方式，提供更有效的支付结算等金融服务，等等。 同时，为了推进财政金融支持扶贫开发，四川省委制定《四川省财政金融扶贫专项方案》，进一步强调将推进财政金融支持扶贫开发，加快构建以精准识别为前提、精准脱贫为目标的财政金融精准扶贫机制。

在四川省金融扶贫政策中，多处明确表示要完善贫困地区金融体制，提高贫困地区金融综合服务质量，实现金融服务全覆盖，助推扶贫攻坚进程。 在金融扶贫过程中，银行业是主力军。 贫困地区的银行业现状远远低于全国平均水平，有些重度贫困的区县几乎无金融服务点。 金融综合服务质量的提升必然是银行业大力发展的过程，必然涉及扩大其金融服务机构点、创新当地金融服务业务、增大存贷款余额等措施。 金融扶贫一方面助力减贫，另一方面推动现代银行业发展，最终实现金融减贫。

3.1.1　四川省的贫困现状分析

四川省是全国扶贫攻坚任务最繁重的省份之一,有着众多的贫困人口,且多集中分布在生存环境恶劣、生态脆弱、基础设施薄弱、公共服务滞后的连片特困地区,扶贫开发任务艰巨。

贫困"面宽、量大、程度深"。截至 2015 年年底,全省还有农村贫困人口380.3 万人,占全国贫困总人口的7.1%;贫困村 11 501个,占全国贫困总人口的9%;国家扶贫工作重点县36 个,占全国贫困总人口的6.1%;全国 14 大集中连片特困地区,四川占 3 个。全省秦巴山区、乌蒙山区、高原藏区、大小凉山彝区(简称"四大片区")有贫困县 88 个,贫困人口达 263.3 万,占全省贫困人口的69.2%,贫困发生率为9%;四大片区外,还有"插花式"贫困人口约 117 万,贫困发生率为3.4%。四川藏区、彝区等民族地区深度贫困与自然条件、民族宗教、社会治理等因素交织,扶贫攻坚更具特殊性、复杂性和艰巨性(见图 3.1、表 3.1)。

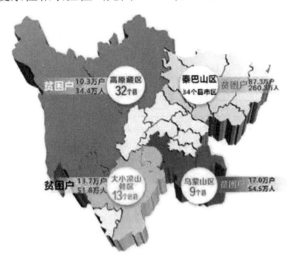

图 3.1　四川省贫困四大片区区域分布图

表 3.1　四川省国家扶贫开发工作重点县、"四大片区"贫困县

市(州)	艰苦边远县名单	个数
攀枝花市	东区★、西区★、仁和区★、米易区★、盐边县★	5
泸州市	叙永县★☆△、古蔺县★☆△、合江县△	3
绵阳市	北川县★△、平武县★△	2
广元市	朝天区★☆△、旺苍县★☆△、青川县★△、苍溪县☆△、利州区△、昭化区△、剑阁县△	7
乐山市	金口河区★△、峨边县★△、马边县★☆△、沐川县△	4
南充市	嘉陵☆△、阆中市☆△、南部县☆△、仪陇县☆△、高坪区△、蓬安县△、营山县△	7
宜宾市	筠连县★△、珙县★△、兴文县★△、屏山县★☆△、高县△、	5
广安市	广安区☆△、邻水县△、华蓥市△、岳池县△、武胜县△、前锋区△	6
达州市	万源市★☆△、宣汉县★☆△、通川区△、达川区△、开江县△、大竹县△、渠县△	7
巴中市	通江县★☆△、南江县★☆△、平昌县☆△、巴州区△、恩阳区△	5
雅安市	荥经县★、汉源县★、石棉县★、天全县★、芦山县★、宝兴县★	6
阿坝藏族羌族自治州	汶川县★△、理县★△、茂县★△、松潘县★△、九寨沟县★△、金川县★△、小金县★☆△、黑水县★☆△、马尔康县★△、壤塘县★☆△、阿坝县★△、若尔盖县★△、红原县★△	13
甘孜藏族自治州	康定市★△、泸定县★△、丹巴县★△、九龙县★△、雅江县★△、道孚县★△、炉霍县★△、甘孜县★☆△、新龙县★△、德格县★☆△、白玉县★△、石渠县★☆△、色达县★☆△、理塘县★☆△、巴塘县★△、乡城县★△、稻城县★△、得荣县★△	18
凉山彝族自治州	西昌市★、木里县★☆△、盐源县★☆△、德昌县★、会理县★、会东县★、宁南县★、普格县★☆△、布拖县★☆△、金阳县★☆△、昭觉县★☆△、喜德县★☆△、冕宁县★、越西县★△、甘洛县★☆△、美姑县★☆△、雷波县★☆△	17

注:★:国家级实施艰苦边远地区津贴县(77 个,国人部发〔2006〕61 号)

☆:国家扶贫开发工作重点县(36 个,其中 7 个县未包括在国家级实施艰苦边远地区津贴县中,《关于印发国家扶贫开发工作重点县名单的通知》国开办发〔2012〕13 号)

△:"四大片区"贫困县[秦巴山区、乌蒙山区、大小凉山彝区、高原藏区 88 个,《四川省农村扶贫开发纲要(2011—2020 年)》]

　　《四川省"十三五"脱贫攻坚规划》规划区域范围为"十三五"期间全省有脱贫攻坚任务的 160 个县（市、区），分为"连片式"和"插花式"，其中"连片式"为秦巴山区、乌蒙山区、高原藏区、大小凉山彝区（简称"四大片区"）共贫困县 88 个，是四川省连片特困区的主战场，贫困人口达 263.3 万，占全省贫困人口的 69.2%，贫困发生率为 9%。 四大片区外，"插花式"贫困县为 72 个，贫困人口117 万，贫困发生率为 3.4%。 其中"插花式"贫困县条件相对优越，扶贫难度相对于"连片式"贫困区较小，"四大片区"成为四川省"十三五"时期脱贫攻坚的重点和难点（见图 3.2、表 3.2）。

图 3.2　四川省脱贫攻坚进程

数据来源：四川省扶贫和移民工作局。

表 3.2　　　　"十三五"时期四川省脱贫攻坚规划进程表

内容	合计	2016 年	2017 年	2018 年	2019 年	2020 年
贫困人口（万人）	380.3	105.7	105	100	69.6	0
贫困村（个）	11 501	2 350	3 700	3 500	1 951	0
贫困县（个）	88	5	16	37	30	0

资料来源：《四川省"十三五"脱贫攻坚规划》。

一方面，四川省致贫返贫原因多重叠加。 重大疾病、重大灾害、缺乏资金、缺少技术等是造成贫困的主要原因，物质贫困和能力贫困并存，尤其是贫困地区大多处于深山峡谷和高寒地带，自然灾害频发，"5·12"汶川特大地震和"4·20"芦山强烈地震导致地质灾害隐患大幅增加，因灾返贫风险很大，稳定脱贫的基础非常脆弱。 另一方面，贫困地区发展制约因素多。 四川贫困地区交通、电力、水利、通信等基础设施以及社会事业投入不足、欠账较多，产业发展水平较低，加之经济下行压力加大，贫困人口脱贫致富的难度进一步加大。 扶贫开发工作对照"精准发力"的要求还有一定的差距，一些地方"等、靠、要"的思想不同程度地存在，扶贫工作任重道远。

3.1.2 四川省金融扶贫现状分析

3.1.2.1 四川省金融扶贫成果

2011—2015 年，现行标准下四川省农村贫困人口累计减少近1 000 万人，贫困发生率下降了14 多个百分点。 贫困地区农民人均纯收入年均增长 13.7%，2005—2015 年银行业机构存贷款余额不断增加，如图 3.3 所示。 贫困群众生活水平大幅提高，生产生活条件显著改善，上学难、就医难、行路难、饮水不安全等问题逐步缓解，生态建设有力推进，基本公共服务能力持续提升，片区攻坚已取得明显突破。

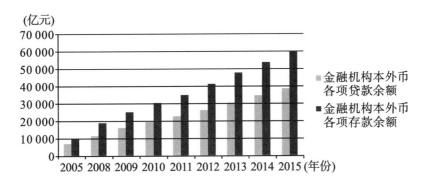

图 3.3　2005—2015 年四川省银行业机构存贷款余额

数据来源:《四川省 2016 统计年鉴》。

（1）改革创新扶贫机制，扶贫金融生态圈初现

第一，创新金融扶贫模式，建立"一对一"结对帮扶机制。

2017 年，四川省银行业积极探索实践"监管引领、信贷支持、普惠服务、智力扶持、结对帮扶"金融扶贫"五合一"模式，初步形成了一批可复制可推广的好经验和好方法，为四川省打赢脱贫攻坚战提供了坚实的金融支撑。 截至 2017 年年末，全省 88 个贫困县各项扶贫贷款余额 7 963.7 亿元，较年初增长 15.1%。

除此以外，四川银监局引导全省银行业机构主动与 88 个贫困县分别建立"一对一"结对帮扶机制，逐一签订"金融扶贫开发合作协议"，通过精准实施项目扶贫、产业脱贫、人才培养、捐资捐物等举措，大力助推贫困县域加快发展，扎实推进精准脱贫攻坚。 特别是针对 45 个深度贫困县脱贫攻坚新形式、新特点，在现有银行结对帮扶的基础上，调整充实了 45 个深度贫困县的结对帮扶力量。 截至 2017 年年末，"结对"银行与贫困县共达成意向帮扶项目 800 余个，涉及帮扶资金 200 亿元，对口捐赠超 7 800 万元；协议帮扶贫困家庭 8 445 户，其中已帮扶脱贫 2 167 户。

第二，金融监管加强，扶贫保障措施到位。

在监管引领方面，四川银监局在全国率先出台银行业"金融扶贫6年行动计划"及配套实施方案、统计制度、考核办法，从组织领导、市场准入、金融创新等多维度，引导全省银行业将金融资源更加聚焦贫困地区，特别是新增金融资源优先满足深度贫困地区。对全省银行业机构金融扶贫工作实行"网格化"管理，按乡镇对全省"四大片区"及片区外11 501个贫困村的银行服务进行了"分片包干"责任划分，逐一签订了"整村推进、包干服务"责任书。 并先后赴甘孜德格、阿坝九寨沟等18个深度贫困县开展扶贫专项督导，指导相关银行业机构开展专场融资对接活动20余场次，达成融资意向金额120亿元。 在保障措施方面，自2017年以来，四川省建立了扶贫驻村帮扶工作组综合意外伤害保障机制，由中国人寿为全川扶贫驻村帮扶工作组捐资购买综合意外险，包括驻村"第一书记"、驻村农技员、其他驻村工作组成员等，共为4万余人提供了46.88亿元意外风险保障。

第三，扶贫参与主体多样化，扶贫事业联动发力。

除以商业银行为主的传统金融机构以外，保险业和新型农村金融机构也积极参与到金融扶贫事业中。

2016年农业保险保费规模稳步增长。 全省实现农险保费收入31.2亿元，位居全国第四，比上年增长5.9%。 其中财政补贴保费达23.9亿元。 截至2017年年末，新型农村金融机构达到86家，其中村镇银行53家（已开业50家，正在筹建3家）、贷款公司2家、资金互助社30家、资金互助合作联合社1家，已有36家村镇银行设置了支行，如表3.3所示。 新型农村金融机构各项存款余额505.97

亿元,比年初增加 80.47 亿元,增速 18.91%;各项贷款余额 349.73 亿元,比年初增加 38.51 亿元,增速 12.37%。 扩大农村资金互助试点,全省新增试点 19 家,落实省财政补助 718 万元,新增社员 4 798 户,新增股本 6 070.85 万元。 目前,全省累计开业农村资金互助社 30 家,共发放贷款 2 000 余笔,涉及 6.39 亿元,带动社会资金投入农业农村发展 2.94 亿元。

表 3.3 　　　　　 2017 年四川省新型农村金融机构数量

机构名称	数量
村镇银行	53
贷款公司	2
资金互助社	30
资金互助合作联合社	1

数据来源:中共四川省委农村工作委员会《2016 年四川省农业农村经济基本情况》。

第四,农村土地产权贷款试点成绩突出,金融生态环境优化。

四川省为深化农村金融改革创新,加大对"三农"的金融支持力度,营造良好的金融生态环境,健全农村金融体系,颁布了《成都市农村金融服务综合改革试点方案》等指导文件。 以改革为手段,制定详细的实施意见,审慎推进了"农村承包土地经营权和农民住房财产权抵押贷款试点工作",并取得了突出的成绩。 截至 2016 年年末,四川省 12 个"两权"抵押贷款试点县均建立了贷款风险补偿基金,为试点工作创造了良好条件,累计发放农村"两权"抵押贷款 23.9 亿元。 农村土地流转收益保证贷款试点在全省推广。 2016 年年末,四川省 15 个市(州)累计发放农村土地流转收益保证贷款 7.6 亿元。 全国首家农村产权收储公司在成都市挂牌,并办理了首笔 1 500 万元涉农不良债权收储。 成都农村产权交易所开业运营，实现农村产权交易 1.3 万宗，涉及金额 536 亿元。

（2）信贷扶贫资金稳步增加，信贷结构逐步优化

截至 2016 年年末，全省银行业机构农业贷款余额 2 244.78 亿元，全年新增 36.67 亿元。 全省县及县以下农村合作金融机构存款余额为 8 273.32 亿元，比年初增加 895.18 亿元，增长 12.13%；贷款余额 4 461.37 亿元，比年初增加 475.26 亿元，增长 11.92%。 全省银行业县域存贷比 47.09%。 农业发展银行四川省分行投放信贷支农资金 775 亿元，年初增加 137 亿元，全行贷款余额 1 509 亿元，比年初增加 6 亿元，投放的贷款主要用于支持城乡一体化建设、棚户区改造、农村土地整治、农村交通、托市收购及改善农村人居环境建设等项目。 四川省农村信用社贷款余额 5 115.6 亿元，比年初增加 612.7 亿元，增长 13.56%。 涉农贷款余额 4 224.86 亿元，比年初增加 391.81 亿元，增长 10.22%，占各项贷款总额的 82.59%；增量与上年同比增加 36.32 亿元，增速比各项贷款低 3.26 个百分点，占比比年初下降 2.53 个百分点；农业贷款余额 1 685.5 亿元，比年初减少 6.34 亿元，下降 0.37%。

在信贷投放结构方面，全省银行业机构锁定 88 个贫困县，统筹资金运用，调整优化信贷结构，腾挪出更多金融资源用于扶贫开发。 特别是把支持深度贫困地区发展生产作为主攻方向，大力培育 45 个贫困县的绿色生态种养业、经济林产业、休闲农业、乡村旅游业、农村电商等特色产业发展，以产业发展来撬动贫困农户创业就业增收。 积极支持"成阿""甘眉""德阿""成甘""遂木"等"飞地园区"项目建设，强力提升深度贫困县发展后劲。 截至 2017 年

年末，全省 88 个贫困县各项扶贫贷款余额 7 963.7 亿元，较年初增长 15.1%，高于全省各项贷款平均增速 4.3 个百分点。 其中基准利率以下贷款余额 3 812.3 亿元，占全部贷款的 47.9%。 各项扶贫贷款加权平均利率 5.5%，低于同期农村商业银行各项贷款利率 1.5 个百分点。

（3）创新金融产品与服务，增强微型金融扶贫成效

第一，创新扶贫小额信贷，建立信贷分险基金。

针对贫困户脱贫发展需要，创新开展扶贫小额信贷业务。 贷款免担保、免抵押，额度不超过 5 万元，期限不超过 3 年，执行人民银行基准利率。 同时，积极推广"扶贫再贷款+扶贫小额信贷"的扶贫模式，按照"分片包干、整村推进"的思路，推动扶贫小额信贷的快速增长。 截至 2016 年年末，四川省个人精准扶贫小额信贷贷款余额 281.7 亿元，同比增长 108.8%，全省约 33% 有生产能力的建档立卡贫困户获得了扶贫小额信贷的支持。 在信贷风险管理上，协调推动全省 160 个有扶贫任务的县（市、区）全部设立扶贫小额信贷分险基金，统一落实 3∶7 的风险分担比例，分险基金规模超 35 亿元。

第二，小额保险发展，减轻贫困群体风险防范的脆弱性。

作为微型金融的重要组成部分，小额保险是贫困和低收入群体进行风险管理的有效工具，能减轻该群体风险防范的脆弱性。 为了应对多样化的扶贫需求，微型保险不断发展，新兴小额平台建立，险种增多。 如小额扶贫贷款保证保险在开江、邻水等县创新开展，共为 300 余户贫困户提供了 1 400 万元的贷款风险保障。

第三，特色险种一地一品，聚集产业扶贫。

四川省各家保险企业从保障地方特色产业为切入口，开发上线了多项扶贫型保险产品。例如，太平洋产险四川分公司就开发了剑门关土鸡养殖保险、茶叶种植保险、蜀宣花牛养殖保险、脆李种植保险等多种保险产品。截至 2017 年上半年，全省保险业共为贫困县（市、区）提供了 5.56 亿元此类风险保障，向 1 万余户农户支付赔款 3 525 万元。为了保障产业扶贫的顺利开展，多项扶贫保险产品应运而生，保险扶贫体系日益健全。如农村土地流转履约保证保险支持贫困地区土地合理流转，上半年已承保土地 1.31 万公顷，提供风险保障近 1.11 亿元，并完成全国首例赔付，支付保险赔款 31.75 万元；保险机构在眉山、南充、成都开展"险资直投"支农融资业务，解决融资难、融资贵等问题，助推国家扶贫战略，已向 58 家次农户和农业企业提供资金 5 784 万元，四川省由此成为全国保险投入支农款项最大的省份。

第四，加大助学贷款力度，优化教育扶贫服务。

助学就业方面，全省银行业机构积极加大对贫困地区助学贷款的支持力度，持续提升助学贷款比例，有效支持了更多家庭困难学生入学。通过开展捐资助学等慈善活动，切实帮助民族地区、革命老区和集中连片贫困地区学生改善就学条件。在万源市、峨边县、美姑县等贫困县（市）捐建的 25 所希望小学相继建成投入使用。四川银监局倡导发起设立的"四川银行业扶贫慈善基金"，募集资金达 985 万元，已累计资助四川籍贫困大学新生 888 名。同时，在川银行业机构通过支持就业接力助学圆梦"最后一公里"，积极向贫困家庭应届毕业生提供实习、就业岗位 1 050 个。截至 2017 年年末，全省助学贷款受助总人数超过40万人，贷款余额25.84亿元。

（4）加快基础设施建设，全面发展普惠金融

全省银行业机构将政策性金融与商业性金融协调配合，积极实施"村村通""双基联动"等多项重大金融服务工程，在新设网点、人员、费用匹配等方面重点向贫困乡镇和社区延伸。 对暂不具备条件的机构空白的乡镇，继续采用便民金融服务网点、金融电子机具、电子渠道等多种形式提供简易便民服务，实现全省所有贫困村基础金融服务的全覆盖。 同时，在风险可控的前提下，稳妥开展无还本续贷业务，区别对待逾期和不良贷款，积极实施差异化贷款利率，有效降低融资成本，切实让贫困地区群众得到实惠。 截至2017年年末，全省银行业机构共在88个贫困县设立服务网点4 449个，发放扶贫小额贷款125.2亿元，惠及136.5万户贫困家庭。 聘请金融服务联络员2.46万人，开展流动银行服务8 000余次，偏远乡村金融服务质量得到显著提升。

3.1.2.2 四川省金融扶贫措施

（1）四川银行业站在政治和全局的高度，积极投入脱贫攻坚战

四川银监局成立四川银行业扶贫推进办公室，研究制定了《四川银行业支持帮扶全省88个贫困县行动计划（2015—2020年）》及配套实施方案、统计制度和考核办法等系列文件，扎实推动金融扶贫有序开展；联合四川省财政厅，研究出台了《精准扶贫财政金融互动政策实施办法》，完善扶贫开发财政金融政策协调配合的具体工作措施。 各银行业机构均成立了扶贫金融事业部或扶贫专业部门，建立起较为完善的扶贫工作机制，积极投入全省的脱贫攻坚战。

（2）精准信贷投放，全力助推贫困地区经济社会发展

近年来，四川银行业主动对接国家和省内脱贫攻坚规划，调整

优化信贷投向，持续加大对贫困地区、贫困户的金融支持力度，努力破解发展资金短缺这一难题。 通过向基础设施、易地扶贫搬迁、产业发展、公共服务、生态保护、创业就业和教育扶贫等重点领域实施精准信贷投放，不断提升贫困地区的经济发展后劲和贫困人口的创收增收能力。 截至 2016 年 6 月末，全省 88 个重点贫困县存款余额 1.05 万亿元，较年初增长 11.12%，高于全省存款平均增速 3.6 个百分点；各项贷款余额 5 767.51 亿元，较年初增长 8.29%，高于全省各项贷款平均增速 1.17 个百分点。

(3) 推进普惠服务，积极履行银行业的社会责任

四川银行业主动强化物理网点对贫困县域发展的支撑和辐射作用，在新设网点、人员、费用匹配等方面重点向贫困乡镇和社区倾斜。 通过广泛布设 ATM 机、POS 机、转账电话、自助服务终端等金融电子机具和聘请金融服务联络员，实现对全省所有贫困村基础金融服务的全覆盖。 截至 2016 年 6 月末，全省 88 个重点贫困县共设银行业营业网点 4 434 个，自助设备 157 695 台，聘请金融服务联络员 2.31 万人，累计开展流动银行服务 8 000 余次。 各银行业机构积极创新金融扶贫产品和服务，有效对接贫困地区的多元化融资需要，并对贫困地区的企业、农户、个人贷款尽可能地实行优惠利率，除贷款利息外不收取任何费用。 截至 2016 年 6 月末，全省 88 个重点贫困县执行基准利率和下浮利率的贷款余额 1 899.46 亿元，占贷款总量的 1/3。

(4) 实施智力扶贫，切实防止贫困的代际传递

按照扶贫先"扶智"的原则，四川银行业积极捐资助学，切实帮助贫困地区改善办学条件，提高贫困人口的受教育水平。 近年

来，投入资金 3 000 余万元，在万源市、峨边县、美姑县等贫困县（市）捐建希望小学 25 所，大部分捐建学校已建成并投入使用。各银行业机构在新员工招聘时注重招录家庭贫困的高校毕业生，同等条件下优先录取，以实际行动提高贫困家庭子女的就业率。 自 2015 年下半年以来，多家银行业机构通过专场招聘、校园招聘等形式共招录家庭贫困的大学毕业生 63 名。 另外，各银行业机构通过办理助学贷款业务，积极帮助更多的贫困学生实现大学梦。 截至 2015 年年末，全省银行业机构助学贷款受助总人数 9.5 万人，贷款余额 7.87 亿元，比年初增长 9.26%。

（5）开展结对帮扶，确保精准扶贫措施落地见效

按照"一行一县"的原则，四川银行业主动与 88 个重点贫困县建立起"一对一"的结对帮扶机制，"一行一县"签订《金融扶贫开发合作协议》，通过精准实施项目扶贫、产业脱贫、人才培养、捐资捐物等举措，助推贫困县域加快发展。 目前，四川银行业已完成 87 个重点贫困县的"结对"工作，剩余一个县将于近期完成；结对帮扶 4 879 户贫困家庭，对口捐赠资金 1 420 万元，捐赠物品折款 3 600 余万元；选派 105 人通过专职、兼职、双向挂职等方式下派到县（市、区）、乡（镇）、村从事脱贫攻坚工作，其中多人被评为优秀驻村"第一书记"。

（6）弘扬社会善举，发起设立四川银行业扶贫慈善基金

为减少因学致贫、因学返贫的现象，帮助农村建档立卡贫困户、城镇低保户子女完成大学学业，四川银行业发起设立"四川银行业扶贫慈善基金"，专项用于资助家庭经济困难的大学生。 该基金委托四川省青少年发展基金会阳光运作管理，资助对象为全省 88

个重点贫困县（市、区）当年考取国民教育序列二本及以上院校的经济、金融、法律、信息科技等专业的学生。资助标准为一次性给予每名新生交通和过渡期生活费 5 000 元。该基金已募集资金 977 万元，远超预期募集目标。2015 年向四川大学、西南财经大学等省内 17 所高校的 188 名 2015 级贫困家庭大学新生一次性资助交通和过渡期生活费共 94 万元。

3.1.2.3　四川省"四大片区"金融扶贫具体情况

（1）秦巴山区金融扶贫概况

秦巴山区集山区、革命老区、生态脆弱区于一体。四川秦巴山区贫困区包括绵阳市、广元市、南充市、广安市、达州市和巴中市六个市所辖的 34 个县。长期以来，秦巴山区是我国扶贫开发的重点片区，也是四川省精准扶贫攻坚战最为艰巨的片区之一。在这一地区，精准扶贫中产业发展困难、金融支持困难和搬迁安置困难是面临的三大主要难题。为深入贯彻落实四川省脱贫攻坚大会精神，秦巴山区 6 市紧紧围绕脱贫攻坚进行再动员再部署，精准施策，凝聚合力，层层压紧压实责任，全力以赴坚决打赢脱贫攻坚仗。

第一，达州市金融扶贫概况。

全市共有 25 家金融机构、492 个金融机构网点加入了扶贫服务组织体系，6 695 个助农取款点，脱贫攻坚以来新增 204 个。截至 2016 年 6 月末，人民银行达州市中心支行已投放各项政策工具 14.75 亿元。其中扶贫再贷款 12.75 亿元，较同期增加 8.68 亿元，为 283 户涉农企业、753 户建档立卡贫困户节约资金成本约 4 232 万元；同时法人金融机构实行优惠的存款准备金率，增加可用信贷资金 6.5 亿元；在全市建立了 8 个扶贫再贷款创业惠农基地，坚持贷款投向和利率双引导，确保国家优惠政策实实在在惠及涉农企业。截至 2016 年 5 月末，全市涉农贷款余额达 591.93 亿元，新增 58.46 亿元，其中农村基础设施建设贷款余额达 113.72 亿元，新增 31.21 亿元，小额信贷精准扶贫取得实效。 金融机构累计向 838 户建档立卡贫困户发放扶贫小额信用贷款 3 122.68 万元，户均贷款余额 3.73 万元，加权平均利率为 4.72%。 全市金融机构纷纷把基础性金融服务功能向村组延伸，巩固助农取款服务在贫困地区乡村的覆盖面。农村扶贫金融综合服务平台 16 个、银行定点帮扶贫困村 47 个，全市各项贷款余额 1 003.73 亿元，较年初增加 74.4 亿元，同比增长 15%。

达州市 2017 年金融扶贫工作重点及其扶贫模式主要有以下几种：一是推广"扶贫再贷款+扶贫小额信贷"模式，加大扶贫小额信贷投放力度。 重点推进"扶贫再贷款+产业带动贷款"模式，加大特色产业项目支持力度。 二是市、县两级人民银行综合运用扶贫再贷款、定向降准等货币政策工具加强对资金投向和利率引导。 三是农发行达州分行等经办银行积极向上级行争取易地扶贫搬迁贷款资金，加强部门协调。 四是在全市全面开展信用户、信用村、信用乡镇评定，推动"扶贫村变信用村"以及"农村诚信新型经营主体"创建，持续推进农村信用体系建设。 五是在信贷产品创新方面，要求各银行机构开展"金融品牌工程"建设，年内至少确定 1 个以上金融产品和服务方式创新，做成品牌，形成辐射带动效应。 六是不断扩大农业政策性保险在贫困村的参保范围，创新开展地方特色农产品保险试点，探索建立财政扶贫资金参与贫困户保费补贴机制。

第二，巴中市金融扶贫概况。

中国人民银行巴中市中心支行的数据显示，截至 2017 年 6 月，全市贷款余额 594.04 亿元，余额同比增长 16.05%；全市存款余额 1 226.41 亿元，余额同比增长 15.25%。 2017 年上半年，全市扶贫小额信贷累计发放 14.06 亿元，较年初新增 4.18 亿元；产业精准扶贫贷款累计发放 28 亿元，较年初新增 10 亿元。 截至 2017 年 8 月，全市金融精准扶贫贷款余额达到 210.61 亿元，占各项贷款余额的 35.45%，撬动社会资金投入约 500 亿元，累计带动服务贫困人口 12.04 万户。

巴中市金融扶贫模式注重政策支撑多元化。 开通扶贫项目绿色通道，优先审查审批、优先匹配信贷规模。 加大对扶贫项目贷款的投放力度，每年新增投放贷款不低于 100 亿元，对建档立卡贫困户的贷款增幅高于同期贷款平均增幅 10 个百分点。 按照不低于贷款基准利率的 50% 对扶贫项目和建档立卡贫困户贷款给予贴息或免息，根据农业生产周期，适当延长扶贫贴息期限。 各县（市、区）设立不少于 500 万元的风险补偿基金，缓解金融机构信贷风险。 投融平台多元化，开发"巴山新居贷""特色产业贷"金融产品，建立扶贫资金互助社 186 个，资金总量 3 068 万元。 探索商业保险与小额信贷相结合的扶贫模式，通过项目入保，分担信用风险。 实施开展"十百千万"工程和"金融惠农工程"，探索小额信贷、产权抵押等金融与扶贫资金、农村产权改革、新型农业经营主体和贫困户联结的投融资方式，建立农村产权抵押登记机构和产权流转市场。 通过农业特色产业所有权抵押，信用联社向通江县巴山红猕猴桃专业合作社发放贷款 1 100 万元；国开村镇银行为中小企业发放巴中首笔仓单质押贷款 290 万元。 精准帮扶多元化，在中心乡镇、街道（社区）设立多网点自助银行，边远乡村推出"流动银行服务车"，现场审批扶贫项目、投放贷款。 实施精准化扶贫支持，通过"农行+政府+公司+农户"多方合作模式，全领域覆盖基础设施、区域特色产业、成长型工业企业等 6 个方面，重点支持有龙头企业的"订单户"，有产业链依托的"链条户"，有政策扶持的规模化种养"专业户"以及专合社内有信用、经营好的"诚信户"，确保金融扶贫项目定位准、效果好、带动强。

第三，绵阳市金融扶贫概况。

自 2015 年以来，人行绵阳支行按照精准扶贫的相关工作部署，积极探索金融精准扶贫模式，建立健全了"贫困户+企业/专合组织+扶贫示范村"的"增点扩面"扶贫工作机制。 同时，创新扶贫小额信贷运作模式，释放支农再贷款政策红利，持续推动涉农金融产品创新，扶贫开发金融服务工作取得了积极成效。 截至 2016 年 5 月末，累计发放扶贫小额信贷 1 792.75 万元，较年初增长 1 702.75 万元，增幅达 94.98%；受益农户数由年初的 23 户增至 447 户，增幅达 1 843.48%。 截至 3 月末，创新金融产品涉及信贷余额近 60 亿元，使 88 000 户农户和 522 家企业受益。 其中，累计发放土地流转收益保证贷款 10 310 万元；农房财产权抵押贷款 1 554 万元，惠及农户 142 户；有 313 家新型农业经营主体纳入主办行制度，涉及信贷余额 26.49 亿元，这为其后全面推广"新型农业经营主体+建档立卡贫困户"扶贫模式夯实了基础。 截至 2016 年 3 月末，有 415 万元支农/扶贫再贷款投向定点帮扶贫困村，实现了央行政策红利的精准释放。

2017 年绵阳市金融扶贫以"三步棋"抓力。 首先，搭建扶贫融资平台，下好"先手棋"。 组建以银行、小额信贷公司、担保公司等机构为主体的"金融超市",为贫困村基础设施建设、易地扶贫搬迁等扶贫项目提供融资服务,确保2017年金融精准扶贫贷款保持稳定增长、余额达45亿元以上。 其次,创新金融扶贫模式,下好"关键棋"。 实施"扶贫再贷款+扶贫小额信贷"信贷投放模式,开发"户贷户用+家庭四小∕合作经营""贷资入股+收益分红""企贷帮扶+务工管护"等信贷金融产品,力争2017年为3.3万户贫困户发放小额贷款4亿元。 最后,引入社会资本扶贫,下好"撬动棋"。 鼓励引导农业龙头企业联合开展项目扶贫,探索推行财政扶贫资金量化折股模式,通过"公司+基地+贫困户"、入股分红等利益联结机制带动贫困村、贫困户脱贫,2017年促使160家民企与75个贫困村签订帮扶协议,引进产业扶贫项目260个。

第四,南充市金融扶贫概况。

据中国人民银行南充中心支行提供的数据显示,截至2016年8月末,南充全市扶贫小额信贷1 525笔,金额5 075万元,其中仪陇县扶贫小额信贷贷款已发放2 010万元。 截至2016年8月末,南充全市金融机构对建档立卡贫困户评级9.08万户、授信5.98万户,授信金额14.59亿元。 截至2016年8月末,南充全市财政用于支持金融精准扶贫的各类奖补、贴息和周转金借款等资金共计8.02亿元。2017年上半年,农发行南充市分行成功对接扶贫项目贷款13笔共计37.03亿元,其中获批8笔共计22.68亿元。 扶贫贷款额度均创历史新高,与前两年同比成倍增长。 截至2017年6月末,有扶贫贷款余额53.97亿元,占贷款总额的64%。

2016年南充市开展新型农业经营主体评级授信。 西充县已对267户新型农业经营主体信用评级授信,授信总额达1.86亿元。 开展金融产业扶贫融资对接。　截至 2016 年 11 月底，召开市级金融扶贫融资对接会 1 次、县级对接会 6 次，编制《2016 年南充市金融精准扶贫融资项目推荐手册》，向金融机构推荐 1 600 个贷款项目或新型农业经营主体。

　　加大产业扶贫信贷投入。　截至 2016 年 10 月末，全市各类扶贫贷款余额 142.78 亿元。　其中，扶贫小额信贷余额 3.38 亿元，支持贫困人口 3.3 万人；产业精准扶贫贷款余额 32.69 亿元，带动 9 322 户贫困户脱贫增收。　创新产业扶贫金融支持方式，成功推行仪陇县安溪潮村"贷资入股+股金分红"、南部县封坎庙村"贷资入社+保底返包"、蓬安县相如镇"企贷帮扶+务工管护"等产业扶贫信贷投入模式。

　　第五，广元市金融扶贫概况。

　　自 2016 年以来，人行广元市中心支行充分发挥金融精准扶贫牵头作用，准确把握金融精准扶贫方向，全力推进金融精准扶贫工作，带动了广大贫困户脱贫增收致富奔小康。　截至 2017 年 6 月底，各金融机构共向 7.38 万户贫困户授信 22.32 亿元，累计向 3.42 万户建档立卡贫困户发放扶贫小额信贷 15.47 亿元。

　　2016 年，人行广元支行进一步扩大扶贫小额信贷承办银行范围，要求除农业发展银行外的所有金融机构统一按照"一授、两免、四优惠、四防控"扶贫小额信贷运作模式，积极开办扶贫小额信贷业务。　金融机构发放"免担保、免抵押"贷款，实行贷款条件、期限、利率、结息贴息四项优惠；村风控小组协助贷款管理，建立村级风险互助金，县（市、区）政府按 1∶10 设立风险补偿基金，运用保险分散信贷风险。　同时，支行加强对农发行的指导和引导，推动其与地方政府签订"广元市易地扶贫搬迁贷款工作目标责任书"，要求其实行"一把手"负责制，加强与省分行及政府沟通协调，争取政策支持；主动对接各县（市、区）易地扶贫搬迁项目，加快贷款投放进度；建立健全贷款台账，确保贷款资金到县（市、区）、项目、搬迁贫困人口。全市7个县（市、区）易地扶贫搬迁项目获得贷款授信金额50.2亿元，计划搬迁贫困户3.08万户，已发放15.3亿元。推行扶贫小额信贷主办行制度，按照贫困人口全覆盖原则划定银行责任片区，并制定总量19.44亿元、投放进度集中在前三年的信贷投放指导性计划。人行广元中支行行长赵明光告诉笔者，截至2016年4月末，全市已对7.52万建档立卡贫困户授信23.81亿元，已向7 865户发放贷款3.32亿元，余额3.26亿元。引导金融机构加大对旅游扶贫试点村和金融系统定点扶贫村的信贷支持，发挥"以点带面"的典型示范和带动效应。该中心支行正与市旅游局联合制定全市旅游扶贫试点方案，在各县（市、区）至少打造1个金融支持的旅游扶贫示范村。2016年，全市金融系统向对口帮扶村累计发放贷款584万元，贷款余额2 500万元，已实现助农取款服务点全覆盖，金融服务水平不断提升。拓展提升贫困村助农取款服务点功能，打造金融扶贫综合服务点（站），强化与保险、供销社、农村电商等相互依托建设，加载金融宣传培训功能。截至2016年年末，全市将306个贫困村创建为信用村，34 000余户贫困户被评定为信用户，近3 000户贫困户享受到激励政策支持；527个助农取款点升级为金融扶贫综合服务站（点），贫困村普惠金融服务水平得到不断提升。

第六，广安市金融扶贫概况。

2017年，广安市建立"四项机制"推进金融扶贫工作，建立组织保障机制。 高规格设立金融扶贫推进工作组，负责统筹协调全市金融扶贫工作，制定《财政金融扶贫专项规划》，建立风险分担机制。 2017 年，全市到位扶贫小额信贷风险补偿基金 1.89 亿元。 建立目标责任机制，出台《金融扶贫十一条措施》，建立"划片包干"和"主办银行"机制，坚持"一县一特色"原则，明确"一地一策""因症施策"思路，细化金融扶贫措施及目标任务，全力推进金融扶贫工作。 2017 年，全市农业、扶贫贷款余额 359.47 亿元，占投放总额的 53.5%；到位易地扶贫搬迁贷款 6.27 亿元。 建立信贷扶贫机制，创新推广"企业+农民专业合作社+贫困户""扶贫再贷款+产业贷款"等金融服务模式，开发"特色产业贷""新居贷""思源幸福贷"等扶贫金融产品，推进扶贫小额信贷，提高发放效率，提升服务水平。 目前，累计发放扶贫小额信贷 15.06 亿元，惠及 34 244 户建档立卡贫困户。 建立督导考核机制。 将金融扶贫工作纳入年度目标绩效考核和年度金融工作综合考核，建立"日报告、周督查"制度，严格监督，实行"一票否决"制，确保金融扶贫工作有力有序推进。 2017 年，人民银行广安市中心支行将向各县（市、区）单独切块下达 2 000 万元再贷款额度，专门用于支持旅游扶贫项目发展，优先在乡村旅游扶贫重点村进行授信，为贫困户提供小额贷款，积极探索景区带村、能人带户、企业（合作社）+农户等扶贫模式，引导金融机构根据带动贫困村、贫困户实现增收的情况，为景区、能人、企业（合作社）提供成本低、期限长的信贷支持。

（2）乌蒙山区金融扶贫概况

乌蒙山区涵盖了宜宾市、泸州市和乐山的一个县，具体为：泸州市合江县、古蔺县、叙永县；乐山市沐川县；宜宾市高县、筠连县、珙县、兴文县、屏山县。 2012 年，四川乌蒙山区被纳入国家扶贫规划重点对象，国务院批复同意了《乌蒙山片区区域发展与扶贫攻坚规划（2011—2020 年）》。

实施新一轮扶贫攻坚 3 年多来，四川省乌蒙山区扶贫攻坚成效明显。 贫困居民由 2010 年底的 92.68 万人减少到 2013 年底的 51.35 万人。 据不完全统计，总投入各类扶贫资金 61.83 亿元，其中财政专项扶贫资金 7.68 亿元、行业扶贫资金 51.84 亿元、社会扶贫资金 2.31 亿元，集中开展了基础扶贫、产业扶贫、新村扶贫、能力扶贫和生态扶贫"五项扶贫工程"。

第一，泸州市金融扶贫概况。

2016 年泸州市计划投入扶贫资金 193 亿元，实施扶贫项目 179 个。 截至 2016 年年底，已完成投资 144 亿元。 截至 2017 年 6 月，泸州市小额信贷分险基金总额已达 1.68 亿元，根据各区（市、区）与合作银行协议原则上按分险基金 1∶10 比例投放扶贫小额信贷，全市扶贫小额信贷贷款额度可达 16.8 亿元。 扶贫工作在住房保障、产业扶持、医疗救助、教育助学、金融扶贫、社会帮扶六个方面取得显著成效。 泸州市扩大教育扶贫救助基金、卫生扶贫救助基金、产业扶持基金、扶贫小额信贷分险基金的规模，对四川省四个扶贫基金管理办法的政策进行了细化。 截至 2017 年 6 月，泸州市四项扶贫基金已从建立初的 2.38 亿元扩大到 5.3 亿元。 泸州市教育扶贫基金规模 3 543 万元，各（市、区）均达到 500 万元以上规模。 卫生扶贫基金规模 3 812 万元，各区（市、区）均达到 500 万元以上规模。 2016 年泸州市到位易地扶贫搬迁安置资金 24.85 亿元，全市所有贫困村设立不低于 10 万元的产业扶持周转金；实施米柜子、菜篮子、果园子工程，户均财政投入 2 000 元以上，让所有预脱贫户有 1 个以上增收项目。 2016 年年底基本实现贫困户县域内医疗机构住院治疗"零支付"。 全市农村居民最低生活保障线由每人每年 2 500 元调整为 3 200 元，实现低保线和脱贫线两线合一。 免除 3.3 万名中职在校学生学费，并为 2.4 万名普通高中家庭经济困难学生发放了助学金。 在金融扶贫方面，推进扶贫小额信贷，发放贷款 1.5 亿元。 实现贫困户种植业基本保险、种植业补充保险、特色农业保险、扶贫小额信贷保证保险全覆盖。 全市募集投入社会扶贫资金 1.87 亿元。 近年来，泸州市通过认真开展"五个一批"扶持计划，落实"六项精准"扶贫原则，实施七大扶贫攻坚行动，实现了精准扶贫、精准脱贫，贫困人口从 2014 年底的 31.59 万人，减少到 2016 年的 23.75 万人。 除此之外，四川省还投入 2 亿元在叙永县、古蔺县实施世界银行贷款中国贫困片区产业扶贫试点示范项目（世界银行第六期扶贫项目），通过合作社和能人带动等方式，重点发展甜橙、核桃、肉牛等主导产业，促进农业产业结构调整，实现生态环境优化和贫困农户可持续增收；已投入 3 000 万元在筠连等 3 县实施中央专项彩票公益金支持贫困革命老区扶贫项目。 3 年时间，泸州市的古蔺县、叙永县和合江县 3 个片区县累计投入扶贫资金 11.57 亿元，完成扶贫解困 23.17 万人，贫困发生率从 14.2% 下降到 10%。 特别是近年来，四川泸州纳溪区在金融扶贫中，率先在全市实施农村土地经营权抵押贷款、家庭农场保证保险贷款等"三农"金融产品；创新推出"银行+农业企业+贫困户+保险"四方协作的"银企户保"贷款运营模式，打通金融扶贫"最后一公里"。 截至 2017 年 5 月，该区已为 606 户建档立卡贫困户发放贷款 1 165.57 万元。

第二，宜宾市金融扶贫概况。

宜宾市农商银行积极开展金融精准扶贫工作，取得显著成效。截至 2017 年 6 月底，宜宾市共整合各类扶贫资金 43.76 亿元；易地扶贫搬迁完成投资 3.79 亿元，开工率 161%，建成率 90%；贫困人口"一超六有"达标 4.02 万人，完成目标任务 60%，贫困村"五有"工程总体完成 75%；县（市、区）全面建立起"四项基金"，基金总额 4.75 亿元。 按照"五个一批"政策，100%对符合条件的建档立卡贫困户进行评级授信，有效评级授信（符合评级授信条件）83 203 户，授信金额达 22.97 亿元。 累计用信 17 168 户，用信金额达 5.93 亿元；100%满足了符合条件贫困户的合理信贷需求，100%实行了基准利率优惠。 推动建立"1+N"扶贫合作新机制撬动扶贫资源整合。 辖区内筠连县农商银行量身定制"好牛贷"金融产品，实施"1+N"联动扶贫机制，信贷支持筠连县肉牛产业的做法获得省领导的充分肯定，并在国务院扶贫办行政人事司扶贫信息刊物上刊发。 创新产业链金融服务、新型农业经营主体信贷服务、扶贫小额信贷服务三项信贷服务模式，助力产业扶贫。 累计发放产业扶贫贷款 20 亿元，惠及农业产业化龙头企业 82 个，发展农村专业合作社、家庭农场和互助社、专业大户 1 897 个，辐射建档立卡贫困户 38 000 余户。 开发"惠农贷""富农贷""幸福贷"和"助小贷""扶微贷""富商贷"六大系列、两大信贷产品体系对接金融精准扶贫需求，多层次增强贫困户及新型农村经济主体贷款的可获得性。

（3）高原藏区

四川高原藏区地处川、藏、青、甘、滇五省（区）结合部，包括甘孜藏族自治州、阿坝藏族羌族自治州和木里藏族自治县（属凉山彝族自治州），是中国第二大藏区，位于川西北高原，少数民族聚居，有藏、汉、羌、彝、回、纳西6个世居民族。

2017年上半年，藏区"六项民生工程计划"推进顺利，共计到位资金56.2亿元，占年度计划66.7亿元的84.3%。 其中：扶贫解困行动到位12亿元，完成94.5%；就业社保促进到位19.4亿元，完成87.2%；教育发展振兴到位11.3亿元，完成86.6%；医疗卫生提升到位2.9亿元，完成108.5%；文化发展繁荣到位2.5亿元，完成99.9%；藏区新居建设到位8.1亿元，完成60%。

第一，阿坝藏族羌族自治州金融扶贫概况。

人行阿坝中心支行按照"一县一策"原则，在全州各县建立支农再贷款助推特色产业发展示范基地和扶贫开发金融服务示范基地建设，通过对县域重点产业和优质项目的支持，带动辐射县域经济发展和农牧民增收致富。 2015年阿坝藏族羌族自治州各级财政出资1 000余万元用于扶贫开发金融服务贷款贴息及风险补偿。 在支农再贷款优惠政策引导下，2015年阿坝藏族羌族自治州涉农贷款增长率为12.7%，远高于各项贷款增长率。 阿坝藏族羌族自治州2015年全年投放支农再贷款8.9亿元，创建扶贫开发金融服务示范基地24个，涉及种养殖业、文化旅游、乡村旅游、食品加工等产业；累计发放贷款资金4.09亿元，贷款余额2.17亿元，直接带动农户1.43万户。 人行阿坝中支行大力推进农村地区自助银行和电子银行渠道建设，创建"农村金融综合服务示范站"12个，加载小钞兑换、金融宣传等9项业务，有效提升了农村金融综合服务效能。 在全辖区开展"信用户""信用村""信用乡镇"评定与创建活动，评选信用户3 685户、信用村镇36个。 阿坝藏族羌族自治州建成助农取款点 2 045 个，为边远地区群众节约取现成本 810 万元，为 161 户星级信用农户发放优惠贷款 1 825.5 万元，农户年均节省利息支出 70 余万元，有力地支持了农民生产创业。

第二，甘孜藏族自治州金融扶贫概况。

2015 年，甘孜藏族自治州以中央财政为主的转移支付和专项补助资金达到 568.5 亿元，和"十二五"初期的 2010 年相比增长 104.6%。 2015 年年末，甘孜藏族自治州金融机构各项存款和各项贷款分别为 558.31 亿元和 230.49 亿元。 与"十二五"初期相比，存贷款总量分别增长 128.9%和 106.5%，保持稳定增长态势。 截至 2015 年 10 月末，甘孜藏族自治州金融机构涉农贷款余额 202.08 亿元，三年净增 75 亿元；共培育家庭农场、专业大户、农民合作社和产业化龙头企业等新型农业经营主体 59 个，年均投放贷款 1.52 亿元（见图 3.4）。

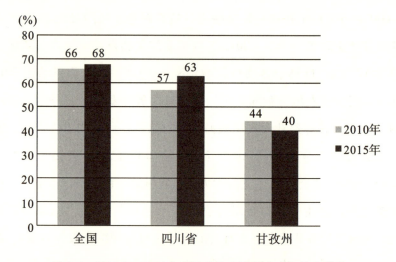

图 3.4　2010 年、2015 年甘孜藏族自治州金融机构存贷比

数据来源：中国人民银行、中国人民银行成都分行、中国人民银行甘孜中心支行。

2017 年，甘孜银监分局结合州内扶贫攻坚工作的阶段性特点和县域经济发展的实际，要求辖内银行业机构对扶贫工作主动介入、提前介入，创新提出"金融+"的模式，有力助推脱贫攻坚工作。"金融+基层组织+贫困户"的模式，强力推广"双基联动"惠农贷款服务模式，发挥好银行业基层机构与基层党组织信息和资源优势，解决扶贫小额信贷投放和其他农户生产生活的有效信贷需求。"金融+产业+贫困户"的模式，重点支持旅游业、农产品加工和种养殖业，对特色产业及产业链上下游提供全方位的金融支持，充分发挥产业扶贫的作用，最大限度地实现贫困户就业、增收、脱贫、奔康。"金融+致富带头人（龙头企业）+贫困户"的模式，充分发挥致富带头人的示范作用，对在扶贫攻坚工作中带动和示范作用强的致富带头人（龙头企业）优先给予支持，实现支持一个、带动一片的良好效果。"金融+集体经济（合作社）+贫困户"的模式，深入调研集体经济发展中存在的困难和问题，对有发展前景的集体经济，加大信贷支持力度，并积极鼓励自我发展能力不足的贫困户贷款或带资入股，解决集体经济发展资金不足的问题。"金融+扶贫政策、金融知识宣传+贫困户"的模式，加大相关政策宣传的力度和精准度，培养一批懂扶贫政策、金融政策的明白人。 在此过程中，除要满足有效信贷需求外，还要在政策咨询、企业发展、产品销售等多方面提供更多的咨询、培育与帮助。

截至 2017 年 5 月，甘孜银行业支持基础设施建设贷款余额197.52 亿元，支持特色产业发展贷款余额 12.37 亿元，支持特色产业发展贷款余额 12.37 亿元，支持新型经营主体发展贷款余额 2 亿元。 其金融政策与产业政策、区域政策对接，构建多渠道融资对接机制；银行机构与税务部门建立"银税互动"合作机制，推出"银税"合作产品 5 类，发放贷款 5.77 亿元；加强与中小企业担保公司合作，对"三农"个人业务实行差异化保证金比例，缓解部分企业和贫困农户贷款难问题。目前，为新型农业经营主体发放贷款 2 亿元，为 9 606 户贫困户发放扶贫小额贷款 3.35 亿元。全州共有营业网点 211 个，布防自助银行、ATM 机具等 8 000 余台（部）。从以上数据可以看出，甘孜藏族自治州探索的金融扶贫新模式激发了脱贫内生动力。

（4）大小凉山彝区

四川大小凉山彝区涉及凉山彝族自治州和乐山的 13 个县（区）。它们分别是：凉山彝族自治州盐源、普格、布拖、金阳、昭觉、喜德、越西、甘洛、美姑、雷波 10 个县，乐山市马边、峨边、金口河 3 个县（区）。13 个县（区）中涵盖 398 个乡镇 2 537 个村，识别贫困村 1 930 个、贫困户 13.7 万户、贫困人口 51.8 万人。

自"十二五"以来，乐山累计投入小凉山综合扶贫开发资金 38.5 亿元，建成彝家新寨 228 个，解决了 1.9 万户贫困群众住房问题。

凉山彝族自治州作为全国全省扶贫主战场，也是大小凉山彝族扶贫的主要阵地。凉山彝族自治州有着丰富的资源，但缺乏撬动的资金。近年来，凉山彝族自治州金融办认真贯彻落实国家金融扶贫政策，各金融机构创新产品和服务，夯实金融基础设施，扶贫开发金融服务和普惠金融发展取得了显著成效，使贫困地区金融服务水平明显提升，为全州脱贫攻坚提供了有力的金融支持，打造了金融精准扶贫的"凉山特色"。

截至 2016 年 11 月末，全州本外币各项贷款余额 740.86 亿元，比年初新增 40.42 亿元，同比增长 7.33%。 全州 159 763 户建档立卡贫困户中已完成评级 20 448 户，授信 19 994 户，授信金额 4.16 亿元，19 533 户建档立卡贫困户获得贷款支持，扶贫小额信贷累放余额 3.927 亿元，贷款余额 3.07 亿元，贷款加权平均利率 4.35%。 截至 2016 年第三季度末，全州 2016 年易地扶贫搬迁工程项目贷款投放任务 19.2 亿元已全部完成，102 家新型农业经营主体贷款余额 5.55 亿元，小额担保贷款余额 7 942 万元，彝家新寨贷款余额 1.96 亿元。 地方法人金融机构运用扶贫再贷款余额 2 亿元，运用支农再贷款余额 0.9 亿元，覆盖全州 17 个县（市、区）。

截至 2016 年第三季度，全州 240 个县城银行网点和 270 个乡镇银行网点全部实现电子方式直接通汇，银行网点电子通汇率达到 100%，所有支付业务 2 小时内到账。 全州设置助农取款点 6 360 个，累计布设"银讯通"服务点 3 817 个，累计交易笔数 630.65 万笔，金额达 7.94 万亿元。 全面消除具备条件的金融服务空白乡镇 600 个、空白村 3 049 个；在 11 个贫困县建立 3 489 个助农取款服务点，覆盖 1 876 个行政村，有力地缓解了偏远山区取款难的问题，极大地提高了农村地区的金融普惠程度和服务水平。

自 2016 年以来，凉山彝族自治州积极为辖内金融机构争取扶贫再贷款使用资格，扶贫再贷款已全面覆盖 11 个贫困县，成功发放扶贫再贷款 1.98 亿元。 大力推进金融基础服务，金融机构加强与贫困县融资对接工作，落实全州农村基础设施、公共服务、产业发展、易地扶贫搬迁等项目，签订贷款合同合计 94.24 亿元；全面落实 2016 年全州 17 县（市、区）易地扶贫搬迁项目地方政府债务资金 6.11 亿元和"十三五"专项建设基金 11.77 亿元以及长期贴息贷款 12.91 亿元，款额已全部下拨各县（市、区）。各县（市、区）政府迅速设立扶贫小额信贷风险补偿基金，筹集风险补偿基金 36 259 万元。推行"分片包干"扶贫贷款模式，全州 2 072 个贫困村及 1 547 个非贫困村，共计 15.98 万户、63.76 万名贫困人口划分到具体银行机构，推动落实"再贷款+扶贫小额信贷"模式，全州累计投放扶贫小额信贷 31 276.09 万元。积极搭建"政银企"合作平台，促成国开行、进出口银行、邮储银行、农发行、工行、农行、中行、建行四川省分行和省农信联社与州政府达成总计 2 401 亿元信贷授信的"十三五"银政战略合作。

凉山彝族自治州积极推广"惠农保"，"惠农保"系列产品已覆盖全州 463 个乡镇，累计投保人数达 1 074.08 万人，累计支付赔款 3 125 万元。自 2016 年以来，各家保险公司已经承保补充医疗保险和大病保险 436.94 万人，为 4.1 万患病人员支付医疗赔款 7 399 万元。全州特色农业保险（含政策性保险）为特色产业提供风险保障 1 275.5 亿元，支付赔款 53 189.4 万元。

2016 年，全州企业累计实现在全国银行间债券市场发债融资 31.5 亿元，全州上市公司 2 户，"新三板"挂牌企业 1 户，成都（川藏）股权交易中心展示板挂牌企业 15 户（其中贫困县企业 1 户）、融资板挂牌企业 1 户，四川省上市和挂牌企业后备库入库企业 37 户（其中贫困县企业 6 户）。同时，积极筹备"上市公司三州行"活动，已向省政府推荐 35 户重点企业及 14 户重点上市培育企业（其中贫困县企业 2 户）。全州金融机构还积极开展对口扶贫，共对口帮扶

598 户贫困户，捐赠资金 158 余万元，捐赠物品折款 40 余万元。

截至 2016 年 11 月末，全州 672 个行政村 13.2 万贫困户建立信用档案，评定州级信用村 66 个、信用户 47.89 万户、诚信红名单企业 222 户，农村信用环境明显改善，贫困群众信用意识不断提升。截至 2017 年 6 月末，全州金融精准扶贫贷款余额 176.04 亿元，排名全省第 5 位，同比增长 25.34%。 其中个人精准扶贫贷款余额 11.07 亿元，同比增长 331.2%；产业精准扶贫贷款余额 8.38 亿元，同比增长 102.29%；项目精准扶贫贷款余额 156.59 亿元，同比增长 17.08%。 人民银行凉山中心支行积极履行全州金融精准扶贫工作牵头职责，深入推进"央行扶贫再贷款+个人精准扶贫贷款""央行扶贫再贷款+产业精准扶贫贷款"金融精准扶贫模式，充分运用扶贫再贷款资金（支农再贷款）加大金融精准扶贫贷款投放力度，全州金融精准扶贫贷款各项指标均大幅增长。

3.1.2.4 四川省金融扶贫存在的问题

（1）金融发展水平与活力低，对商业性金融资源吸引力弱

贫困地区受地理环境、自然资源、经济总量等因素的制约，金融发展水平和活跃度较差，对商业性金融资源缺乏足够的吸引力，缺乏资金仍是制约当前扶贫开发工作的最大瓶颈。 随着金融扶贫工作的不断深入，贫困地区的存贷比虽然逐年提高，但仍远低于全省平均水平，资金外流较为明显。 截至 2016 年 6 月末，全省 88 个重点贫困县的存贷比仅为 54.82%，低于全省平均水平 13 个百分点。GDP 与社会融资存量之比偏低，金融渗透度弱。 证券市场融资与股权融资、各类债券融资、租赁融资以及其他多层次金融市场融资占比相当低，有的还没有实现"零"的突破。

(2) 贫困地区客户群体总体还款能力较差，信用风险高

2015 年年末，四川省不良贷款余额 952.1 亿元，比年初增加 347.6 亿元，为 2014 年新增不良贷款的 2.5 倍；不良贷款率 2.5%，比年初上升 0.7 个百分点。 关注类贷款余额 1 955 亿元，同比增长 31.1%，资产质量下降压力较大。 信用环境有待进一步改善，贫困地区经济金融发展水平较低，部分贫困人口的个人信用意识淡薄，贷款逾期、损失时有发生，一些地区发放的地震灾区农民建房贷款、无牌无证车辆贷款、牧民定居贷款出现了大面积不良贷款问题。 截至 2016 年 6 月末，全省 88 个重点贫困县不良贷款余额 177.25 亿元，不良贷款率超过 5% 的有 21 个县。

(3) 扶贫信贷风险补偿机制不健全，银行业机构利润下降

贫困地区经济活动大部分为自给自足的自然经济和传统、简单的商品经济，产业基础非常脆弱，扶贫贷款面临较高风险。 目前，金融扶贫模式的创新更多地体现在增信方面，而对风险分担与补偿则缺少更有效的措施，且现有的一些鼓励政策仍存在落实障碍。 银行业规模持续增长，但运营压力有所加大。 2015 年年末，四川省银行业金融机构资产总额 7.6 万亿元，同比增长 9.8%，增速同比回落 2.8 个百分点。 中小法人银行业机构资产保持增长，资产占比同比上升 0.3 个百分点。 全年全省银行业金融机构利润有所下降；平均净息差 3.6%，同比下降 0.3 个百分点；平均资产利润率 0.9%，同比下降 0.4 个百分点。

(4) 金融服务制度不完善，金融产品设计存在问题

商业银行在农村经济和精准扶贫的金融产品、信贷标准、业务流程、审批效率、风险管控措施、激励机制与问责认定、渠道与网

络建设、人才队伍建设等方面存在明显差距，影响了金融扶贫成效，亟须调整与优化。

(5) 政策性金融扶贫措施落实效果不佳

自金融扶贫政策颁布以来，虽然银行业积极响应，农业相关存贷款以及贫困地区的机构网点有不小程度的增长，但是调查发现，基层银行业机构对各级部门制定下发的金融扶贫相关政策的落实情况并未达理想状态。 涉农商业银行对农村产业发展和精准脱贫的金融扶持力度明显不够。 农业银行、邮储银行和农村商业银行体系（含农信社）对贫困户小额信用贷款落实力度不够，支持精准脱贫的成效还有很大的提升空间，扎根农村、服务农业农民的金融服务意识与能力还需增强。 非涉农的商业银行对县域金融服务特别是农村金融和精准脱贫的金融支持需要进一步提升。 工行、建行、中行、交行和其他国有商业银行参与金融扶贫的力度与强度还有待进一步提升，相关金融支持手段、渠道、产品创新力度也有待加强。

3.2 宜宾市金融减贫现状

3.2.1 宜宾市金融减贫模式

3.2.1.1 政策性金融机构扶贫模式

所谓政策性金融扶贫模式是指一切带有政策意向的金融手段，不仅包括政策性金融机构、政策性保险机构和政策性担保机构实施政府扶贫战略规划，也包括商业银行和合作银行的政策性业务。

(1) 政策性银行扶贫

实践表明，政策性银行的扶贫贷款和扶贫措施（包括政府授信、差别监管、长期低利率限定、财政贴息等优惠政策）能够有效缓解贫困地区发展资金紧缺的问题。 扶贫资金主要用途有以下两方面：一是针对个人的易地扶贫搬迁贷款。 易地扶贫搬迁贷款是对居住在生态环境恶劣，无法或很难开展金融扶贫地区贫困户的专项贷款，资金用于搬迁和新迁入地区的基础设施及公共事业建设，该类贷款具有额度大，使用时间长、范围广、利息优惠等特点。 2014 年国家开发银行四川省分行发放 60 亿元贷款，主要用于宜宾市翠屏区、南溪区、临港区的棚户区改造，以提升宜宾人民的生活质量。二是针对贫困地区政府和公共事业单位、龙头企业发放贷款，贷款主要用于基础设施、公共事业建设和项目投资。 国家开发银行四川省分行 2011 年以省教委学生资助中心为管理平台，以各县（区）学生资助中心和基层政府为操作平台，建立了贫困家庭大学生生源地助学贷款可持续发展的长效机制。

（2）政策性保险扶贫

由于保险具有风险转移的功能，将其运用于扶贫开发，不仅可以增强贫困居民应对风险的能力，还可以分散商业金融机构在扶贫工作中的经营风险。 但在现实生活中，几乎没有保险公司愿意涉足自然灾害频发、弱质性明显的边缘贫困地区。 所以，将保险引入贫困地区的扶贫开发工作，只能依靠政策性保险。 一般而言，政策性保险有三种形式，一是由政府提供一定比例的保费补贴，个人承担较少保费；二是政府对涉贫保险经营机构直接提供相关补贴；三是政府对涉农保险再保险。 宜宾市林业局与中国人民财产保险公司等保险公司共同探索非林地的入保模式，创新森林保险产品，扩大政策性森林保险覆盖面，完善了"林权证+保单"的抵押贷款模式。

(3) 商业性及合作性银行政策性扶贫

商业性及合作性银行政策性扶贫是指商业银行为响应政府扶贫政策，针对贫困户和特色产业发放低息或无息扶贫贷款，政府及有关部门对其贴息，进而释放优惠政策的金融扶贫模式。 具体表现为以下几方面：

一是财政撬动商业银行扶贫方式。 财政撬动商业银行扶贫主要是政府部门对商业银行惠农贷款通过采取贴息或者补贴的方式促进商业银行支持农民脱贫和农业发展。 在财政撬动商业银行扶贫的过程中，政府利用财政资金能有效改善贫困户脱贫过程中起始资金不足的问题，既降低了银行因涉农而带来的经营风险，又缓解了商业银行对贫困户的金融排斥。 以宜宾县为例，县财政每年安排 200 万元林业产业发展专项资金，用于林业产业发展。 并把经济林木(果)权证、林地经营权流转证的林权抵押贷款纳入中央财政贴息范围，设立县级财政林权抵押贷款贴息制度，林权抵押贷款试点期间按基准利率的 50% 安排贴息资金，加大银行对涉农涉林类的贷款力度。

二是货币政策引导商业银行扶贫方式。 货币政策引导商业银行扶贫是指中央银行通过支农再贷款的方式，激励和引导商业或合作性银行参与扶贫工作。 但这种激励是对银行的外向激励，并没有降低银行的经营风险。 若银行的经营风险所带来的损失大于支农再贷款和优惠政策带来的效益，该激励模式将会失效。 在一定时期内，银行的经营风险是不变的，只有当支农再贷款和优惠政策带来的效益足够大时，此激励模式才能发挥作用。 中国人民银行宜宾县支行运用支农再贷款、再贴现等货币政策工具支持宜宾金江农商银行等银行机构加大林权抵押贷款的支持力度，指导四川宜宾金江农商银行等银行机构全程积极参与改革试点。 解决资金不足导致的林业这一绿色产业发展困难等问题。

三是政策性担保创新扶贫方式。 即政府通过专业性担保公司、风险补偿基金、保险等方式，为贫困农户进行增信，并且参与贫困农户的筛选和推荐；金融机构按照担保公司资本金或风险补偿资金的一定比例（一般为 8~10 倍）为增信对象发放贷款；政府人员与金融机构共同做好贷后管理。 这种模式有效整合了政府资源和金融资源，既提高了财政扶贫资金效果，又激励了商业银行涉贫贷款的发放，降低了金融扶贫的成本和风险，并且风险承担的部门越多，风险就会越分散。 因此，建立完善的风险共担机制是政策性担保的关键。 以中国建设银行宜宾县支行为例，为了加大对宜宾县中小微企业的金融支持力度，中国建设银行宜宾县支行大力宣传和推广新的贷款品种——"园保贷""助保贷"等政府增信类信贷产品及建行信贷产品"速贷通—税易贷"，解决贫困居民信用低、贷款难、成本高的问题。 2016 年 3 月和 6 月，中国建设银行宜宾分行成功发放园保贷 3 笔，金额 655 万元；6 月发放速贷通—税易贷 1 笔，金额 200 万元。 但是，在实践中可能存在贫困户恶意拖欠贷款，或者银行为增加贷款量而减少风险防控和降低信用标准的情况，虽然更多的贫困户取得了贷款，但财政支出的增加又加重了政府负担，保险公司的利益也可能因此而受到侵害。 所以，建立风险分担机制的同时要建立风险约束机制。

四是金融基础设施建设扶贫方式。 贫困地区多为金融基础设施空白区，农村居民到金融机构营业网点主要是步行或乘坐摩托车，效率低、费用高、不安全，对农村金融服务进村、入户有强烈的要求。 居民取款难,支付方法落后问题也严重制约着当地产业的发展和金融扶贫工作的推广。 由此可见,加强金融基础设施建设,不仅能够提高少数居民的金融认知度,还能够推动贫困地区的经济发展,促进金融扶贫工作的有效开展。 截至 2012 年年末,宜宾市兴文县成功创建市级银行卡刷卡无障碍示范街,布放 POS 机具近 30 台;全县 15 个乡镇安装了 ATM 机 59 台,实现了镇镇有 ATM 机的目标;全县 257 个村及社区共设立银行卡助农取款服务点 600 个;全县城乡居民共办理银行卡 40.8 万张,户均达到 3.1 张。 助农服务点实现了村民足不出村,在家门口就能享受办理小额取现,领取养老金、涉农补贴、新农合和新农保资金的归集与拨付、代缴电费、电话费、移动手机费、余额查询等一系列便捷服务。

五是特色产业开发贷款扶贫方式。 特色产业开发贷款,即金融机构立足贫困地区特色产业,以特色产业上的骨干企业为抓手,实施信贷支持,引导资金流向,开发贫困地区绿色特色产业,打造贫困地区特色产业品牌,促进特色产业发展,进而促进就业。 宜宾县地处川滇两省结合部,位于川南经济区核心地带。 全县有林业用地 11.97 万公顷,森林覆盖率达 40.6%,域内青山绿水为宜宾县哺育出绿色产业的比较优势,全县油樟树种植面积达 1.93 万公顷,樟油产量占全国 70%以上,素有"油樟王国"之称。 林业企业贷款主要依赖林地经营权的流转和抵押,但由于林权抵押贷款的金融风险,资金经常不足。 四川宜宾金江农商银行按照县委、县政府战略部署,通过创新林权抵押贷款产品,简化优化林权抵押贷款申请条件和审批程序,降低林农和新型林业经营主体林权抵押融资成本,对宜宾县以林业为主的绿色产业发展提供金融支持,减缓该地区的贫困。 截至

2016 年 8 月末，四川宜宾金江农商银行已累计发放贷款 13 785 万元，成为全县林农和新型林业经营主体获得 18 741 万元贷款的主体。

综上所述，政策性金融扶贫对贫困地区脱贫有正向激励作用，但是在实践中也表现出诸多不足。一是外部环境上过度依赖于财政资金及国家政策。从微观层面看，贫困地区政府自身的财政收入来源单一、规模小、营运能力差，而且群众对政策认知不足；从宏观层面看，在现行宏观经济环境下，各地财政收支不平衡现象普遍存在，可用于扶贫开发的资金缺乏造成扶贫资金后继乏力，从而造成一次性扶贫成果难保留，难以有效脱贫。二是面临风险补偿机制缺失、"政银"协作机制不完善等问题。扶贫开发项目建设由于周期长、投资总量大、回报低，贷款风险较高，如果政府贴息不及时就会降低金融机构涉农积极性。三是在具体运作中也存在诸多问题。在管理上，分工不明确，出现多头管理等现象，继而造成资金重复支持或者分散使用，最终使资金使用效率低下，缺乏合力。在运营上，商业性与政策性经营模式并行，缺少完善的监督管理机制，加大了道德风险。在金融基础设施上，金融服务覆盖率低，贫困人口受益不均衡。

3.2.1.2 传统商业性金融机构扶贫模式

通过政策性金融机构前期开发和引导贫困地区金融市场发展，商业性金融机构逐渐成为金融扶贫的主体。在贫困地区，传统商业性金融扶贫机构主要是各商业银行（包括合作性银行）。由于商业性银行经营规范广，资金优势明显，所以能有效弥补财政扶贫资金后继性不足的问题。商业银行扶贫的动机除了贫困户对资金的需求和银行资本获利性外，还有自身社会责任的约束，这使得商业银行扶贫兼具市场性和福利性双重特征。 按照参与主体的不同对传统商业性金融机构扶贫模式可分为"零售式"扶贫模式和多主体扶贫模式。

(1) "零售式"扶贫模式

"零售式"扶贫模式是商业银行直接向单个贫困户提供资金贷款，以解决贫困户生产性资金需求。 此类贷款灵活性高，能够有效满足贫困户多样化资金需求。 其中最常见的就是小额扶贫信贷。截至 2016 年 4 月末，屏山县共计发放扶贫小额贷款 9 561. 27 万元，这个数字占全省扶贫小额信贷发放总额的 39.84%，受益贫困户2 245 户。 贷款主要用于发展种植养殖，而贫困户本身收入来源少，小额信贷是贫困户融入产业发展并长期收益，提高贫困户脱贫的内生发展动力。

(2) 多主体扶贫模式

多主体扶贫模式是银行间接扶贫模式，也是银行扶贫较为推崇的模式，表现形式通常为"银行+龙头企业+贫困户""银行+专业合作社+贫困户"、信用村评级授信贷款等。 一是银行将资金贷给互助社将有利于聚合同类生产者，整合社会资本，促进生产资料流通。二是银行通过扶持贫困地区龙头企业，间接解决贫困居民的就业问题和该地区人口过剩问题。 以宜宾市为例，政府与商业银行合作，推出政策：市级以上重点龙头企业为扩大企业生产加工规模和提高精深加工程度，新建项目或技改项目所使用的贷款给予一次性贴息，贴息比例原则为银行贷款利息的 50% 以内；市级以上重点龙头企业发展订单农业所使用的 1 年以内短期农产品收购资金贷款给予一次性贴息，贴息比例原则为银行贷款利息的 50% 以内；对龙头企业发生的担保费用支出给予贴费支持，贴费比例原则为担保费用支出的 50%以内；市级以上重点龙头企业争取国家、省投资项目，按争取实际到位的无偿资金的 10%以内给予一次性以奖代补。 通过对农业龙头企业的扶持，让龙头企业带领周边甚至辐射全县农户增收，这便是解开贫困的钥匙之一。

3.2.1.3 新型金融机构扶贫模式

新型金融机构伴随着普惠金融观念的提出得到了迅速发展，并有效缓解了贫困地区银行业金融机构网点覆盖率低，金融供给不足、竞争不充分、信息不对称等问题。 新型金融机构主要服务于当地贫困户和小微企业，使得被商业性金融机构排斥在外的贫困户和小微企业有了新的资金来源渠道，相比政策型与传统型金融机构更能体现精准扶贫思想。 新型金融机构一般具有小额信贷的性质，可以帮助贫困人群克服信贷约束，也可在贫困家庭面临收入波动时平滑其消费并增加经济活动能力。 宜宾市贫困地区存在的新型金融机构主要是村镇银行、资金互助社和小额信贷公司。

（1）资金互助社——财政股权收益定向帮扶模式

宜宾蕨溪五九农村资金互助社采取财政股权收益定向帮扶。 县财政划拨 20 万元作为农村资金互助合作社的股本金，资金互助社将财政投入资金量化的股权收益全额用于定向帮扶贫困户，在增加股本金的时候，对贫困户实行重点倾斜，按平均增加股本的 10 倍数量匹配给贫困户，帮助贫困户发展产业。

资金互助社是内生性金融扶贫组织，社内初始资金由财政资金、社员入股资金和社会捐赠资金组成。 资金归社员集体所有，不以营利为目的，不对外吸储，共同管理，轮流使用。 资金互助社成员从家人、邻居、朋友中产生，其特有的熟人机制和公众舆论压力既激励了社员还款意愿又解决了正规金融机构信息不对称的问题。资金互助社向社员提供的小额贷款，具有额度小、期限短、分期付款等特点。社内往往还设立了还款动态激励机制，即对按时还本付息的社员扩大贷款额度，对违约者采取惩罚措施。

资金互助社的目标是通过外部启动资金建立用于内生性周转使用的社会基金，实现贫困户从消极的接受捐赠到主动积极实施发展项目的转变。但是资金互助社自身也存在诸多问题，一是面临内、外部风险。外部风险主要是政府态度不明确和法律保障不完善；内部风险主要是操作人员的违规风险。二是可持续性问题，可持续发展是互助社的目标之一，然而，互助社发放的借款一般利率较低，如果利息所得不能弥补运营成本，互助社将难以持续经营。同时社内从业人员素质低下也制约了组织发展。三是借贷周期与生产周期不相适应的问题。互助社出于风险和资金公平使用的考虑，一般只发放短期借款，这与较长的生产周期不匹配，不能满足较长期限的资金需求。四是资金来源问题，互助社不对外吸储，而贫困户普遍认识不足，心怀芥蒂，参与积极性不高，造成互助社融资困难。

（2）村镇银行——创新公司（或农业合作社）+农户+保险公司+银行模式

村镇银行是银监会批准的服务于农村的金融机构。村镇银行的建立，有效填补了农村地区金融服务的空白。村镇银行市场定位主要有两方面：一是满足农户的小额贷款需求。二是服务当地中小型企业。村镇银行较低的存款准备金、便捷的组织设计和较小的运行成本使其在解决农村金融问题方面更具优势。作为宜宾市第一家村镇银行，截至 2016 年 12 月末，宜宾兴宜村镇银行存款总额 13.35 亿元；各项贷款余额 8.01 亿元，贷款总户数 1 512 户，户均贷款余额 52.97 万元，涉农贷款占比 77.75%。

宜宾市村镇银行创新"公司+农户+保险公司+银行"的模式，在核定额度、期限内向农户提供不需要抵押的贷款，搞好产业扶贫。具体实施可参考下述案例：

案例一，肉牛批量养殖贷。

留守在家的贫困户多为老人和妇女、儿童，生产资金有限。 但是依靠村镇银行推出的"公司+农户+保险公司+银行"的金融扶贫模式，他们可以在村镇银行获得贷款，进而加入合作社养肉牛。 因为老人、妇女、儿童的劳动力有限，合作社在将牛买回后，会预先在牛棚里对幼牛进行育肥、调理，之后再交到农户手中。 在养殖过程中有生产问题，合作社也会派专人指导解决，出栏时合作社兜底给工资，农户只需割草、打扫卫生、喂养就可以了。 这一模式充分发挥了银行金融的作用，也降低了生产风险，提高了贷款回收率，实现了多方共赢。

案例二，油用牡丹种植贷。

宜宾县大力推广油用牡丹的种植扶贫项目，村镇银行为该项目量身定制，及时创新推出无抵押农户小额批量贷款业务——油用牡丹种植贷，主要针对宜宾县建档立卡的贫困户。 该项目采用公司（或专业合作社）+农户+保险公司+银行的合作模式，根据种植的油用牡丹面积，按 6 000 元/666.67 平方米确定贷款额度，单户最高不超过 5 万元，一般贷款期限为 3 年，最长不超过 5 年，贷款利率执行涉农优惠利率，结息方式为按季结息。 这个项目由油用牡丹牵头公司（或专业合作社）提供连带担保、政府农业发展担保基金提供连带责任担保，且必须有涉农产品的保险公司参与，授信给农户。

（3）小额贷款公司模式

小额贷款公司是指由自然人、企业法人或其他社会组织投资成立的，专门从事小额贷款业务的有限责任公司或股份有限公司。区别于正规金融机构，小额贷款公司虽然提供较为便捷的资金借贷服务，但在"只贷不存"的经营原则下，其资金来源渠道较窄，总量也有限，主要依靠自有资金进行贷款发放。一方面，其无权像其他金融机构一样吸收公众存款进行经营，而由个人、企业法人或社会组织投入的资金在总量上往往存在较大缺口，无法适应小额贷款公司良性、自主发展的要求。另一方面，银行等正规金融机构对小额贷款公司开展业务时常秉承谨慎的态度，其对小额贷款公司贷款的定价往往会高于基准利率的30%以上，并且在近年呈现上升的趋势。2016年以来，很多银行将小额贷款公司列入客户"黑名单"，导致为数不少的优质潜在客户的流失，在损失银行利益的同时，进一步加强了对小额贷款公司的信贷约束，降低了小额贷款公司的资金杠杆比率。两方面共同作用，使得当前小额贷款公司发展陷入进退两难的境地。总体而言，虽然近年来国家对小额贷款公司的定位趋于清晰，如央行2009年发布的《金融机构编码规范》，将小额贷款公司纳入金融机构范围，给予其金融机构的定位。但这并未从根本上改变小额贷款公司面临的经营性约束，其仍由当地金融办进行监管，税务要求也比一般商业银行更高。

小额贷款公司作为宜宾市新型农村金融体系的重要组成部分，在当前实施金融扶贫战略的背景下，有着重要意义。其作为传统金融机构的有机补充，通过给急需发展资金的农民提供贷款服务，可有效改善其资金困境，改善社会资源配置效率并通过合理定价维持自身发展的可持续性。 通常而言，贫困户由于缺少有相当价值的抵押品，欠缺在传统金融机构如银行的信用档案，且其本身作为贫困户，也很少能找到人为其进行贷款担保，所以当贫困群体面临较好的发展投资机会时，往往会因为贷不到资金而被迫放弃发展的机会。 而从银行的角度而言，由于其追求稳健经营与利润最大化的原则，在当前农村网点持续减少的背景下，银行也更倾向于选择优质客户，而不会花费较大交易成本对贫困户进行多笔、小额贷款，农村贫困户的逆向选择与道德风险问题更是加深了这一矛盾。 而在金融体系尚不健全的情况下，贫困户更加普遍地接触民间借贷服务，存在相当大的风险隐患，甚至催生出高利贷、暴力收债等系列违法问题，使赤贫家庭离脱贫更加遥远。 而小额贷款公司一方面立足于农村，通过对农户的走访、乡邻的评价以及与农村合作社等组织的合作，能加深对贫困户家庭、社会、诚信信息的了解，减少业务开展中的道德风险与逆向选择问题。 通过建立风险准备、贷款小组等机制，也能降低经营风险，同时减少单笔贷款成本，形成规模经济。 另一方面，贫困户通过小额贷款公司取得资金，流程相对简单，手续更便捷，更能符合农业产业季节性、时效性的经营要求。

根据四川省小额贷款协会数据，截至 2018 年年初，位于宜宾市的四川省小额贷款协会会员共有 7 家，分别是宜宾县中汇小额贷款有限责任公司、高县汇通小额贷款有限责任公司、屏山县岷江小额贷款有限责任公司、兴文县汇通小额贷款有限责任公司、宜宾市翠屏区浙瑞小额贷款有限责任公司、宜宾市南溪区汇通小额贷款有限责任公司、筠连县汇通小额贷款有限责任公司。 此外，还有部分小额贷款公司属于非四川省小额信贷协会会员,主要有宜宾市南溪区金坤小额贷款有限公司、四川瑞信小额贷款有限责任公司、兴文县科锐小额贷款咨询有限公司、江安县汇通小额贷款有限责任公司等。此外,还有部分小贷公司如宜宾市南溪区恒旭小额贷款有限责任公司(注册资金20 000万元)已注销(见表3.4)。

表3.4　　　　　　宜宾市部分小额贷款公司名单　　　　单位:万元

编号	名称	注册资本	是否协会会员
1	宜宾县中汇小额贷款有限责任公司	12 000	是
2	高县汇通小额贷款有限责任公司	10 000	是
3	屏山县岷江小额贷款有限责任公司	5 000	是
4	兴文县汇通小额贷款有限责任公司	10 000	是
5	宜宾市翠屏区浙瑞小额贷款有限责任公司	11 000	是
6	宜宾市南溪区汇通小额贷款有限责任公司	10 000	是
7	筠连县汇通小额贷款有限责任公司	10 000	是
8	宜宾市南溪区金坤小额贷款有限公司	40 000	否
9	四川瑞信小额贷款有限责任公司	80 000	否
10	兴文县科锐小额贷款咨询有限公司	800	否
11	江安县汇通小额贷款有限责任公司	10 000	否
12	宜宾县保利小额贷款有限责任公司	12 000	否
13	宜宾屏山县鑫悦小额贷款有限责任公司	10 000	否
14	宜宾市翠屏区助创发展小额贷款有限公司	10 200	否

数据来源:四川省小额贷款公司协会、国家企业信用信息公示系统、"悉知"企业信息网站等。

以宜宾市翠屏区浙瑞小额贷款公司为例,该公司致力于服务中小微型企业、农业合作社、农村经济组织、农业龙头企业、个体工商户和农户,充分发挥小额贷款公司"小额、分散、快捷"的信贷优势。 提供的贷款品种有企业短期贷款、个体工商户贷款、农户信用贷款等。 贷款周期为 3~12 个月，为客户流动资金、生产设备等提供帮助。 此外，该公司的审查周期在 1~3 天，贷款发放时间仅为 1 天，对满足贷款要求的客户实行极速审核—放贷的流程更有利于吸引潜在优质客户，也降低了贷款申请人的成本。

而宜宾县中汇小额贷款有限责任公司将其经营的资金借贷业务划分为 12 类产品，有业主贷、薪资贷、企业流动资金贷款、个人经营性贷款、存货融资业务等。 其中聚焦贫困人群，紧扣金融减贫主题，能显著有效地增加农村居民金融服务可获得性的服务是农户小额贷款。 该产品是指中汇小额贷款公司按照普惠制、广覆盖、商业化要求，对农户家庭内单个成员发放的小额自然人贷款。 并且每户农户只能由一名家庭成员申请农户小额贷款。 该项信贷产品存在以下几项特点：①贷款方式较为灵活。 农户在满足条件的情况下，可采用保证、抵押、质押、农户联保等多种方式申请贷款。 ②用款方式灵活。 根据用款方式不同，农户小额贷款分为自助可循环方式和一般方式。 自助可循环方式下，在核定的最高额度和期限内，借款人可随借随还，通过自助借款方式提款、还款；一般方式下，中汇小额贷款公司对借款人实行一次性放款，一次或分次收回。 具体用款方式由借款人与该公司协商决定。 ③节省利息。 农户小额贷款按照贷款的实际使用天数计息，可最大限度地减少借款人的利息支出。 目前，该公司在发放农户小额贷款方面已有许多较为成功的案例。 如宜宾县刘女士开办的芽菜厂，作为"宜宾芽菜"的生产经营龙头企业，当其流动资金不足时，在朋友的担保下，向宜宾县中汇小额贷款有限责任公司提出贷款申请，仅耗时 4 天就获得了 30 万元贷款，解决了资金不足的难题。宜宾市民杨女士也通过该公司取得了6万元信用贷款，用于承包土地进行樱桃种植产业发展。宜宾县中汇小额贷款有限公司秉承"合规经营、稳健发展、务实高效、合作共赢"的经营理念，致力于为"三农"和中小微企业、个体工商户、城镇居民等提供金融服务。截至2016年9月，该公司已累计发放贷款3 100多笔，累计贷款总额达13.2亿元，支持了种植业、养殖业、商贸流通、批发零售等行业的发展。

3.2.2　宜宾市金融减贫成效

3.2.2.1　区域减贫成效

为了使"十三五"期间金融扶贫能紧密结合区域实际，以期更好地促进区域2020年全面小康目标的实现，结合精准扶贫、精准脱贫的现实背景，本书对区域减贫成效进行分析。

根据当前我国对精准扶贫"五个一批"的内容要求：扶持生产和就业发展一批、易地搬迁安置一批、生态保护脱贫一批、教育扶贫脱贫一批、低保政策兜底一批；以及对完成脱贫攻坚任务的时间要求：2020年是全面建成小康社会，同时也是必须实现脱贫目标的既定年份，要精准锁定宜宾市的贫困村和贫困人口，分解落地"五个一批"，明确产业发展、就业增收、医疗救助、移民搬迁、危房改造等具体项目，加快实施乡村道路、饮水安全、农网改造、技能培训、科技扶贫等项目工程。本书遵循全面性和可操作性的原则，以2020年为截止年份，基于《关于建立贫困退出机制的意见》《中国农村扶贫开发纲要（2010—2020年）》和《全面建成小康社会统计监测指标体系》等政策文件，从经济发展、公共服务、基础设施与生态环境四个方面构建指标体系对减贫成效现状进行评价。构建的减贫成效评价指标如表 3.5 所示。

表 3.5　　　　　　　　宜宾市减贫成效评价指标

指标类别	指标名称	指标代码	单位	目标值
经济发展	城乡居民可支配收入(2010 年不变价)	1	元	25 000
	第三产业增加值占 GDP 比重	2	%	47
	贫困发生率	3	%	3
	城镇化率	4	%	60
公共服务	参加新型农村合作医疗保险比例	5	%	100
	参加城乡居民基本养老保险比例	6	%	100
	每 1 000 常住人口医疗卫生机构床位数	7	张	6
	九年义务教育阶段平均巩固率	8	%	93
基础设施	通客运班车行政村占比	9	%	100
	农村自来水普及率	10	%	80
	行政村宽带覆盖率	11	%	98
	通有线电视行政村占比	12	%	60
生态环境	农村生活垃圾无害化处理率	13	%	90
	森林覆盖率	14	%	23

本书采用"十二五"规划最后年份即 2015 年的数据,从区域整体角度以区县为单位,通过实现程度与要求速度两个方面评价在全面建成小康社会背景下宜宾市实际减贫成效,为"十三五"金融扶贫工作更好开展提供现实依据。其中实现程度从静态角度分析,指的是 2015 年的相关指标实际值相对于目标值的比例,反映当前区域实际脱贫程度与脱贫目标的相对差距。要求速度则从动态角度分析,指的是实际值达到目标值的年均变化率,反映以 2020 年为截止年份,相关指标若要达到 2020 年目标,则在"十三五"五年周期内每年所需的

平均变动水平。 宜宾市所辖的 10 县（区）类型如表 3.6 所示。

表 3.6　　　　　　　　宜宾市各县（区）类型

县（区）名	县（区）类型
屏山县	国家乌蒙山片区县、国家扶贫工作重点县
高县、珙县、筠连县、兴文县	四川省乌蒙山片区县
宜宾县、江安县	乌蒙山片区外扶贫工作重点县
翠屏区、南溪区、长宁县	"插花"与贫困人口县

需要说明的是，由于九年义务教育阶段平均巩固率和森林覆盖率全市总体水平已达到 99.16% 和 44.17%，远高于相应目标，故在实现程度与要求速度上不再对上述两个指标展开分析。

3.2.2.2　实现程度

经济发展方面，我国的城市化率与经济发展水平之间存在重要的关联性和协调性，城市化水平越高的省份，其经济发展水平越高；反之，城市化水平越低，其城市经济发展水平越低。 图 3.5 为

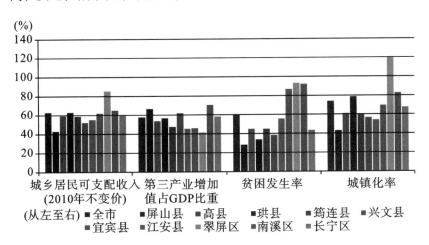

图 3.5　2015 年宜宾市各县（区）经济发展指标的实现程度

宜宾市 2015 年经济发展指标的实现程度。 根据城镇化率指标（城镇化率是指一个地区城镇常住人口占该地区常住总人口的比例），宜宾市城镇化率指标实现程度较高，全市总体实现水平达到了 75.17%，就目标完成度来说，宜宾市城镇化率增长较快，但总体水平与 2015 年四川省城镇化率的 47.69% 相比，仍有差距。 就各区（县）而言，城镇化率实现程度相当，但区县之间发展极差明显。除屏山县城镇化率为 43.88% 之外，其余区（县）实现程度均超过 50%，其中实现程度最高的翠屏区达到 121.37%，是屏山县完成度的近 3 倍，该县城镇化率也超过了同期的中国城镇化率 56.1%。

相比于城镇化率指标，首先由朗特里于 1901 年提出的贫困发生率（贫困人口占全部总人口的比率）能更直观度量贫困广度。

宜宾市贫困发生率实现程度各区（县）差别较大。 全市总体水平为 61.42%，各区（县）中屏山县实现程度只有 29.56%，只有 40% 的区（县）实现程度在 50% 以上。 贫困发生率下降较慢可能是受到以下因素的影响：①低保标准不断提高以及"应保尽保"政策的落实；②农村转移人口数量的增加以及老龄化程度的加速上升；③农村贫困人口分布日益分散，农村居民收入差距扩大。 同时，还应注意到贫困发生率实现程度最小的屏山县自身的贫困情况。 屏山县位于四川盆地南缘、宜宾市西部，地处进出大小凉山的咽喉之地，金沙江、岷江穿越全境；辖区面积 1 531 平方千米，辖 15 个乡镇，总人口 32 万，是典型的农业大县、工业弱县、商业小县，具有"贫、库、边、少、生"的独特性：是国家扶贫重点县和乌蒙山片区重点县、向家坝电站库区移民县、边远山区县、少数民族待遇县、生态屏障县。 这些特性影响它与其他县在贫困发生率实现程度上的

126

差距。 屏山县中都镇永福村下辖 4 个村民小组，共 97 户 344 人，其中贫困户 29 户共 86 人，占比 29.88%，2013 年该县的贫困发生率比全省贫困发生率高出 1 倍以上，2013 年行政村全村农民人均纯收入低于全省平均水平的 60%（<4 737 元），标准识别贫困村 78 个，占行政村总数的 30.12%，贫困村有贫困户 4 026 户，占全县贫困户的 37.98%。 其中，女性贫困人口占全县贫困人口的 69.58%，少数民族贫困人口占全县贫困人口的 12.08%。 这些可能存在的影响贫困发生率实现程度差异的因素并未在实现目标上体现出来，实现目标着眼于宜宾市整体的贫困发生率，但可能忽略了不同区（县）间自身经济发展现状及贫困情况。 另外，对于个别贫困发生率较高的区（县），如屏山县，如何利用科学的计算方法，选取适宜的指标权重，在制定诸如贫困发生率等总体指标时都应得到重视。

城乡居民可支配收入（2010 年不变价）和第三产业增加值占 GDP 比重两个指标无区（县）达到 2020 年的目标值。 二者中，城乡居民可支配收入（2010 年不变价）实现程度较高，全市总体水平达到 64.17%，各区（县）中除屏山县以外其他各区（县）实现程度均在 50% 以上，有 70% 的区（县）实现程度在 60% 以上，实现程度最高的翠屏区为 86.58%，贫困农民年人均收入不断增加，全县农民人均纯收入从 2013 年年末的 8 885 元，提高到 2014 年年末的 10 040 元，同比增长 13%。 贫困农户农民人均纯收入从 2013 年年末的 2 300 元，提高到 2014 年年末的 3 293 元（不完全统计），同比增长 43.17%，远高于同期农民人均纯收入的增长幅度。 对于第三产业增加值占 GDP 的比重，全市总体水平达到 58.51%，各区（县）中筠连县实现程度最低为 42.72%，只有 30% 的区（县）实现程度在 60% 以上。

公共服务方面，健康扶贫是精准扶贫的重要组成部分，全市医疗与教育指标实现程度较高，无论是全市还是各区（县），参加新型农村合作医疗保险比例（新农合是指由政府组织、引导、支持，农民自愿参加，个人、集体和政府多方筹资，以大病统筹为主的农民医疗互助共济制度。采取个人缴费、集体扶持和政府资助的方式筹集资金）以及每1 000常住人口医疗卫生机构床位数的实现程度分别在80%和60%以上，其中翠屏区医疗建设水平最优，每1 000常住人口医疗卫生机构床位数实现程度达到了190.30%。全市九年义务教育阶段平均巩固率实现程度达到99.16%。新型农村合作医疗作为我国农民互助共济的医疗保障制度，其发展必将在保障农民获得基本卫生服务、缓解农民因病致贫和因病返贫方面发挥重要的作用。

在社会保障这一重要的公共产品的供给上，2014年合并新农保和"城居保"而成的城乡居民基本养老保险对全体人民公平享有基本养老保障、完善我国养老体系建设意义重大。已有研究表明，城乡居民养老保险对增加农民收入、减少贫困有一定的促进作用。但是宜宾市城乡居民养老保险的覆盖范围仍较小，全市总体水平为37.84%，90%的区（县）实现程度在50%以下，只有宜宾县实现程度为53.42%（详见图3.6）。截至2016年9月，宜宾市未脱贫建档立卡贫困户中已参加城乡居民养老保险人数为19 796人，符合参保条件（不含16周岁以下人员）的未参保人数为16 876人，其中60周岁以上的人员有180人。城乡居保全覆盖试点工作应参保未参保12 613人，其中当期新增参保1 074人，未参保11 539人。积极提升城乡居民基本养老保险的参保率，充分发挥城乡居民养老保险的职能作用，是确保精准扶贫战略落到实处、精准扶贫收到更好效果

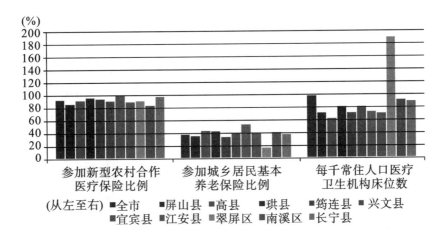

图 3.6　2015 年宜宾市各区（县）公共服务指标的实现程度

的保障。宜宾市城乡居民基本养老保险的参保现状表明当地的社会养老保险市场发展潜力较大，现有的保险普及率较低，这与当地农村居民的保险意识、政府的宣传力度有关，也受农村居民投保能力如收入的影响。在城乡居民可支配收入指标的分析中，我们发现宜宾市没有一个贫困地区的人均可支配收入达到了 2020 年的目标值，全市收入水平离 2020 年目标仍有 30% 左右的较大差距。

基础设施方面，本书选取了对促进农村生产和保障农民生活较为重要的四个指标。首先是通客运班车行政村占比。要想富，先修路。将道路修好，让农民出行不再受阻，让农产品可以顺利进入市场，这是解决农村贫困问题的重要途径。行政村通客运班车占比体现了该村与外界的经济交流频繁度，在一定程度上反映并影响了当地经济的发展。从图 3.7 整体来看，宜宾市通客运班车行政村实现水平较低，全市总体水平为 39.27%。各区（县）中有 6 个区（县）实现程度不到 40%，其中珙县最低为 8.11%。其次是农村自

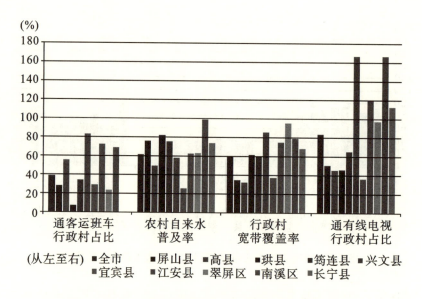

(从左至右) ■全市　■屏山县　■高县　■珙县　■筎连县　■兴文县
　　　　　■宜宾县　■江安县　■翠屏区　■南溪区　■长宁县

图 3.7　2015 年宜宾市各区 (县) 基础设施指标的实现程度

来水普及度，2016 年我国启动实施农村饮水安全巩固提升工程，在确保农村人口有水可用的同时，强调了饮水的安全问题，这对完善农村公共卫生服务有一定的促进作用。 从样本地来看，农村自来水普及率这一指标的总体状况相对较好，仅宜宾县实现程度在 50%以下的地区仅为 26.17%，而实现程度在 60%以上的区县占比达到 70%，其中最高的南溪区为 99.03%，即将达到脱贫目标。 再次是行政村宽带覆盖率，这一指标的实现水平较高，有 30%的区 （县） 实现程度在 30%~40%之间，其余区 （县） 均在 60%以上。 最后是通有线电视行政村占比，这一指标的实现程度总体较为可观，有 40%的区 （县） 提前完成目标。

　　生态环境方面，全面建成小康社会，短板在农村，而农村的垃圾处理等工作更是改善农村人居环境亟待攻克的 "难题"。 图 3.8

为2015年宜宾市生态环境指标的实现程度，宜宾市农村生活垃圾无害化处理实现程度较低，全市总体水平为46.57%。各区（县）中仅珙县提前实现指标，有60%的区（县）实现程度低于60%。单位GDP能耗与森林覆盖率全市总体实现程度较高，其中单位GDP能耗总体实现程度达到82.19%，森林覆盖率实现程度更是高达192.04%。

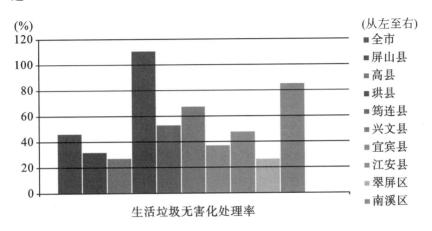

图3.8　2015年宜宾市各区（县）生态环境指标的实现程度

3.2.2.3　要求速度

经济发展方面，图3.10为宜宾市经济发展指标的要求速度。全市城乡居民可支配收入需要年均9.28%的增幅才能达到脱贫要求值，60%的区（县）需要年均10%以上增幅才能实现目标，其中脱贫任务较重的屏山县要求速度最高，为17.95%。第三产业增加值占GDP比重增速方面，全市和各区（县）也普遍需要在10%以上，只有翠屏区、长宁县、兴文县速度要求较低分别为8.15%、9.62%、6.84%。这与三个县现有第三产业发展的较高水平有关，尤其是旅游产业。翠屏区2013年全年仅在旅游方面就实现了总收入64.95

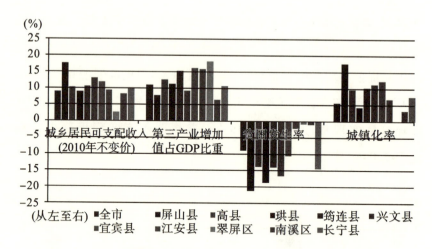

图3.9 "十三五"期间宜宾市各区(县)经济发展指标的要求速度

亿元,比2012年增长25.1%;实现旅游外汇收入219万美元,同比 2012年增长25.1%。 长宁县在2011年接待游客209万人次,比上 年增长19.25%;实现旅游总收入28.54亿元,增长46.93%,旅游 人均消费1 365元/人次;旅游黄金周累计接待游客90.67万人次, 增长158.32%,黄金周实现旅游收入8.33亿元,旅游人均消费1 088 元/人次。 兴文县2011年共接待海外游客0.49万人次,比2010年 增长31%;接待国内游客210万人次,收入24.05亿元,分别比 2010年增长30.03%;旅游总收入24.05亿元,比2010年增长 30.03%。 第三产业占GDP的28.7%。 对于贫困发生率,不同类型 的区(县)实现难度差异较大。 全市总体需要年均9.29%的降幅, 而江安县已经达到目标值,翠屏区、南溪区、宜宾县降幅要求较 低,均在1.5%左右,但其他区(县)要求降低速度均在15%左右, 其中屏山县要求年均降幅最大为21.63%。 2011—2014年,宜宾市 贫困人口由81.85万人减少到37.33万人,贫困发生率从18.7%下降到 8.4%。 年均有所下降，城镇化率总体的实现难度较低，全市增幅要求为 5.88%，各区（县）中除翠屏区已实现目标外，其他区（县）均要求增幅在 10% 左右。

公共服务方面，参加新型农村合作医疗保险比例和每 1 000 常住人口医疗卫生机构床位数的增速要求较低，全市和各区（县）均在 10% 以下。 但是参加城乡居民基本养老保险比例增速要求较高，普遍在 20% 左右，其中翠屏区要达到 40% 以上（详见图 3.10），这也在一定程度上说明宜宾市城乡居民基本养老保险的市场潜力较大，而如此高的参保率要求也对宜宾市贫困地区城乡居民基本养老保险的发展带来了很大的压力。 相比之下，九年制义务教育阶段平均巩固率达到脱贫目标要求全市平均增幅仅为 0.17%，增长压力小。

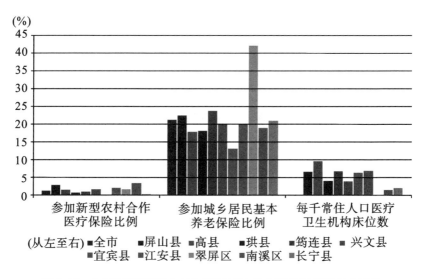

图 3.10 "十三五"期间宜宾市各区（县）公共服务指标的要求速度

基础设施方面，全市和各区（县）总体实现难度较低，但农村公共交通建设仍需要较大提升幅度。 屏山县、珙县、筠连县、宜宾

县、翠屏区的通客运班车行政村占比均需 20%以上的增幅才能达到
目标值，其中珙县需达到 65.28%，难度较大。 农村自来水普及率
70%的区（县）要求增长率在 10%以下。 行政村宽带覆盖率 60%的
贫困县要求增长速度也不足 10%。 而对于通有线电视行政村指标，
40%的区（县）已完成脱贫目标，其余区（县）要求增长率集中在
15%左右，详见图 3.11。

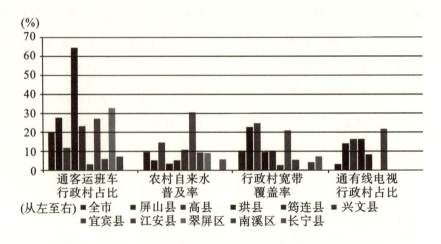

图 3.11 "十三五"期间宜宾市各区（县）基础设施指标的要求速度

生态环境方面，图 3.12 为宜宾市生态环境指标的要求速度，农
村生活垃圾无害化处理率达到目标要求的速度普遍在 15%以上，有
一定的实现难度。 南溪区和长宁县增幅要求较低，珙县已经达到目
标值。 而全市单位 GDP 能耗实现难度小，年降幅仅需 3.85%，森
林覆盖率全市总体已实现。 仅在 2017 年上半年就实施天保工程公
益林建设 800 公顷，管护国有林面积 3.62 万公顷、完成投资 563.9
万元，完成新一轮退耕还林任务 93.38 公顷，封育管护及森林质量
精准提升 102.9 平方千米。 落实生态护林员公益岗位 800 个，完成

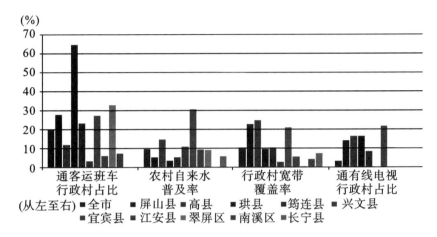

图 3.12 "十三五"期间宜宾市各区(县)生态环境指标的要求速度

800 个生态护林员指标下达并签订责任书,护林员履行管护责任全面到位,护林员人均年收入 4 000 元;兑现 72.2 万户森林生态效益补偿资金 4 969 万元,贫困户户均获得收入 67 元。 除此以外,依托森林、湿地及花卉等自然资源举办生态旅游节会,指导贫困县建立一批森林公园、湿地公园,积极打造生态旅游载体。

3.2.3 分析结论

3.2.3.1 2020 年区域脱贫目标总体可达成

宜宾市城镇化率指标实现程度较高,全市总体实现水平达到了 75.17%;采取个人缴费、集体扶持和政府资助的方式筹集资金,以及每 1 000 常住人口医疗卫生机构床位数的实现程度分别在 80% 和 60% 以上。 全市九年义务教育阶段平均巩固率实现程度高达 99.16%,这些指标说明宜宾市在城镇化、医疗、教育、资源保护与利用等方面已经取得明显成绩。 贫困发生率等指标达到脱贫要求的年均变化率也在合理的范围之内。 在国家不断加大对贫困区域的扶持背景下，作为川南经济区重要组成部分的宜宾市，实现全面小康是完全可行的。

3.2.3.2 区域精准扶贫要找准切入点

宜宾市脱贫瓶颈集中在经济发展结构、社会养老保障、农村公共交通与环境治理等相对落后的方面。 具体来说，经济结构方面，除翠屏区、长宁县、兴文县外，其他区（县）第三产业的发展水平较低，需要10%以上的增速才能实现目标；社会养老保障方面，宜宾市城乡居民养老保险的覆盖范围仍较小，全市总体水平为37.84%，90%的县实现程度在50%以下；农村交通方面，通客运班车行政村实现水平较低，全市总体水平为39.27%；环境治理方面，农村生活垃圾无害化处理实现程度较低，全市总体水平为46.57%。"十三五"期间脱贫重点在于完善相对偏远地区的交通硬件配套设施、改善农村的环境卫生水平、扩大城乡居民基本养老保险的覆盖程度，并在有条件的城镇与农村优先发展服务业。

3.2.3.3 不同类型的贫困区(县)差异明显

宜宾市贫困发生率实现程度各区（县）差别较大。 全市总体水平为61.42%，各区（县）中屏山县实现程度只有29.56%，只有40%的区（县）实现程度在50%以上。 全市总体需要年均9.29%的降幅，而江安县已经达到目标值，翠屏区、南溪区、宜宾县降幅要求较低，均在1.5%左右，但其他区县要求减少速度均在15%左右，其中屏山县要求年均降幅最大为21.63%。 总的来说，屏山县、高县、珙县、筹连县、兴文县等乌蒙山片区贫困县经济基础薄弱，贫困程度较深，且是连片集中式贫困。 宜宾县等2个乌蒙山片区外扶贫工作重点县以及翠屏区等 3 个"插花"式贫困县经济建设水平相对较优，贫困程度不高。

3.3　宜宾市金融减贫存在的问题分析

从宜宾市金融减贫的实现程度和要求程度两个角度，从经济发展、公共服务、基础设施、生态环境四个方面的分析可以看出，宜宾市金融减贫的过程中存在下列问题：

3.3.1　金融减贫任务重，未能完全因地施策

2015 年，宜宾市尚有建档立卡贫困人口 37.33 万人，贫困发生率达 8.4%。 首先，如果考虑尚处在贫困边缘的人口和有可能返贫的人口，实际贫困发生率可能要增加 2~4 个百分点。 其次，贫困户的致贫原因多样且复杂，主要为因病致贫、缺资金致贫、缺劳动力致贫，占比分别为 58.49%、11.68% 和 8.68%。 总体而言，宜宾市的贫困人口总量及贫困户结构情况，都表明宜宾市减贫任务重，尤其是上述提到的三类致贫原因户的脱贫难度特别大。 而在减贫的过程中未能完全的因地施策，表现在扶贫目标和扶贫方案的制定上。首先是扶贫目标，贫困户中因病致贫、缺资金致贫、缺劳力致贫的家庭多，这几类贫困户脱贫难度特别大。 而减贫过程未能很好做到因地施策，表现在减贫目标及减贫方案的制定上，2020 年 3% 的贫困发生率是一个总体目标值，但考虑到各区（县）间的经济发展实

际，如"贫、库、边、少、生"的屏山县与旅游业发展较好的翠屏区相比，贫困人口更多，贫困程度更深，贫困发生率更高，而且自我发展能力较弱，若适用于同一目标，其减贫难度较大，减贫压力较重。

3.3.2 扶贫资金来源单一,财金联合互动较少

宜宾市扶贫资金主要为财政专项扶贫资金，虽然部分区（县）的农村金融机构推出了信贷等金融扶贫方式，如截至 2015 年 9 月底，屏山农商行已为 1 453 户贫困户发放贷款 6 100 余万元，帮助贫困户圆了创业梦，走上脱贫路，但金融扶贫的资金总量较少，扶贫资金来源较为单一。 宜宾市市政府对照贫困人口脱贫"一超六有"和贫困村退出"一低五有"的指标，结合贫困村、贫困户项目建设周期、产业发展周期等客观实际，大力投入财政专项扶贫资金以促进农村道路通畅、饮水安全、宽带升级、电网升级等项目建设。 如宜宾市兴文县于 2016 年共投入 5 650 万元财政专项扶贫资金，每村财政专项扶贫资金累计投入将达到 150 万元以上。 扶贫资金的运用虽然取得阶段性成效，但财政扶贫资金的支出结构单一，金融资源进入扶贫产业较少且与财政资金的互动性较低，未形成扶贫合力，农村金融抑制作用明显。 加之扶贫项目多为回收期较长的公共物品的提供，如基础设施建设、环境保护、医疗卫生等方面，使得金融资源在扶贫事业中占比较低，但这并不能说明金融资源不重要。 宜宾市减贫任务重，需要大量的扶贫资金投入，这需要大量包括财政资金、金融资源在内的社会资源并形成扶贫合力。 在这样的背景

下，宜宾市财政资金在发挥扶贫作用时，与金融互动较不明显，未对金融资源的流入起到明显的鼓励、引导作用。

3.3.3 扶贫方式单一,发展可持续性较低

扶贫开发本质上是发展问题。 对于贫困地区来说，发展更为紧迫，抓发展的任务更加繁重。 宜宾市现有的扶贫方式是以传统的财政支农方式为主，主要集中在财政贴息、税收减免、农业补助等方面。 随着农业的不断发展以及扶贫的可持续性要求，原来的直接的资金扶贫、产业扶贫、能力扶贫等方式，在保障贫困农户基本补贴的同时，需要探索更有效率、更具有发展持续性的扶贫方式。 宜宾市创新了扶贫资金支持资产收益扶贫试点项目或以奖代补等新型支农方式。 如2016年翠屏区认真组织实施了省级财政资产收益扶贫试点项目，将省级扶贫资金200万元以股权形式量化到鸿鑫专合社72户建档立卡贫困户，通过政府引导、专合社主导、建档立卡贫困户参与形成"合作社+建档立卡贫困户"的方式发展肉牛养殖产业，虽然取得了一定成果，但仍需进一步拓展。 同时应着力长远致富，处理好扶贫工作与区域经济发展的关系。

3.3.4 卫生资源不平衡,社会保障体系有待完善

医疗及养老是农村社会保障中的两大重要内容。 就宜宾市公共服务方面，参加城乡居民基本养老保险、参加新型农村合作医疗保险的比例和每1 000常住人口医疗卫生机构床位数均较高，但各区（县）之间有所差距，且与它们的贫困水平不完全匹配。 新农合能

有效地抑制"因病致贫、因病返贫"的问题，根据 2007 年陕西省的一项研究结果显示，参合农民住院费用得到补偿后，贫困发生率降低了 26.10%，住院人群中有 4.92%的人口因得到新农合补偿而脱离贫困，占因病致贫人数的 42.89%。 除此以外，医疗卫生机构床位数均对扶贫有正向影响。 所以对贫困发生率更高、贫困深度更高的贫困地区而言，上述公共服务显得更为重要。 宜宾市在医疗保险方面有所创新，如屏山县创新推出"扶贫保"。 对建档立卡贫困户家庭成员因意外伤害导致身故、伤残或住院医疗、因病死亡的，保险公司根据承保条款给予理赔。 截至 2017 年 6 月底，收取"扶贫保"保费 13.10 万元，财政补贴保费 52.70 万元，保险公司理赔 0.1 万元。 但就宜宾市各区（县）而言，以翠屏区和屏山县为例，翠屏区的医疗建设水平在宜宾市所有区（县）中最优，每 1 000 常住人口医疗卫生机构床位数实现程度达到了 190.30%。 与之相比，减贫任务更重的屏山县的医疗建设水平却相对落后。 这也体现出区（县）间卫生项目资源的不平衡。 除此以外，在社会保障方面，以新农合和城乡居民基本养老保险等政策性保险为主，商业性保险的参与度较低，未充分发挥保险保障功能的优势。 而减贫目标下的宜宾市农村地区，医疗保障体系相对不完善，卫生项目资源的缺乏将阻碍因病致贫人群减贫目标的实现。

3.4　本章小结

　　本章主要对宜宾市金融减贫的现状与问题进行分析，从四川省与宜宾市金融减贫两个主体出发，对比分析，并结合相关统计数据，总结出宜宾市金融减贫的共性与特点、现状与问题。 四川省贫困"面宽、量大、程度深"，扶贫开发难度大且任务艰巨。 当前，贫困特区，特别是"四大连片特困地区"，虽然在金融机构数量、金融服务质量、金融产品多样化、金融扶贫机制创新等多方面成果显现，但仍存在扶贫资源单一、服务制度不完善、信用风险较高等问题。 省扶贫开发工作中，宜宾市的"筠连县、珙县、兴文县、屏山县、高县"位列四川省国家扶贫开发工作重点县，且宜宾市位于连片贫困的乌蒙山区，贫困发生率高，扶贫难度大。

　　本章第二节主要是从现状及成效两大方面对宜宾市金融减贫情况进行分析。 首先，整理统计年鉴及调研数据，包括主要金融机构网点数、金融体系完善度、金融产品创新三方面，对宜宾市金融现状予以展现。 其次，梳理了政策性金融、传统商业性金融与新型农村金融机构的扶贫模式，力求厘清当地的金融扶贫机制。 宜宾市金融减贫成效主要是通过定量化分析减贫实现程度及目标程度后，进行比较得出的。 通过构建包括经济发展、公共服务、基础设施、生态环境四个方面共 14 个指标的减贫成效评价指标体系，从静态角度评价宜宾市及其市内 10 县（区）截至 2015 年年末的减贫情况。 之后，以 2020 年为截止年份，计算得出各指标目标值的要求速度，从动态的角度分析各区（县）完成减贫任务的难度。

通过本章的分析，对宜宾市金融减贫现状有了直观且深入的了解，同时也发现了宜宾市金融减贫过程中存在的"未完全因地施策、扶贫资金来源单一、扶贫方式单一、卫生资源不平衡"等问题。 但总体而言，基于对宜宾市当前的金融现状与金融减贫成效的定性、定量分析，本章认为 2020 年宜宾市区域脱贫目标总体可达成，但在扶贫过程中应认识把握好不同类型贫困区（县）的差异，找准切入点，更好地实施精准扶贫。

4 宜宾市金融减贫绩效的
实证评估研究

4.1 模型介绍

向量自回归模型简称 VAR 模型，是一种常用的计量经济模型，由 Christopher Sims 提出。 VAR 模型把系统中的每一个内生变量作为系统中所有内生变量的滞后值的函数来构造模型，从而将单变量自回归模型推广到由多元时间序列变量组成的"向量"自回归模型，用来估计联合内生变量的动态关系，而不带有任何事先约束条件。 它是 AR 模型的推广，目前已得到广泛应用。

设 $y_t = (y_{1t} \; y_{2t} \cdots y_{kt})'$ 为 k 维随机时间序列，p 为滞后阶数，$u_t = (u_{1t} \; u_{2t} \cdots u_{kt})'$ 为 k 维随机扰动的时间序列，且有结构关系。

$$y_{1t} = a_{11}^{(1)} y_{1t-1} + a_{12}^{(1)} y_{2t-1} + \cdots + a_{1k}^{(1)} y_{kt-1} + a_{11}^{(2)} y_{1t-2} + a_{12}^{(2)} y_{2t-2} + \cdots$$
$$+ a_{1k}^{(2)} y_{kt-2} + \cdots + a_{11}^{(p)} y_{1t-p} + a_{12}^{(p)} y_{2t-p} + \cdots + a_{1k}^{(p)} y_{kt-p} + u_{1t}$$

$$y_{2t} = a_{21}^{(1)} y_{1t-1} + a_{22}^{(1)} y_{2t-1} + \cdots + a_{2k}^{(1)} y_{kt-1} + a_{21}^{(2)} y_{1t-2} + a_{22}^{(2)} y_{2t-2} + \cdots$$
$$+ a_{2k}^{(2)} y_{kt-2} + \cdots + a_{21}^{(p)} y_{1t-p} + a_{12}^{(p)} y_{2t-p} + \cdots + a_{2k}^{(p)} y_{kt-p} + u_{2t}$$

$$\cdots\cdots\cdots\cdots\cdots\cdots\cdots\cdots\cdots\cdots\cdots\cdots\cdots\cdots\cdots\cdots$$

$$y_{kt} = a_{k1}^{(1)} y_{1t-1} + a_{k2}^{(1)} y_{2t-1} + \cdots + a_{kk}^{(1)} y_{kt-1} + a_{k1}^{(2)} y_{1t-2} + a_{12}^{(2)} y_{2t-2} + \cdots$$

$$+a_{1k}^{(2)}\, y_{kt-2}+\cdots+a_{k1}^{(p)}\, y_{1t-p}+a_{k2}^{(p)}\, y_{2t-p}+\cdots+a_{kk}^{(p)}\, y_{kt-p}+u_{kt}$$

$$t=1,\ 2,\ \cdots,\ T \tag{4.1}$$

若引入矩阵符号，记

$$A_i = \begin{bmatrix} a_{11}^{(i)} & a_{12}^{(i)} & \cdots & a_{1k}^{(i)} \\ a_{21}^{(i)} & a_{22}^{(i)} & \cdots & a_{2k}^{(i)} \\ \cdots & \cdots & \cdots & \cdots \\ a_{k1}^{(i)} & a_{k2}^{(i)} & \cdots & a_{kk}^{(i)} \end{bmatrix},\ i=1,\ 2,\ \cdots,\ p \tag{4.2}$$

模型可写成

$$y_t = A_1 y_{t-1} + A_2 y_{t-2} + \cdots + A_p y_{t-p} + u_t,\ t=1,\ 2,\ \cdots,\ T \tag{4.3}$$

4.2 指标设计

根据前文的理论分析结果，金融发展主要从直接与间接两种渠道作用于贫困减缓。贫困发生率是衡量贫困程度的常用指标。而受数据可得性有限的因素限制，且研究的时间跨度较长，同时贫困目前主要发生在农村地区，因此本书借鉴 Quartey（2005）、崔艳娟、孙刚（2012）等学者的做法，以农村居民恩格尔系数（NE）代替贫困发生率，同时引入农民人均纯收入（Y）共同作为被解释变量，分别从直接与间接的角度实证研究金融减贫效果。其中恩格尔系数是国际上常用的划分贫富的重要标准，恩格尔系数与贫困程度之间为正向关系①。 而农民人均纯收入是我国长期以来用于监测农村摆脱贫困的重要统计指标。 为了减轻数据变动的幅度，使农民人均纯收入（Y）在数值上与金融发展指标匹配，对其取自然对数，用 lnY 表示。 同时考虑金融体系的复杂性，本书从金融发展规模（FIR）、金融发展效率（FAE）、金融储蓄结构（FSS）三个方面衡量区域金融的发展水平。

金融发展规模（FIR）：周立，王子明（2002）指出，由于中国缺乏各地区金融资产和 M2 的统计数据，无法直接使用戈氏指标，而只能利用存贷款的数据作为金融资产的一个窄的衡量指标来表示金融发展规模。 本书借鉴该指标的设计方法，把宜宾市金融机构存贷款总额与当地 GDP 的比值设定为 FIR，即：

$$FIR = \frac{金融机构存贷款总额}{国内生产总值} \tag{4.4}$$

金融发展效率（FAE）：金融机构通过将存款转化为贷款来达到优化资源配置的目的。 区域金融发展效率是指区域金融机构采用如上方式改善地方资本状况、提升产业发展水平。 因此，金融发展效率（FAE）的设计如下所示：

$$FAE = \frac{金融机构贷款总额}{金融机构存款总额} \tag{4.5}$$

金融储蓄结构（FSS）：现阶段金融市场上已经出现了多样化的投资工具，但是大部分居民依然把个人可支配收入较大的一部分存入金融机构以期获得稳定安全的资产增值。 金融机构能否有效吸收

---

① 联合国粮农组织确定的恩格尔系数判定标准:60%以上为贫穷;50%~60%为温饱;40%~50%为小康;30%~40%为相对富裕;20%~30%为富足;20%以下为极其富裕。

来自居民的储蓄存款能从一个角度反映金融发展水平。 本书把居民储蓄存款与金融机构存款的总额之比定义为 FSS，即：

$$FSS = \frac{居民储蓄存款总额}{金融机构存款总额} \tag{4.6}$$

4.3 数据来源

自 2015 年起，由于宜宾市开展城乡一体化住户收支与生活状况调查，2014 年及以前则分别对城镇和农村住户进行调查，导致前后数据统计口径不一致。 而 1996 年为我国国民经济和社会发展"九五"计划第一年，当年国家发布了《国务院关于农村金融体制改革的决定》，农村金融体制改革正式开启。 基于数据可得性与科学性的因素，本书选择宜宾市 1996—2014 年的年度时间序列数据进行实证研究，农村居民恩格尔系数、农民人均纯收入、国内生产总值、金融机构存款与贷款总额、居民储蓄存款总额等相关数据均来自于 1997—2015 年的《宜宾统计年鉴》。

4.4 实证结果分析

4.4.1 平稳性检验

变量的平稳性是建立时间序列模型的重要前提，在进行模型回归之前有必要对模型前提假设进行检验。 如果是非平稳的数据，不仅会导致大样本下统计推断的基础"一致性要求"被破坏，也往往会导致出现虚假回归的问题, 即我们通常所说的"伪回归"。 所以对时间序列的平稳性检验是非常有必要的, 学术界一般对时间序列数据采用单位根检验来进行平稳性的检验。 本文对时间序列的平稳性检验采用 ADF 单位根检验的方法。 ADF 单位根检验亦称增广 DF 单位根检验, 是 Dickey 和 Fuller 提出的改进 DF 单位根检验方法, 其主要的改变是把数据生成过程从 AR(1) 扩展到 AR(p)。 ADF 单位根检验法亦有三种形式:

$$\triangle y_t = \delta y_{t-1} + \sum_{i=1}^{p-1} \theta_i \triangle y_{t-i} + \varepsilon_t$$

$$\triangle y_t = \alpha + \delta y_{t-1} + \sum_{i=1}^{p-1} \theta_i \triangle y_{t-i} + \varepsilon_t \qquad (4.7)$$

$$\triangle y_t = \alpha + \beta * t + \delta y_{t-1} + \sum_{i=1}^{p-1} \theta_i \triangle y_{t-i} + \varepsilon_t$$

第一种形式不包含常数项和趋势项, 第二种形式包含常数项但无趋势项, 第三种形式包含常数项和趋势项。 原假设 H_0: $\delta = 0$, 序列存在一个单位根。 备择假设 H_1: $\delta < 0$, 序列不存在单位根 ($\delta > 0$ 很少考虑, 因为它意味着 y_t 呈现指数增长)。 $\varepsilon_t \sim N(0,\sigma^2)$, 且是独立同分布。 对 (4.7) 分别作 OLS 回归, 可得估计量 $\hat{\delta}$ 及相应的 t 统计量, 其中 $t = \dfrac{\hat{\delta}}{se(\hat{\delta})}$。 每个模型的 t 统计量都有其相应的临界值。 若 t 值大于对应的临界值, 则原假设不成立, 认为时间序列是平稳的。

多数经济时间序列具有 d 阶单整, 记作 I (d)。 即时间序列必须经过 d 阶差分后才能成为平稳性序列。 I (0) 表示时间序列无须经过差分，本身就是平稳序列，I（1）则表示序列经过一阶差分后成为平稳序列。 如表 4.1 所示，在 5% 的显著水平下，NE、lnY、FIR、FAE、FSS 各自的一阶差分序列均平稳，即一阶单整。

表4.1　　　　　　　　各变量单位根检验结果

变量	检验形式	ADF 值	1%临界值	5%临界值	10%临界值	是否平稳
d(NE)	(C,0,1)	-5.567 8 ***	-3.920 4	-3.065 6	-2.673 5	是
d(lnY)	(C,T,1)	-4.802 2 ***	-4.667 9	-3.733 2	-3.310 3	是
d(FIR)	(C,0,0)	-3.840 9 **	-3.886 8	-3.052 2	-2.666 6	是
d(FAE)	(C,T,1)	-4.218 4 **	-4.667 9	-3.733 2	-3.310 3	是
d(FSS)	(0,0,0)	-2.242 9 **	-2.708 1	-1.962 8	-1.606 1	是

注:其中(C,T,N)表示检验模型包括常数项、线形趋势项并且滞后 N 期。 *** 、** 分别表示在 1%和 5%的显著性水平下拒绝单位根假设。

4.4.2　Johansen 协整检验

非平稳的时间序列之间之所以会存在协整关系，是因为特定的经济金融系统将这些经济金融变量联系在一起，因而这些变量从长期来看具有均衡关系。 可将协整看成是对这种经济金融变量间长期均衡关系的一种统计描述。

Johansen 与 Juselius 提出了一种用向量自回归模型（VAR）进行协整检验的方法，它很适合于多变量的协整检验，这一检验方法称为 Johansen 协整检验。 首先构建一个滞后阶数是 p 的向量自回归模型：

$$y_t = A_1 y_{t-1} + \cdots + A_p y_{t-p} + Bx_t + \mu_t \qquad (4.8)$$

其中，$y_t = (y_{1t}, y_{2t}, \cdots, y_{mt})^T$，为 1 阶单整 I（1），即 y_t 的每个分量均是非平稳的 I（1）变量，x_t 用于表示常数项、趋势项等确定性质，它是一个确定的 d 维外生向量，μ_t 是 n 维扰动向量。 对上式做差分运算，得到：

$$\Delta y_t = \prod y_{t-1} + \sum_{i=1}^{p-1} \Gamma_i \Delta y_{t-i} + Bx_t + \mu_t \qquad (4.9)$$

其中，$\prod = \sum_{i=1}^{p} A_i - I$，$\Gamma_i = \sum_{j=i+1}^{p} A_j$。显然只要 $\prod y_{t-1}$ 是 I（0）的向量，也即只要 y_{t-1} 的各个分量之间具有协整关系，就能确保 Δy_t 是平稳过程。 而 y_{t-1} 的各个分量之间是否具有协整关系主要取决于矩阵 $\prod$ 的秩 r。 因为 $0<r<n$，所以存在 r 个协整组合，其余 $n-r$ 个仍然为 I（1）关系。 因此可将矩阵 $\prod$ 分解为两个 $n×r$ 阶矩阵 α 和 β 的乘积：$\prod = \alpha\beta^T$，其中矩阵 α 和 β 的秩均为 r。 由此可得 $\prod y_{t-1} = \alpha\beta^T y_{t-1}$。 这样，$\beta^T y_{t-1}$ 是一个 I（0）的向量，也即矩阵 β 的每一行所对应的向量 y_{t-1} 各个分量的线性组合都是协整的，因此矩阵 β 决定了向量 y_{t-1} 的各个分量间协整向量的形式与个数，我们称 β^T 为协整向量矩阵，它的秩 r 即为协整向量的个数，矩阵 α 称为调整参数矩阵。 由于矩阵 $\prod$ 的秩等于其非零特征值的个数，因此我们可通过检验矩阵 $\prod$ 的非零特征值个数，从而确定协整关系和协整向量的秩，这里主要有特征根的迹（Trace）检验和最大特征值（Max-Eigen）检验两种检验方法。

（1）特征根的迹检验

将矩阵 $\prod$ 的 n 个特征值从大到小进行排序，有 $\lambda_1 > \lambda_2 > \cdots > \lambda_n$，由于 r 个最大特征值对应着 r 个协整向量，对于剩下的 $n-r$ 个非协整组合，应该有 $\lambda_{r+1}, \cdots, \lambda_n$ 值为 0，这样我们可以得到特征根

迹检验的原假设和备择假设为:

$$H_{r0}: \lambda_r > 0, \lambda_{r+1} = 0$$

$$H_{r1}: \lambda_{r+1} > 0, r = 0, 1, \cdots, n - 1$$

(4.10)

原假设等价于有 r 个协整关系。

相应的检验统计量为:

$$\eta_r = - T \sum_{i=r+1}^{n} \ln(1 - \lambda_i), r = 0, 1, \cdots, n - 1 \qquad (4.11)$$

上式中,η_r 即为特征根迹统计量,当 r 取值 0,1,2,……$n-1$ 时,我们可以得到一系列的特征根迹统计量 $\eta_0, \eta_1, \eta_2 \cdots \cdots, \eta_{n-1}$,依次检验这些特征根迹统计量的显著性,直到出现第一个不显著的特征根迹统计量 η_r 时为止,这就表明有 r 个协整向量,这里,r 个协整向量就是对应于最大的 r 个特征值经过正规化所得到的特征向量。

(2) 最大特征值检验

原假设和备择假设分别为:

$$H_{r0}: \lambda_{r+1} = 0$$

$$H_{r1}: \lambda_{r+1} > 0, r = 0, 1, \cdots, n - 1$$

(4.12)

相应的检验统计量是基于最大特征值的,其形式如下所示:

$$\xi_r = - T\ln(1 - \lambda_{i+1}), r = 0, 1, \cdots, n - 1 \qquad (4.13)$$

上式中,ξ_r 为最大特征值统计量。 依次检验 $\xi_0, \xi_1, \xi_2, \cdots, \xi_{n-1}$ 这一系列最大特征值统计量的显著性,直到出现第一个不显著的最大特征值统计量 ξ_r 时为止,这就表明有 r 个协整向量,这里,r 个协整向量就是对应于最大的 r 个特征值经过正规化所得到的特征向量。

为了探究多个非平稳变量间是否存在长期均衡关系,常用 Johansen 协整检验方法。 由表 4.2 和表 4.3 可知,特征根迹统计量和最大特征值均大于 5% 显著性水平的临界值，表明 NE 和 lnY 分别与 FIR、FAE、FSS 存在协整关系。

表 4.2　　　　　NE 与 FIR、FAE、FSS 的协整检验结果

原假设： 协整向量个数	迹统计量	临界值 （5%）	临界 概率	最大 特征值	临界值 （5%）	临界 概率
0 个	97.156 9**	54.079 0	0.000 0	45.408 3**	28.588 1	0.000 2
至多 1 个	51.748 5**	35.192 8	0.000 4	22.454 9**	22.299 6	0.047 6
至多 2 个	29.293 7**	20.261 8	0.002 2	15.277 4	15.892 1	0.062 2
至多 3 个	14.016 3**	9.164 5	0.005 6	14.016 3**	9.164 5	0.005 6

注：** 表示在 5% 的显著性水平下拒绝原假设。

表 4.3　　　　　lnY 与 FIR、FAE、FSS 的协整检验结果

原假设： 协整向量个数	迹统计量	临界值 （5%）	临界 概率	最大 特征值	临界值 （5%）	临界 概率
0 个	89.565 9**	54.079 0	0.000 0	45.388 5**	28.588 1	0.000 2
至多 1 个	44.177 5**	35.192 8	0.004 2	25.235 4**	22.299 6	0.018 9
至多 2 个	18.942 1	20.261 8	0.075 1	10.173 3	15.892 1	0.318 8
至多 3 个	8.768 8	9.164 5	0.059 4	8.768 8	9.164 5	0.059 4

注：** 表示在 5% 的显著性水平下拒绝原假设。

标准化的协整方程如下（括号中为标准差）：

$$NEt = -0.217\ 6 - 0.289\ 7FIRt + 0.408\ 4FAEt - 0.331\ 2FSSt + \mu t$$
$$\quad\quad (0.168\ 6)\quad\quad (0.061\ 0)\quad\quad\quad (0.028\ 2)\quad\quad\quad\quad (0.175\ 3)$$

$$(4.14)$$

$$\ln Y_t = 3.598\ 6 + 3.151\ 5FIR_t - 2.750\ 4FAE_t + 3.284\ 1FSS_t + \mu_t$$
$$\quad\quad (1.778\ 8)\quad\quad (0.614\ 5)\quad\quad\quad (0.296\ 8)\quad\quad\quad\quad (1.801\ 6)$$

$$(4.15)$$

从长期来看，当 FIR 和 FSS 每增加 1 个单位，农村居民恩格尔系数将分别减少 0.289 7 和 0.331 2，农民人均纯收入将分别增加 3.151 5% 和 3.284 1%。当 FAE 每增加 1 个单位，农村居民恩格尔系数将增加 0.408 4，农民人均纯收入则减少 2.750 4%。表明金融发展总体上能促进贫困减缓，但金融资源在减贫过程中的配置效率低下。

4.4.3　VAR 模型

经过 ADF 单位根检验，所有序列的一阶差分都是平稳的，且变量间存在协整关系，符合建立向量自回归模型（VAR）的前提条件。本书建立两个 VAR 模型即 VAR（Ⅰ）和 VAR（Ⅱ）分别研究 NE、lnY 与 FIR、FAE、FSS 之间的动态关系。

（1）滞后阶数 p 的确定

VAR 模型的建立首先要确定滞后阶数 p。以既要有足够大的滞后项，又能有足够大的自由度为原则确定阶数。定阶方法有多种，常见的有 FPE 准则（最小最终预测误差准则）、AIC（Akaike Information Criterion）与 SC（Bayes Information Criterion）信息准则、似然比检验法（Likelihood Ratio，LR）等。

FPE 准则（最小最终预测误差准则），即利用一步预测误差方差进行定阶。如果模型阶数合适，则模型对实际数据拟合优度必然会高，其一步预测误差方差也必然会小；反之，则相反。

设给定时间序列向量长度为 T 的样本向量为 $y_t = (y_{1t}\ y_{2t}\cdots y_{kt})'$，$t = 1,\ 2,\ \cdots,\ T$，可定义其最终预测误差为：

$$FPE_k(p) = \det\hat{D} = \left(1 + \frac{kp}{T}\right)^k \left(1 - \frac{kp}{T}\right)^{-k} \det\left(\hat{\gamma}_0 - \sum_{i=1}^{p} A\hat{A}_i \hat{\gamma}'_i\right)$$

$$(4.16)$$

上式中, 分别取 p = 1, 2, ⋯, M, 计算 $FPE_k(p)$, 使 $FPE_k(p)$ 为最小值所对应的 p 为模型合适阶数。 相应的模型参数估计 $A\hat{A}_1, A\hat{A}_2, \cdots, A\hat{A}_p$ 为最佳模型参数估计。 其中, M 为预先选定的阶数上界。

AIC、SC 信息准则, 也称最小信息准则, 定义:

$$AIC = -2l/T + 2n/T, \quad SC = -2l/T + n\ln T/T \qquad (4.17)$$

上式中, $l = -\frac{Tk}{2}(1 + \ln 2\pi) - \frac{T}{2}\ln|\hat{\Sigma}|$, n 为模型需要估计参数个数, 所谓最小信息准则, 就是分别取 p=1, 2, ⋯, 来计算 AIC 或者 SC, 使 AIC 或 SC 为最小值所对应的 p 为模型合适阶数。 相应的模型参数估计 $A\hat{A}_1, A\hat{A}_2, \cdots, A\hat{A}_p$ 为最佳模型参数估计。

似然比检验法定义似然比统计量 LR 为:

$$LR = 2\left[\ln L(A, \hat{\Sigma}_{p+1}) - \ln L(A, \hat{\Sigma}_p)\right]$$

$$= T(\ln|\hat{\Sigma}_{p+1}^{-1}| - \ln|\hat{\Sigma}_p^{-1}|) \sim \chi^2(k^2) \qquad (4.18)$$

LR 检验在小样本下, 可取似然比统计量为:

$$LR = (T - m)(\ln|\hat{\Sigma}_{p+1}^{-1}| - \ln|\hat{\Sigma}_p^{-1}|) \sim \chi^2(k^2) \qquad (4.19)$$

上式中, $m = d + kp$。 原假设 H_0: 样本数据是由滞后阶数为 p 的 VAR 模型生成; 备择假设 H_1: 样本数据是由滞后阶数为 p+1 的 VAR 模型生成。 在给定的显著性水平 α 下, 当 $LR > \chi_\alpha^2(k^2)$, 则拒绝 H_0, 表明增加滞后阶数, 可显著增大似然函数值; 反之, 则相反。

考虑样本时序区间的实际，并通过 FPE、AIC、SC、LR、HQ 等统计量判断，选择 VAR 模型的滞后阶数均为 2（见表 4.4、表4.5）。

表 4.4　　　　　　VAR(I)模型最优滞后阶数检验结果

Lag	LogL	LR	FPE	AIC	SC	HQ
0	82. 294 15	NA	1. 17e-09	-9. 211 077	-9. 015 026	-9. 191 589
1	128. 620 0	65. 401 17	3. 56e-11	-12. 778 82	-11. 798 57	-12. 681 38
2	164. 143 7	33. 434 06*	5. 38e-12*	-15. 075 73*	-13. 311 27*	-14. 900 34*

注:*表示在5%的显著性水平下显著。

表 4.5　　　　　　VAR(II)模型最优滞后阶数检验结果

Lag	LogL	LR	FPE	AIC	SC	HQ
0	59. 916 49	NA	1. 63e-08	-6. 578 411	-6. 382 361	-6. 558 923
1	140. 378 1	113. 592 9	8. 93e-12	-14. 162 13	-13. 181 88	-14. 064 69
2	172. 947 9	30. 653 88*	1. 91e-12*	-16. 111 52*	-14. 347 06*	-15. 936 13*

注:*表示在5%的显著性水平下显著。

(2) 模型稳定性检验

为检验 VAR 模型是否稳定，使用 AR 根与单位圆图进行判断。图 4.1 和图 4.2 分别为 NE、lnY 与金融发展水平指标的 VAR 模型稳定性检验图。 AR 根均在单位圆内，表明两个 VAR 模型均是稳定的。

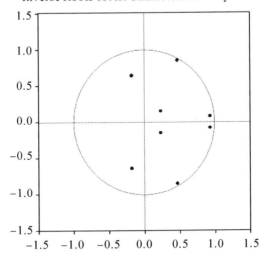

图 4.1 VAR(Ⅰ)模型稳定性检验图

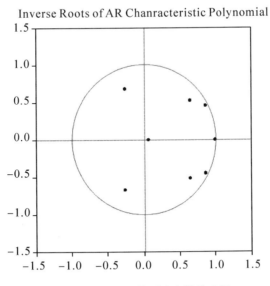

图 4.2 VAR(Ⅱ)模型稳定性检验图

（3）模型分析

NE 作为因变量的方程为：

$$NEt = -1.618\ 2 + [-0.065\ 2 \quad -0.201\ 0 \quad -0.258\ 4 \quad 1.061\ 6] \begin{bmatrix} NE_{t-1} \\ FIR_{t-1} \\ FAE_{t-1} \\ FSS_{t-1} \end{bmatrix}$$

$$+ [-0.360\ 8 \quad 0.233\ 3 \quad 0.706\ 7 \quad -0.244\ 0] \begin{bmatrix} NE_{t-2} \\ FIR_{t-2} \\ FAE_{t-2} \\ FSS_{t-2} \end{bmatrix} + \begin{bmatrix} \mu_{1t} \\ \mu_{2t} \\ \mu_{3t} \\ \mu_{4t} \end{bmatrix}$$

$$(4.20)$$

$\ln Y$ 作为因变量的方程为：

$$\ln Y_t = 0.361\ 1 + [1.792\ 1 \quad 0.482\ 9 \quad 0.066\ 8 \quad -0.134\ 7] \begin{bmatrix} \ln Y_{t-1} \\ FIR_{t-1} \\ FAE_{t-1} \\ FSS_{t-1} \end{bmatrix}$$

$$+ [-0.942\ 1 \quad -0.004\ 5 \quad 0.545\ 4 \quad 0.947\ 8] \begin{bmatrix} \ln Y_{t-2} \\ FIR_{t-2} \\ FAE_{t-2} \\ FSS_{t-2} \end{bmatrix} + \begin{bmatrix} \mu_{1t} \\ \mu_{2t} \\ \mu_{3t} \\ \mu_{4t} \end{bmatrix}$$

$$(4.21)$$

方程（4.20）对应调整的 R^2 为 0.958 7，AIC 值和 SC 值分别为 −15.075 7 和 −13.311 3。方程（4.21）对应调整的 R^2 为 0.998 1，

156

AIC 值和 SC 值分别为 -16.111 5 和 -14.347 1，表明两个 VAR 模型
具有较高的整体解释能力。

　　系数估计值显示，前期的 FIR 每增长 1 个单位，农村居民恩格
尔系数将减少 0.201 0，农民收入将增长 0.482 9%。而滞后 2 期的
FIR 每增长 1 个单位，农村居民恩格尔系数将小幅增加，农民收入将
小幅减少，说明 FIR 的扩大对贫困减缓的促进作用是有限的。前期
的 FAE 对农村居民恩格尔系数的影响为负，对农民收入的影响不明
显。而滞后 2 期的 FAE 每增长 1 个单位，NE 将大幅增加，滞后
2 期的 FAE 也是与 lnY 反向变动，说明金融发展效率总体上不利于
贫困减缓。而无论是直接影响还是间接影响，FSS 对贫困减缓的正
向效应在滞后 2 期才显现，表明即使居民储蓄比例的提升为金融机
构带来了更充裕的资金来源，但由于受制于低水平的金融发展效
率，也不能及时转化为用于农村扶贫开发的信贷投资，从而促进区
域贫困减缓。

4.4.4　基于 VAR 的 Granger 因果检验

　　在时间序列情形下，两个经济变量 X、Y 之间的格兰杰因果关系
定义为：若在包含了变量 X、Y 的过去信息的条件下，对变量 Y 的
预测效果要优于单独由 Y 的过去信息对 Y 进行的预测效果，即变量
X 有助于解释变量 Y 的将来变化，则认为变量 X 是引致变量 Y 的格
兰杰原因。

　　设 $y_t = (y_{1t}\ y_{2t})'$ 为 2 维随机时间序列，p 为滞后阶数，$u_t = (u_{1t}\ u_{2t})'$ 为 2 维随机扰动的时间序列，则有二元 VAR 模型为：

$$y_{1t} = a_{11}^{(1)} y_{1t-1} + a_{12}^{(1)} y_{2t-1} + a_{11}^{(2)} y_{1t-2} + a_{12}^{(2)} y_{2t-2} + \cdots + a_{11}^{(p)} y_{1t-p} + a_{12}^{(p)} y_{2t-p} + u_{1t}$$

$$y_{2t} = a_{21}^{(1)} y_{1t-1} + a_{22}^{(1)} y_{2t-1} + a_{21}^{(2)} y_{1t-2} + a_{22}^{(2)} y_{2t-2} + \cdots + a_{21}^{(p)} y_{1t-p} + a_{12}^{(p)} y_{2t-p} + u_{2t}$$

$$(4.22)$$

检验 y_{2t} 对 y_{1t} 是否存在 $Granger$ 因果性关系，等价地，检验原假设 H_0： $a_{12}^{(1)} = a_{12}^{(2)} = \cdots = a_{12}^{(p)} = 0$；备择假设 H_1： $a_{12}^{(1)}$，$a_{12}^{(2)}$，$\cdots a_{12}^{(p)}$ 中至少有一个不为 0。

$$\chi^2 = \frac{T(SSR_{y_1} - SSR_{y_1,y_2})}{SSR_{y_1,y_2}} \sim \chi^2(p) \qquad (4.23)$$

在给定的显著性水平 α 下，当 $\chi^2 > \chi_\alpha^2(p)$ 时，拒绝 H_0，认为 y_{2t} 对 y_{1t} 存在 Granger 因果性关系。

为探究金融发展规模、金融发展效率、金融储蓄结构是否与农民收入存在因果关系，对上述变量进行 Granger 因果检验。结果表明，金融发展规模、金融发展效率、金融储蓄结构三者的结合均为 NE 和 lnY 的 Granger 原因，可以得出区域金融发展对贫困减缓有一定的促进作用。而 NE 和 lnY 均不是 3 个变量的 Granger 原因，表明贫困减缓与金融发展之间并没有形成良性互动（见表4.6、表4.7）。

表 4.6　　　　基于 VAR（Ⅰ）的 Granger 因果检验结果

原假设	卡方统计量	临界概率	结论
FIR 不是 NE 的 Granger 原因	4.667 1*	0.097 0	拒绝
NE 不是 FIR 的 Granger 原因	0.293 8	0.863 4	接受
FAE 不是 NE 的 Granger 原因	30.659 8***	0.000 0	拒绝
NE 不是 FAE 的 Granger 原因	1.726 8	0.421 7	接受
FSS 不是 NE 的 Granger 原因	4.806 7*	0.090 4	拒绝
NE 不是 FSS 的 Granger 原因	2.898 3	0.234 8	接受

表4.6(续)

原假设	卡方统计量	临界概率	结论
FIR、FAE、FSS 三者的结合 不是 NE 的 Granger 原因	53.675 4 ***	0.000 0	拒绝

注:*** 、* 分别表示在 1%、10%的显著性水平下拒绝原假设。

表 4.7 基于 VAR(Ⅱ)的 Granger 因果检验结果

原假设	卡方统计量	临界概率	结论
FIR 不是 lnY 的 Granger 原因	10.660 9 ***	0.004 8	拒绝
lnY 不是 FIR 的 Granger 原因	2.862 8	0.239 0	接受
FAE 不是 lnY 的 Granger 原因	24.123 3 ***	0.000 0	拒绝
lnY 不是 FAE 的 Granger 原因	0.297 7	0.861 7	接受
FSS 不是 lnY 的 Granger 原因	4.743 4 *	0.093 3	拒绝
lnY 不是 FSS 的 Granger 原因	0.258 3	0.878 9	接受
FIR、FAE、FSS 三者的结合 不是 lnY 的 Granger 原因	32.638 3 ***	0.000 0	拒绝

注:*** 、* 分别表示在 1%、10%的显著性水平下拒绝原假设。

4.4.5 脉冲响应分析

由于通常所设定的 VAR 模型无须对变量作任何先验性的约束,因此,在分析应用中,往往并不利用 VAR 模型去分析某一变量的变化对另一变量的影响如何,而是分析当某一扰动项发生变化,或者说模型受到某种冲击时,对系统的动态影响,这种分析方法称为脉冲响应函数方法(Impulse Response Function,IRF)。

设 $y_t = (y_{1t} \ y_{2t})'$ 为 2 维随机时间序列,滞后阶数 $p = 2$,$u_t = (u_{1t} \ u_{2t})'$ 为 2 维随机扰动的时间序列,则有二元 VAR 模型为:

$$y_{1t} = a_{11}^{(1)} y_{1t-1} + a_{12}^{(1)} y_{2t-1} + a_{11}^{(2)} y_{1t-2} + a_{12}^{(2)} y_{2t-2} + u_{1t}$$

$$y_{2t} = a_{21}^{(1)} y_{1t-1} + a_{22}^{(1)} y_{2t-1} + a_{21}^{(2)} y_{1t-2} + a_{22}^{(2)} y_{2t-2} + u_{2t}, t = 1, 2, \cdots, T \quad (4.24)$$

扰动项满足白噪声假设条件，即

$$E(u_t) = 0, t = 1, 2, \cdots, T;$$

$$Cov(u_t) = E(u_t u'_t) = \Sigma = [\sigma_{ij}], t = 1, 2, \cdots, T;$$

$$Cov(u_t, u_s) = E(u_t u'_s) = 0 (t \neq s), t, s = 1, 2, \cdots, T \quad (4.25)$$

现在假设上述 *VAR* 模型系统从 $t = 0$ 时期开始运行，并设 $y_{1, -1} = y_{1, -2} = y_{2, -1} = y_{2, -2} = 0$，在 $t = 0$ 时给定扰动项 $u_{10} = 1$、$u_{20} = 0$，并且其后 $u_{1t} = u_{2t} = 0$，($t = 1$，2，…)，即在 $t = 0$ 时给定 y_{1t} 一脉冲，$u_{10} = 1$、$u_{20} = 0$，$t = 0$，$y_{1, 0} = 1$，$y_{2, 0} = 0$；$t = 1$ 时，$y_{1, 1} = a_{11}^{(1)}$、$y_{2, 1} = a_{21}^{(1)}$；$t = 2$ 时，$y_{1, 2} = (a_{11}^{(1)})^2 + a_{12}^{(1)} + a_{11}^{(2)} a_{21}^{(1)}$，$y_{2, 2} = a_{21}^{(1)} a_{11}^{(1)} + a_{22}^{(1)} + a_{21}^{(2)} a_{21}^{(1)}$。 如此下去，可求得结果 $y_{1, 0}$，$y_{1, 1}$，$y_{1, 2}$，$y_{1, 3}$，…，称此结果为由 y_1 的脉冲引起的 y_{1t} 的响应函数；所求得的 $y_{2, 0}$，$y_{2, 1}$，$y_{2, 2}$，$y_{2, 3}$，…，称为由 y_1 的脉冲引起的 y_{2t} 的响应函数。 反过来，也可求得在 $t = 0$ 时，给定扰动项 $u_{10} = 0$、$u_{20} = 1$，并且其后 $u_{1t} = u_{2t} = 0$，($t = 1$，2，…)，即在 $t = 0$ 给定 y_{2t} 一脉冲时，由 y_2 的脉冲引起的 y_{1t}、y_{2t} 的响应函数。

基于建立的 VAR 模型，本书滞后期选择为 10 期，分析 NE 与 lnY 对金融发展水平 3 个变量的冲击的反映效果。 在图 4.3 和图 4.4 中，横轴表示冲击的滞后期数，纵轴表示变量的相应程度。 其图显示 FIR 的一个单位正向标准差冲击，使 NE 在初期响应为负，在第三期后响应值逐渐上升至最大，后期收敛于 0。 lnY 在之后的期数响应持续为正，且在初期一直上升。 在第 2~6 期响应值保持在 0.03

ResponsetoCholeskyOneS.D.Innovations±2S.E.

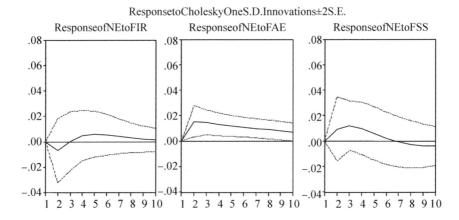

图 4.3 NE 对 FIR、FAE、FSS 的脉冲响应结果

ResponsetoCholeskyOneS.D.Innovations±2S.E.

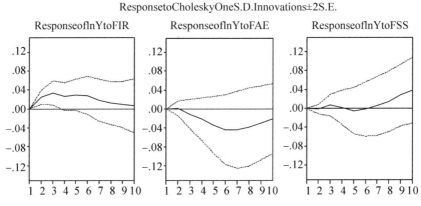

图 4.4 lnY 对 FIR、FAE、FSS 的脉冲响应结果

附近，之后衰减但仍然为正值。 FAE 的一个单位正向标准差冲击，
NE 的响应值始终为正，随着时间的延长效应衰减。 而 lnY 的响应
值在第 2 期后迅速衰减至负值且在第 7 期响应值达到最小，之后有
所回升但仍然为负。 FSS 的一个单位正向标准差冲击，NE 在第 3 期
达到最大正响应值，之后逐渐减小，在第 6 期后响应值开始转为

负。 lnY 在第 7 期前响应值一直在 0 附近波动,之后稳步上升至第 10 期达到 0.022 4。

在当前精准扶贫、精准脱贫的背景下,国家为补齐短板,不断放宽贫困区域金融机构准入条件,使当地金融规模持续扩大。 由于贫困居民获得收入的较大一部分来自传统种植业与养殖业,伴随着农业生产得到一定的金融支持,农民实现了增收,金融发展在短期能有效促进贫困减缓。 而由于资本的趋利性,我国在扶贫过程中金融资源更多地投向农业生产领域,贫困户健康、教育等人力资本水平并没有得到明显改善,这将不利于贫困户的长期发展。 且当地金融体系存贷转化效率低,吸收的居民储蓄在长期才能转化为信贷投资,且金融资源并没有充分用于农村扶贫开发领域而发生外流,呈现出典型的"抽水机效应",导致金融发展不能持续有效地促进贫困减缓。

4.4.6 方差分解

方差分解是要通过分析每一结构冲击对内生变量变化(通常用方差来度量)的贡献度,进一步评价不同结构冲击的重要性的,与脉冲响应函数相比,方差分解给出的是对 VAR 模型中的变量产生影响的每个扰动项的相对重要信息。

$$y_{it} = \sum_{j=1}^{k} \left(c_{ij}^{(0)} u_{jt} + c_{ij}^{(1)} u_{jt-1} + c_{ij}^{(2)} u_{jt-2} + \cdots \right), \quad i = 1, 2, \cdots, k; t = 1, 2,$$
$$\cdots, T \tag{4.26}$$

等式右边括号内为第 j 扰动项 u_j 从过去无限远至现在时点对第 i 内生变量 y_i 影响的总和。 在 $E(u_j) = 0$, u_j 无序列相关的假设下,对其求方差，可得：

$$E\ (c_{ij}^{(0)}u_{jt}+c_{ij}^{(1)}u_{jt-1}+c_{ij}^{(2)}u_{jt-2}+\cdots)^2=\sum_{q=0}^{\infty}\ (c_{ij}^{(q)})^2\sigma_{jj},\quad i,j=1,$$
$$2,\cdots,k \tag{4.27}$$

如果 $Cov\ (u_t)=E\ (u_t u'_t)=\Sigma$ 为对角阵，则 y_{it} 的方差为：

$$Var(y_{it})=\sum_{j=1}^{k}\Big[\sum_{q=0}^{\infty}\ (c_{ij}^{(q)})^2\sigma_{jj}\Big],\quad j=1,2,\cdots,k;\quad t=1,2,\cdots,T$$
$$\tag{4.28}$$

由此可知，y_{it} 的方差可分解成 k 个不相关的 $\sum_{q=0}^{\infty}\ (c_{ij}^{(q)})^2\sigma_{jj}$（$j=$ 1, 2, $\cdots$, k）的影响。 可测定出各个扰动项对 y_{it} 方差的相对方差贡献率为：

$$RVC_{j\to i}(\infty)=\frac{\displaystyle\sum_{q=0}^{\infty}\big[c_{ij}^{(q)}\big]^2\sigma_{jj}}{Var(y_{it})}=\frac{\displaystyle\sum_{q=0}^{\infty}\big[c_{ij}^{(q)}\big]^2\sigma_{jj}}{\displaystyle\sum_{j=1}^{k}\big\{\sum_{q=0}^{\infty}\big[c_{ij}^{(q)}\big]^2\sigma_{jj}\big\}},i,j=1,2,\cdots,k$$
$$\tag{4.29}$$

通过对变量 NE、lnY 进行方差分解，考察 FIR、FAE、FSS 及自身的冲击对 NE、lnY 变化的贡献度。 表 4.8 和表 4.9 显示，农村居民恩格尔系数和农民收入的变动受自身扰动项的冲击影响分别从第 1 期的 100% 逐步递减至最后一期的 29.250 8% 和 23.258 2%。 对于农村居民恩格尔系数，金融发展规模的影响初期逐渐上升至第 7 期达到最大为 19.550 1%，之后逐渐下跌至最后一期的 16.877 3%。 金融发展效率的影响初期迅速上升至 30.225 3%，之后逐渐下跌至最后一期的 12.491 9%。 金融储蓄结构的影响逐渐上升至最后一期的 41.380 1%。 对于农民人均纯收入，金融发展规模的影响初期快速

163

表 4.8 NE 的方差分解结果

Period	S.E.	NE	FIR	FAE	FSS
1	0. 031 452	100. 000 0	0. 000 000	0. 000 000	0. 000 000
2	0. 040 460	62. 029 76	14. 587 02	2. 026 219	21. 357 01
3	0. 051 991	40. 485 73	12. 476 29	30. 225 32	16. 812 67
4	0. 060 592	29. 811 36	17. 134 90	26. 208 70	26. 845 04
5	0. 067 074	39. 012 97	17. 610 05	21. 449 65	21. 927 32
6	0. 072 827	33. 258 08	14. 938 24	19. 150 69	32. 652 99
7	0. 080 547	34. 726 82	19. 550 08	17. 059 82	28. 663 28
8	0. 081 344	34. 258 37	19. 171 56	17. 053 19	29. 516 87
9	0. 091 551	31. 770 30	18. 295 14	13. 550 02	36. 384 54
10	0. 095 458	29. 250 76	16. 877 29	12. 491 90	41. 380 06

表 4.9 lnY 的方差分解结果

Period	S.E.	lnY	FIR	FAE	FSS
1	0. 023 606	100. 000 0	0. 000 000	0. 000 000	0. 000 000
2	0. 044 828	69. 005 49	30. 715 00	0. 115 816	0. 163 691
3	0. 059 990	47. 392 07	48. 164 72	3. 159 214	1. 283 996
4	0. 073 587	44. 176 08	44. 294 72	10. 608 31	0. 920 899
5	0. 091 414	39. 709 21	38. 947 00	20. 442 48	0. 901 309
6	0. 107 545	33. 025 61	35. 103 39	31. 192 87	0. 678 127
7	0. 118 762	28. 801 40	31. 104 11	39. 345 19	0. 749 300
8	0. 126 266	25. 685 30	28. 420 41	43. 878 48	2. 015 802
9	0. 133 341	23. 586 25	25. 955 25	44. 321 33	6. 137 174
10	0. 142 061	23. 258 16	23. 041 86	41. 124 46	12. 575 52

上升至第 3 期达到最大为 48.164 7%，之后逐渐下跌至最后一期的 23.041 9%。 金融发展效率对农民收入提高的作用为递增趋势至第 9 期达到最大值 44.321 3%。 金融储蓄结构在初期对农民收入的影响很小，直至第 8 期才开始逐步上升。 因此在短期，贫困减缓的增加更多受金融发展规模和金融发展效率的影响，在长期，金融储蓄结构对贫困减缓的解释力最大。

4.5　实证结论

通过上文实证分析，得出如下结论：区域金融发展通过直接与间接两种渠道总体上能促进贫困减缓，但效果有限，且存在效率低下、资源外流、效应滞后的问题。 具体分析，有以下三点：

第一，金融发展规模（FIR）在短期内对促进区域贫困减缓的效果很显著，但是效应随着时间的延长而逐渐衰减。 说明金融发展规模（FIR）的扩大使得贫困对象有机会接触并使用金融服务，从而明显提升生产生活水平。 但由于资本的趋利性使得金融资源主要流向种养殖业以及农产品加工业等农业生产领域，金融在减贫过程中未能有效改善贫困户健康、教育等有利于贫困户长期发展的因素，依靠规模扩张带来的正向效果在长期则是有一定的限度的。

第二，金融发展效率（FAE）在短期与长期均不能促进区域贫困减缓。 说明区域金融系统将吸收的存款转化为贷款用于生产投资的效率低下，资本的配置状况较差。 同时当地金融系统的"抽水机效应"使得金融资源并没有充分用于农村减贫领域而发生外流，使得金融发展效率（FAE）未能对贫困减缓产生理想效果。

第三，金融储蓄结构（FSS）在短期内对区域贫困减缓不具有促进作用，而在长期两者呈正相关，说明居民储蓄的扩大为金融系统带来了较为充足的资金来源，但是受金融系统低效率存贷转化的制约，使得居民有限的储蓄存款不能及时转变为用于减贫的金融资源，导致金融储蓄结构（FSS）对区域贫困减缓的促进作用在长期才能逐渐显现。

5 国内外金融减贫经验借鉴

5.1 国内金融减贫的实践与经验

金融资金是贫困农户发展产业、摆脱贫困的主要资金来源。 农村金融是个难题，而贫困地区、贫困人口获得金融支持更是难中之难。 发展产业是贫困人口摆脱贫困的核心，也是从"输血式扶贫"向"造血式扶贫"转变的主要途径。 贫困农户发展产业缺乏资金，而政府资金扶持难以解决发展产业的需求，因此金融资金便成为今后扶贫开发的主要资金来源。

5.5.1 宁夏金融扶贫

(1) 宁夏金融扶贫概况

①农村普惠金融是个全国性难题。 农村金融问题是个难啃的"硬骨头"，金融扶贫是"硬骨头中的硬骨头"。 越是贫困地区越是金融服务的"盲区"，贫困地区长期处于金融的"失血"状态，如宁夏西吉县、海原县，存贷比均不足 50%，长期资金外流。 贫困人口更是长期被挡在银行贷款的"高门槛"外，银行给农户贷款必须

要求提供有效的担保物，或有公职人员提供担保，对于一贫如洗、处于社会弱势地位的贫困户来说，根本难以满足银行的贷款条件。

②银行为贫困户提供金融服务成本高，风险大。 扶贫是政府主导的行为，银行是企业，并没有义务承担扶贫的政府责任。 银行要为千家万户的贫困户提供金融服务，银行成本会大幅提高（一笔数百万元的贷款和一笔几万元的农户贷款成本几乎一样），贫困户贷款数量少、笔数多，按照传统方式，银行没有足够多的信贷员提供服务。 贫困农户没有足够的偿还能力和有效的抵押担保物，银行的风险增大，而防控贷款风险又是银行考虑的首要问题，也是信贷员绩效考核、收入增减的主要因素，因此银行不愿贷、信贷员不敢贷。

③现成的好办法不多。 党的十八届三中全会提出建设普惠制金融，允许农民以土地承包经营权、房屋等抵押担保，但实际操作却难度较大，一旦贫困户发生贷款违约，这些抵押担保物难以偿还银行贷款，抵押担保的方式在实际操作中往往难以做到，目前全国还处在探索阶段。

④大多数贫困户在银行没有良好的信用记录。 农村金融难以突破的另一个原因是银行并未建立起农民信用评价体系，贫困人口的信用体系更是空白。 长期以来，贫困农户很难得到银行贷款，银行没有贷款记录，难以评价贫困户的信用情况。 宁夏还有一个特殊原因就是过去曾执行过一些贷款项目，在执行项目过程中一些贫困户认为是国家无偿给的救济款或扶贫款，从而在银行征信体系中形成了大量的"黑名单"。 据我们调查所知，9 个贫困县"黑名单"贫困户高达 4 万户、近 20 万人，这部分贫困户难以从银行得到贷款。

（2）宁夏金融扶贫实践

①区政府加强顶层设计，县级抓好落实。 顶层设计是前提，金

融扶贫工作成效如何，关键在于省级要有一个好的顶层设计。宁夏坚持区政府抓好顶层设计，制定出台了一个意见两个方案。

②围绕一个目标，实现六个突破。这个目标就是要建设以省为单位的金融扶贫试验区，为全国金融扶贫提供试验示范。宁夏以实施"金扶工程"为抓手，以金融扶贫体制机制创新为动力，以破解贫困地区农村金融扶贫难题为目的，以政府和金融机构合作为平台，以特色优势产业为基础，以信贷资金市场化运作为依托，实行普惠加特惠的金融扶持政策。

③搭建一个平台，签署七个协议。金融扶贫离不开银行的大力支持，银行参与是金融扶贫的支撑。宁夏采取"1+1+N"的方式与金融机构合作，金融机构主动履行社会责任，积极参与扶贫开发，搭建全区"金扶工程"服务平台。

④实施一个工程，创新六个产品。就是要在全区实施"金扶工程"品牌，先期打造六个金融扶贫产品。即"金扶工程·互助资金"产品。由自治区扶贫办负责，在现有互助资金基础上，增资扩面，重点支持加入互助社的农户。

⑤设立一个风险补偿金，制定三项优惠政策。宁夏各市（县、区）根据实际发生贷款规模整合各类资金（含社会、企业、帮扶单位捐赠）设立风险补偿金。

(3) 宁夏金融扶贫经验

①必须调动银行的积极性。当前，党中央、自治区党委政府十分重视扶贫工作，扶贫工作政治氛围前所未有。通过与银行座谈的方式，使得银行参与金融扶贫工作的积极性很高。首先，国家级的银行上级都有明确的要求，地方银行也想支持金融扶贫工作，体现

了银行的政治责任。 其次，对于银行来讲，农村是个大的金融市场，谁抢得先机，谁就会在未来农村金融市场竞争中处于优势。 最后，银行都想发展农村金融，但又不托底，迫切需要得到政府的支持。

②政府要出手，并有效作为。 扶贫部门必须帮助银行解决实际问题，帮助银行降低贷款成本、控制贷款风险并增强银行信心。

③必须另辟蹊径，降低现有贫困户贷款门槛。 贫困农户急需发展产业的资金，但银行现行贷款条件门槛过高，贫困户必须讲信誉，银行才能降低门槛。 必须用信用评级的办法取代现有担保抵押物或公职人员担保的老办法。

④取得的成效。 宁夏金融扶贫小额信贷工作从 2014 年开始探索，当年未取得很大的成效，全年扶贫小额贷款仅仅达到 35 亿元。经过努力，2015 年呈现"井喷"式增长，各市（县、区）和相关金融机构上报的小额信贷统计月报表显示，截至 2015 年年底，本年"金扶工程"累计贷款发放 134.8 亿元，其中：农户贷款 17.9 万户、97.3 亿元（含建档立卡户 4.64 万户、18.55 亿元，分别占 25.9%和 19.1%），企业贷款 467 家、37.5 亿元（含扶贫龙头企业 87 家、9.5 亿元，分别占 18.6%和 25.3%），相当于国家安排宁夏财政扶贫资金总量的 13 倍。 经过不懈努力，目前宁夏贫困人口"贷款难"问题初步得到有效解决，"贷款贵"的问题也正在解决。 对于宁夏这样一个小省区（全区建档立卡贫困户 70 万人）来讲，是一个很大的成绩，得到自治区党委、政府主要领导的充分肯定和高度关注，时任自治区党委书记李建华多次做出重要批示，全区各市（县）形成了比学赶超的新局面。 宁夏扶贫办扶贫小额贷款取得的经验做法得到了国务院扶贫办高度评价和肯定，并于 2016 年 6 月

23—25 日在盐池组织召开部分省区创新发展扶贫小额信贷培训班，向全国扶贫系统推广宁夏经验，全国各省市纷纷前来学习借鉴。

⑤存在的问题。 问题主要体现为四个不平衡：一是金融机构、金融产品创新与推广不平衡。 二是市（县、区）金融扶贫贷款数额不平衡。 三是各项政策落实不平衡。 四是建档立卡贫困户贷款总量还较少（占农户贷款的 20%左右）。

5.1.2　甘肃金融扶贫

（1）甘肃金融扶贫概况

甘肃是我国贫困面积大、贫困程度深的省份，甘肃省总人口占全国总人口的 1.9%，但是贫困人口却占全国贫困人口的 4.7%，现有贫困人口 417 万，主要分布在 58 个贫困县中，贫困面大、贫困程度深，是全国扶贫攻坚的主战场之一，这是甘肃贫困的基本面。 精准扶贫应该是金融扶贫的新引擎，从金融理论上看，金融发展与贫困减缓呈正相关。 然而，资金短缺是制约西部特别是甘肃农村贫困地区经济发展的主要问题。 目前，甘肃扶贫资金主要来源于国家公共财政、社会公益基金和金融机构三个渠道，其中金融机构是目前甘肃扶贫资金的重要渠道。

（2）甘肃金融扶贫实践

通过征集梳理 160 个金融扶贫经典案例，发现甘肃 14 个市（州）在金融扶贫方面具有成熟的经验和做法。

甘肃省以四种模式全方位推进金融减贫①。 一是"信贷+产品

---

① 来源于《甘肃日报》2016 年 6 月 17 日有关报道。

171

创新"模式，促进贫困地区特色产业发展，其中积极创新担保方式是关键。 甘肃银行创立了"政府+帮扶组织+贫困户+银行""政府+富民产业合作社+贫困户+银行"等适合甘肃贫困地区农户的贷款担保模式。 二是"信贷+大众创业"模式，支持返乡农民工和农村留守妇女再就业和自主创业。 甘肃金融机构推广"农户+专业合作社+金融机构"等信贷产品，同时开展农业技术培训和农民工技能培训，注重培育农户的自生能力和生存技能。 对于没有创业需求和意愿的贫困户而言，将那些没有创业意愿和创业能力的贫困户的贷款"转移"到涉农企业、合作社或乡村致富能人手里，借"无形之手"拉动贫困户脱贫。 三是"信贷+互联网金融"模式，提高农村金融服务的覆盖率和融资的可得性。 农业银行甘肃省分行推出集"融通""融资""融智""融商"于一体的"四融"金融服务平台，这在一定程度上改善了农村地区特别是边远贫困地区的金融基础条件，使农民足不出村就可以享受到银行提供的一揽子"三农"金融服务。 打破了传统信贷扶贫的模式，将"信贷+互联网金融"扶贫手段运用于实践中，促进互联网金融与扶贫开发的深度融合，有效地降低了金融精准扶贫的实施成本。 四是"信贷+新型城镇化"模式，将金融精准扶贫工作融入新型城镇化建设中。 该模式以提供基础设施贷款为落脚点，将农户从贫困地区和传统农业区转移安置到自然条件相对优越、交通较为便利的地区，并结合必要的扶持政策、措施和技术技能培训，引导贫困农户从传统种植业向高效农业转变，大力发展具有一定规模的村镇特色产业，最终通过形成产业链来推动连片特困地区农户脱贫增收和新型城镇化快速发展。

(3) 甘肃金融扶贫经验

①加强货币政策工具的运用, 引导加大对贫困地区的信贷资金倾斜。 一方面加大信贷政策支持再贷款的杠杆作用, 另一方面落实降准降息等优惠政策, 包括对农产品农贸贷款的利率优惠政策。 要充分利用财政资金的杠杆作用和引导作用。 在扶贫实践中,"信贷+"模式要想长期坚持下去, 必须要有政府财政的支持。 如利用政府财政资金设立扶贫贴息资金或建立扶贫开发贷款风险补偿专项基金, 这既有助于提升财政扶贫资金运用效率, 放大财政扶贫的投放倍数, 同时也有助于发挥财政资金与信贷资金的联动效应。

②要立足于培育和发展农村特色产业和优势产业。 为实现扶贫攻坚的整体突破, 甘肃金融机构紧紧围绕地方经济发展实际, 通过培育和开发贫困地区的特色产业, 创新金融扶贫信贷产品, 提升金融服务水平。

③扶贫模式要有一定程度的普惠性和特惠性, 模式要全面互补。 如四种模式实施的难易程度不同, 信贷投入的额度、努力程度和扶贫效果都有所不同。"信贷+产品创新"扶贫方式比较容易实施、执行成本也较低, 贫困瞄准性强, 扶贫效果非常明显;"信贷+大众创业"扶贫方式实施成本较高、针对性较强, 并具有较强的普惠性和特惠性;"信贷+互联网金融"扶贫方式执行难度较大, 在短期内的扶贫效果也不明显, 但其长期发展前景广阔;"信贷+新型城镇化"扶贫方式要求的资金量非常大, 但辐射面较广, 具有长期性、综合性的扶贫效果。

5.1.3 湖北省恩施土家族苗族自治州金融扶贫

（1）湖北省恩施土家族苗族自治州金融扶贫概况

恩施土家族苗族自治州既是湖北省唯一的少数民族自治州和纳入国家西部大开发范围的地区，同时也是地处全国 18 个贫困片区之一的武陵山区；不仅是我国中西结合部，还是鄂、湘、渝、黔边界地区，是民族贫困地区的典型代表。 对恩施地区反贫困中金融支持状况的实地调研，不仅有助于实施国家西部大开发战略和扶贫计划，同时对改善其他民族地区农村金融供需环境、完善农村金融服务体系也具有非常重要的借鉴意义。

（2）湖北省恩施土家族苗族自治州金融扶贫实践

①财政金融对反贫困的支持。 全州积极整合财政扶贫资金，引导银行贷款、社会资金参与扶贫开发，充分发挥财政扶贫资金的"乘数效应"，努力建立扶贫资金稳定增长机制。 一是积极开展支农资金和扶贫资金整合，以整村推进等扶贫方式为突破口，或按项目、地域、类别，集中投入办大事、办实事。 二是拓宽信贷扶贫资金投放渠道，积极建立相关管理部门与金融机构的密切配合，简化审批手续，从多种途径对小额信贷进行贴息补偿，确保信贷资金贷得出、收得回。 三是积极引导社会扶持资金参与扶贫，建立多元化、多层次的扶贫机制。 2009 年，全州帮扶部门达 537 家，驻村工作队员 542 人，各帮扶单位直接投入到重点贫困村的帮扶资金达 1 313 万元，引进项目资金 2 092 万元。 同时，还支持鼓励农民与企业联合，开展股份制经营，吸引企业参与扶贫开发，全州 2009 年共落实扶贫企业 119 个，到位资金 14 亿元，兴建各种特色基地 4 656 公顷。

②正规金融机构对反贫困的支持。 农信社仍然是反贫困的主力军，恩施农村地区农信社的网点分布最多。 2009 年 4 月底，恩施州农信社存款余额 11.08 亿元，贷款余额 7.9 亿元，截至 4 月发放贷款 4.26 亿元，净投放 2.6 亿元，其中"三农"类贷款占比 90%以上。恩施州邮政储蓄余额 13.44 亿元，贷款余额 2 233 万元，截至 5 月贷款净投放 610 万元。 同时，其他银行如农业银行支持"三农"，积极推行惠农卡，在新型金融机构方面，其反贫作用有限。

③非正规金融机构对反贫困的支持。 通过对恩施地区农户的调查表明，在有现实的借贷需求农户中，没有获得过正规金融机构贷款的占 51.5%；在获得了正规机构贷款的农户中，45.67%农户认为正规金融机构贷款并不能完全满足其资金需求，63.2%的农民认为资金是制约脱贫的至关重要的因素。 非正规金融可以在一定程度上弥补正规金融所造成的资金缺口。

(3) 湖北省恩施土家族苗族自治州金融扶贫经验

非正规金融成为农村居民融资的重要渠道，填补了农村金融的空白之处，政府和监管机构对非正规金融不宜采用一味抑制的策略，堵不如疏，应当重视非正规金融在农村地区的地位与积极作用，加快推进非正规金融的合法化进程，制定非正规金融的监管红线，积极引导合规的非正规金融加入精准扶贫体系中，实现"造血式"扶贫。 社会网络为农村非正规金融提供了信息传递的功能，降低了双方的信息不对称。 正规金融机构也可以借鉴这一模式，在对农户贷款申请审核时，除考虑农户的抵押担保等财务信息外，还可以参考其道德品质、邻里评价、诚信程度等基于社会网络获取的非财务信息，综合评价农户的信用状况。 这样既可以充分挖掘出潜在的贷款客户，也可以为抵押担保品不足的贫困农户提供贷款资金支持，发挥好金融在精准扶贫攻坚战中的作用。

5.1.4　青海金融扶贫

（1）青海金融扶贫概况

青海是全国最典型的连片特困地区之一，自然条件严酷，各种灾害频繁，生态环境脆弱，农牧业发展基础薄弱，生产力发展滞后。青海省是我国除西藏自治区以外最大的藏族聚居区，全省有6个藏族自治州（海西州为蒙古族藏族自治州），藏区面积69.7万平方千米，占全省总面积的96.5%，藏区人口210万，占全省人口的37.5%。青海省藏区平均海拔3 300多米，高寒缺氧，生态环境脆弱，基础设施薄弱，经济发展较为落后，是全国较为特殊的贫困地区。当前，在扶贫攻坚战全面打响的形势下，探索金融支持青海省藏区精准扶贫的有效路径，对金融助推藏区脱贫致富具有重要意义。

（2）青海金融扶贫实践①

①建立金融档案，扶贫靶向精准。在全省藏区开展建档立卡贫困户金融服务档案建立工作，对有生产能力、有金融服务需求的建档立卡贫困户，以及能带动贫困户脱贫致富的新型牧区经营主体、特色优势企业、能人大户等建立精准扶贫金融服务档案。档案涵盖了贫困户生产、生活、资产、发展情况、贷款需求额度、用途期限等信息，有利于摸清贫困户及扶贫企业真实信贷需求状况，做到金

---

① 马青军. 金融扶贫的青海经验[J]. 中国扶贫,2015(18).

融扶贫靶向的精准无误。

如玉树州藏族自治州曲麻莱县约改镇是国定贫困乡镇，这里的农牧民曾经长期承袭着挖虫草、放牧等"靠天吃饭"的生活方式，因有效担保资产不足，能够获得银行贷款的农牧民屈指可数。青海省精准扶贫行动方案要求对建档立卡贫困户实施特殊的信用评定办法，采取"信用创评+信贷扶持"的模式，破解了农牧民无担保、无抵押的问题。截至 2015 年 6 月末，曲麻莱农商行对农牧户各项贷款余额为 4 485 万元，其中，小额信用贷款余额为 1 273 万元，是2011 年小额信用贷款余额的 15 倍。2015 年上半年，当地农牧民人均纯收入为 1 506 元，是 2011 年的 2.9 倍，683 户牧民走上了致富的道路。

②制定贫困户信用评级办法，为贫困户提供免抵押信用贷款。为有效配合金融支持精准扶贫工作，切实缓解贫困户"贷款难、难贷款、无抵押"和金融机构小额信贷"风险大、成本高"的矛盾，提高贫困户贷款的可获得性，针对贫困户的具体情况，藏区人民银行建立了有别于一般农户的贫困户信用评级标准和评定方法。主办银行按照人民银行制定的标准和办法，会同当地村级组织开展对建档立卡贫困户的信用评级工作，为建档立卡贫困户颁发特殊的信用证，使贫困户能够免抵押担保获得小额贷款支持。

③完善风险防控机制，防止出现系统性风险。为防止扶贫贴息贷款出现系统性风险，主办银行在扶贫领域贷款不良率高于 5% 时，停止发放此类贷款，待不良贷款清收降至 5% 以内后重新发放。对于到期未归还的贷款，经过组织清收，逾期 90 天仍未收回的，经扶贫部门确认，进入贷款风险代偿程序，由扶贫风险防控资金先行代

偿不良贷款本息的 40%，主办行承担 60%。 后期清收的贷款本息按相同比例分配。

（3）青海金融扶贫经验

①精准识别扶贫对象，精准识别哪些群体、哪些人属于是金融支持脱贫的对象，是提高金融扶贫成效的前提。 海东市金融扶贫协调领导小组指导主办银行进村入户，详细了解和掌握辖区建档立卡贫困户的具体情况，精准识别有生产经营能力、有金融服务需求的贫困户和能带动贫困户脱贫致富的新型农业经营主体、特色优势企业和能人大户作为金融扶贫的主要对象，建立金融服务档案，开展贫困户信用评定工作。

②逐步建立贫困户退出机制和动态监测机制，及时准确地掌握贫困户脱贫、非贫困户返贫名录。 金融机构要加强与扶贫部门的沟通衔接，根据最新的建档立卡贫困户名单，探索建立贫困户、脱贫户贷款额度动态核定机制和浮动利率机制，形成贫困户享受相关政策有保障、脱贫户逐步退出不返贫的金融扶持模式。

5.2 国外金融减贫实践与经验

5.2.1 美国金融扶贫

（1）美国金融支农概况

美国高度发达的现代农业离不开完备的农村金融系统，自 20 世纪初以来，美国政府就不断适应农业发展和升级的内在要求，运用积极的政策机制引导金融组织支持现代农业和农场主，并通过专项立法、财政投入、推动金融机构参与及完善风险保障机制等方式强化金融支农，有效促进了美国农村金融体系的发展和完善。

（2）美国金融支农体系

20 世纪初，为解决农场经营困难和农业发展的资金支持问题，美国政府开始制定了一系列农贷法律（于 1916 年出台《联邦农业贷款法》，设立了合作性质的联邦土地银行；于 1923 年颁布《农业信贷法》，成立了农业生产信贷协会，在不同区域成立了 12 个合作社银行），借助联邦政府的帮助和支持，美国以合作金融为基础，建立了具有政策性的农村信贷体系，即联邦土地银行、联邦农业信贷银行、合作社银行，这三类银行与生产信贷协会共同形成了美国农业信贷体系。这三类银行起初都是由政府出资、采用自上而下的方式组建，但随着政府资金的逐步退出，目前三大信贷系统已经成为由农场主所拥有的真正意义上的合作金融组织。

（3）美国支农信贷体系特点

①建立专门机构对农贷资金进行管理和监督

根据美国有关农业信贷的法律规定，全美以不同农作物的生产为基础划分为 12 个农业信贷区，每个农业信贷区都设有一个联邦土地银行、联邦农业信贷银行和合作社银行，并由联邦政府独立机构农业信贷管理局领导、管理和监督。在农业信贷管理局的管理下，每个农贷专业银行都是独立经营的实体。使得农贷专业银行的经营拥有独立性，从而就能够有效地保持农业资金运行的相对独立性。同时，联邦法律做出规定对部分银行的农业贷款利率提供利益补贴，并修订了相应的农贷利率有关标准，这些都是为了防止商业银行出于自身营利目的有可能将农贷资金转移到其他领域，在一定程度上减少了农贷资金转移的现象。

②严格规范农业信贷机构的业务领域和支持重点

美国农业信贷体系根据农业生产和农村发展的需求特点,不同的机构有明确的职能分工和支持重点,其中:联邦土地银行及地方上的联邦土地协会,主要提供长期不动产抵押贷款;12 家联邦农业信贷银行主要负责向 400 多家地方生产信贷协会提供信贷资金,以生产和销售的中、短期贷款为主;各农业区生产信贷公司组成的信贷协会向农场主提供生产贷款,并由联邦农业信贷银行提供补贴;合作社银行负责向农业合作社提供设备和生产贷款。 各机构明确分工、独立运行,构建起专业性、系统化的农村金融系统。

③美国政府对农业信贷体系扶持方式多元

为了促进农业信贷体系的发展,美国政府采取了直接资金支持、土地抵押立法保护、全方位农业信贷担保和政策支持等多种手段进行扶持:

一是直接资金支持。 美国农村金融系统最初都是由政府主要出资设立,如美国联邦土地银行最初的股金就是政府的拨款,占总股金的80%;农业合作社银行则是由政府创办,最初由政府全部出资,而后进一步将股权公开出售,逐步实现由合作社或农场主所有;而且政府所属农业信贷服务机构的绝大多数资金来源于财政部的拨款或借款。 同时,美国州政府还通过存款连接项目,将财政存款以低于市场利率水平存入特定银行,并要求这些银行为难以获得金融服务的农业领域提供低成本信贷支持,但信贷风险由各银行独立判断和承担,以有效解决农村金融发展的资金来源问题。

二是土地抵押立法保护。 美国政府很早就意识到土地是农场主最为重要、最为核心的资产，其金融化的能力决定了农场主的信贷获得能力。为解决农业领域信贷支持的难题，美国国会于 1916 年通过《联邦农业贷款法》，以立法形式明确了农村土地资产抵押地位和担保性质，同时设立了联邦土地银行，专门针对农场主发放长期低息农地抵押贷款，全面拓宽了农场主融资能力。

三是全方位农业信贷担保。美国政府提供的农业贷款担保范畴几乎覆盖了金融机构贷款额的 90%，极大地促进了商业金融机构金融支农。为支持农村信贷发展，美国政府通过农业部专门设立的职能机构为相关领域的农村信贷提供担保，根据最新的农业法案，美国农业部所属农场服务局，为农场主商业银行贷款提供政府担保，担保率在 1% 左右，最高可提供高达 95% 的贷款本息损失保障；农村公用事业局为农村水电等长期性基础设施建设提供担保，担保支出占其预算开支的 70%；农产品信贷公司可以为农场主基建、生产贷款以及粮食贸易商收储、出口贸易信贷等提供担保，几乎覆盖了农业信贷的大部分领域。此外，商务部所属小企业局，以财政补贴的方式为小农场商业银行贷款提供担保，担保贷款期限最高可达 25 年，担保比例为 50%~85%，目前其担保贷款余额超过 1 000 亿美元。

四是对农村金融机构政策支持。美国联邦储备银行规定，凡农业贷款占贷款总额 25% 以上的商业银行，可以在税收方面享受优惠；对合作社银行免征各种税赋，建立合作社银行存款保险，合作社银行不缴存款准备金，合作社银行可以参照市场利率自主决定存贷款利率。同时，州政府的农村金融局、农业部的农场服务局、商务部的小企业局等政府机构为农场主提供低利率的、适合农业生产周期的周转性优惠借款，扩大了金融机构的资金来源，提高了信贷流动性。 此外，美国政府通过在法律支持、补贴支持、再保险支持和税收支持等方面建立了强大的农业保险体系，降低了农业经营和农业信贷风险。

5.2.2 德国金融扶贫

（1）德国合作金融概况

德国是合作金融的发源地，也是欧洲最大的合作金融体系。100多年来，信用合作组织先后传播到世界各地，成为一个具有世界规模的运动，德国的合作金融组织已经形成遍布城乡的合作金融组织网络和健全的合作金融管理体制。

（2）德国合作金融体系

德国合作金融呈"金字塔"形结构。 该塔共分为三个层次且各层次合作金融机构均为独立法人。 一是德国中央合作银行位于塔的顶端部分，仅起到指导性作用，不具备行业管理的职能，主要任务是推动合作体系发展，提供银行产品、资金的结算和支付等金融服务，调剂资金融通。 二是区域性合作银行位于塔的中层部分，起到上下衔接的作用，充当了塔的顶端部分中央合作银行和塔的底端部分地方性合作银行之间的中介，为地方性合作银行提供金融服务，保存存款准备金和提供闲置资金融通。 三是地方合作银行与分支机构及营业网点位于塔的底层，这部分是农民依照自愿的原则，民间自发组织成立的机构，覆盖面广可以为社员提供便捷的金融服务，及时满足资金需求，拓宽了农业经济发展的资金融通渠道。 综上可以看出，在德国合作金融体系中，各合作机构不存在隶属关系，具有由下而上参与入股，由上而下提供服务，由下而上缴存资金，由上而下融通资金，基层金融合作机构数目众多，高层金融合作机构少的特点。

（3）德国合作金融支农特点

①坚持合作金融的核心原则。合作金融的核心原则是由入股社员所拥有、由入股社员民主管理、主要为入股社员服务等，信用社不论其规模有多大、业务范围有多宽、联合层次有多少，只要体现了这一核心原则，仍然是合作金融组织。

②建立自上而下、自成体系的合作金融组织体系。德国合作金融组织采取多级法人制度，各级之间都具有独立的法人资格和自主经营权，每级组织均由各自成员入股，实行自上而下的控股制度，形成一个独立的组织体系。

③合作金融的生命力在于其组织体系内的相互合作关系。在保证各级合作金融组织自主经营的前提下，其组织体系内部在资金融通、资金清算、信息交流、人才培训等方面开展相互合作，能够有效地促进合作金融组织的发展。

④合作金融组织在合作本质的前提下，不断完善服务功能和手段，实行业务上的商业化经营。德国的合作银行是一种综合性的商业银行，在金融业务上与其他商业银行没有多少区别，在政策上对合作银行已经没有什么优惠。因此在德国银行业竞争日益激烈的情况下，合作银行充分发挥合作制优势，根据客户的需要不断拓宽业务领域，完善服务职能，努力办成综合性的商业银行。

⑤实行双法并行规制为合作银行提供立法依据。在德国合作金融体系稳健发展的背后，有《商法》与《合作银行法》并行的法律

依据作为强有力的支撑，能够全面综合性地规范金融市场，及时解决问题。《合作银行法》是专门的合作金融立法，在《合作社法》的法律基础上，站在金融业的法律视角，对合作银行提出的要求。 随着现代商业银行的差异化发展，德国实行的双法并行规制，能够为合作银行成为有别于商业银行的合作性金融组织提供必要的依据。

5.2.3　日本金融减贫

（1）日本金融减贫概况

日本的金融支农体系一方面类似于以美国为代表的西方发达国家，另一方面由于其与中国同属于亚洲，在一定程度上又具备区域性特点，日本的农村金融体系由合作金融和政府财政支持的政策性金融及一般商业金融组成。 合作金融处于日本农村金融体系的主导地位，它较好地满足了农村中的资金需求，为日本农村、农业经济的发展做出了突出贡献。 日本金融减贫体系及做法对我国金融支农体系的发展也具有一定的借鉴意义。

（2）日本金融支农体系

日本合作性金融的基础是日本农协，日本农协模式在日本取得了很大的成功，在世界金融支农舞台上作为公认的成功典范，日本农协模式经验对推进我国农村合作金融改革发展、发挥支持"三农"主力军作用具有较高的借鉴价值。 日本农协的全称为农业协同组合，是具有法人地位，不以营利为目的，从事产、供、销一体化及其配套措施服务的一种农民自主的民间联合组织。 它是依据日本政府于1947年颁布的《农业协同组合法》建立和逐步发展起来的，20世纪50年代农协体制得以确立，60年代农协进入了大发展时期，成为规模和影响最大的农民联合组织。 它是一个三级体系：

①基层农协的信用组织———市町村一级。 它主要是配合日本基层农协的主要任务，直接与农户发生信贷关系，不以营利为目的，为农户办理存款、贷款和结算性贷款。 农协成员在申请贷款时可以优先办理，农协信用组织办理的结算性业务主要有汇兑、支票转账、托收承付等。

②信用农业协同组合联合会———都、道、府、县一级。 信用农业协同组合联合会（简称"信农联"）是中间系统，在基层农协和农林中央金库之间起承上启下的作用，以它的会员即基层农协为服务对象，吸收基层农协的剩余资金，并在基层农协需要时为其提供融资服务。 信农联的资金首先应该用于支持辖区内部基层农协的资金需求，其次才能用于支持农、林、渔业有关企业的资金需要，也可以支持某些额度较大、周期较长而当地农协无力支持的农户。

③农林中央金库———中央一级。 农林中央金库为最高机构，是各级农协内部以及农协组织与其他金融机构融通资金的渠道，在合作金融中起着中枢作用。 它在全国范围内对系统内资金进行融通、协调和清算，它还指导信农联的工作，以使信农联更好地为基层农协等提供服务。 它的资金主要用于信农联，同时还从事资金划拨、部分证券投资等业务。 可以说，农林中央金库起到系统总行的作用。 在这个系统中，三级机构间既不存在行政隶属关系，也非相互市场竞争关系，它们各自具有不同的业务范围，相互之间自主经营，自负盈亏，独立核算；但十分明确的是，上级组织对下级组织负有管理和服务的责任，为下一级组织提供信息以及在资金发生困难时提供支持。

日本现行的农村保险制度始于 1948 年，它的长期运行大大提高了农民、农业抵御各种风险的能力，采用"三级"制村民共济制度：

①村一级农业共济组合。 农业共济组合设立在各个村镇，以当地农民为会员；"共济组合"的参加并不是完全自愿的，常常因农民经营规模和品种重要性而带有"强制性"。 如农作物的种植面积超过法定最低限度，就强制其参加保险，对关系国计民生和对农民收入影响较大的农作物种植和饲养业也实行强制险。 一旦受损，投保农户可获得全部损失 85% 左右的赔偿。 同时每个农业共济组合要向其成员提供防灾防损的工具和器械。

②府（县）一级农业共济组合联合会。 农业共济组合联合会的成员主要是该府（县）内所有农业共济组合，每个农业共济组合都向其分保，联合会也向农业共济组合提供防灾防损方面的指导。

③国家级的农业共济再保险特别会计处。 农业共济组合再保险特别会计处主要经营农业保险的再保险，这里的再保险实际上是超额赔款再保险，当联合会所承保的保险标的的损失超过一定的水平，再保险特别会计处对其超过部分给予补偿。

除了这 3 个层次外，还建立了农业共济基金会作为联合会贷款机构，由中央政府和联合会以 50% 的比例共同投资组成，在农作物损失严重的年份，当补偿基金不足以支付赔款时，就由农业共济基金会向联合会提供贷款。

农林渔业金融公库（简称农林公库）是日本政府支持农业发展的政策性金融机构，主要活动于合作金融和商业金融机构不能或者不愿提供资金支持的领域，该机构由日本政府根据《农林渔金融公库法》于 1945 年出资设立，不以营利为目的。 其资金来源主要是政府财政性投融资，日本资金运用部托管的邮政储蓄资金是农业政策性金融机构最重要的资金来源，约占70%。农林公库主要业务是对土壤改良、造林和渔港等农林渔业基础建设提供贷款，还承担着农业现代化投资、农业改良资金的融资，对国内大型农产品批发市场及交易市场提供生产设施贷款和灾害资金等政策性贷款任务，并对农户购买化肥、农药和饲料等农业用品以及日常生活开支投放短期的专项资金贷款，对农业发展起着主干的支撑作用。其贷款特征是长期、低息，平均贷款期限为20年，贷款利率虽然会因贷款种类和工程性质有不同的规定，但总体而言，其贷款条件较为优惠。

(3) 日本农村金融支农特点

①农村金融组织的运行有完善的法律保障。法律为日本农村金融机构提供的法律基础和有力保障，使其在市场经济条件下得以健康地运行。日本很早便形成了较为完善的农业金融的法律体系，日本政府于1929年颁布了农业保险法，在此基础上又在1945年和1947年分别制定了政策性金融和合作金融的相关法律法规。这些法律明确地规定了农村金融机构的经营范围、权限，并且在农村经济的发展和农村金融的需要中不断得到丰富和完善，为农村资金的安全及有效利用保驾护航，保证了农村金融体系的安全运行，做到了有法可依、有章可循。

②各金融机构协调发展。合作性金融、政策性金融和农业保险有明确的市场分工，三者密切配合。合作金融主要支持农民的一般资金需求，以较低成本来促进农业的发展，改变了农业的弱势地位。而对于需求量大、周转时间长、风险较高或收益相对较低的资金，则由政府的农村政策性金融机构来提供，弥补了合作金融和商

业金融的不足。 日本政府对农村金融风险也有一套严格的防范措施，对生产数量超过规定限额的农民及主要农产品实行强制险，保证了农村金融体系的稳健运行。 合作性金融、政策性金融和农业保险优势互补，各有侧重，把农民、政府和社会有机地结合起来，保证了农村金融体系的协调发展，起到了资金支农的综合作用。

③合作金融在农村金融体系中发挥作用。 日本拥有真正意义上的合作金融。 作为农户自己的金融组织———农协，做到了真正服务于农并取得了很大的成功。 农协不仅优先满足会员关于资金利用方面的需求，而且其自上而下的分支机构构成的一整套组织系统以及广泛的群众基础也使得其有足够的能力保障会员的利益。 在日本，农协覆盖了全国所有的农村和农业的各个生产部门，涉及农户的生产经营和生活的指导工作、农业生产资料的购买工作、农产品销售任务、给予农户资金支持的信贷事业、确保农业经营和农民生活稳定的保险事业，以及发展卫生保健、文化教育事业等方方面面。 几乎每个村庄99%以上的农户都加入了农协。 除了农户户主为农协成员外，连妇女和子女也分别加入农协妇女部、青年部组织，使农协成为群众基础最广泛的农村合作组织。 在农贷资金的来源构成上，农协系统所占比例自1980年以来一直占70%以上，近年来接近90%，极大地满足了会员的资金需求，在农村信贷市场中居于主要地位。 可见，日本农协是属于以社区综合性合作社为主的组织模式，作为代表着农民利益的组织所开展的多功能、多样化服务，取得了显著成效。 同时，农协也是政府职能的代理人，日本政府利用农协来推行和贯彻农业政策，进行有效的农业规划和管理，从而大大减少了政府的社会管理成本。

总之日本的合作金融使得农民在激烈的竞争中能够得到支持，并促进农村经济的发展和城乡一体化建设。

④政府在农村金融中发挥了主导作用。日本政府"有形的手"的支持和保护为日本农村金融体系的良好运作保驾护航。日本政府高度重视农业的发展，在世界各国的政府中，日本政府对农业的保护性干预强度最大，在创立之初，合作性金融机构、政策性金融机构以及农业保险机构都由政府拨付款项，在运行中也得到政府的资助。其中对农协的保护和支持是尤为突出的，从资金支持、税收优惠、利息补贴和财政支持等多方面进行，比如在农林中央金库成立初期，政府投入了大量资金，基层农协的存款利率可以高于普通银行利率，以帮助它提高储蓄率；对合作金融或商业金融不能或不愿涉足的农业基础建设等领域给予政策性金融支持；对农协经营性和会员生产性共同利用的设施，政府给予50%的补贴；在税收上农协一般比民间企业税赋低14%左右；给农业保险提供各种补贴和优惠，允许农协开展人寿保险和财产保险，而其他保险公司是不允许同时进行上述两种保险业务的，保险成为农协盈利的主要来源。而风险较大的农作物生产险和畜、禽险，则是由政府专门的保险公司承担，农协不必承担，等等。总之，日本政府通过资金及政策扶植，为农村金融的成长创造了宽松的环境。

⑤严格按照合作金融原则运行。首先，从资金来源看，农协主要是吸收农村农户存款，将农户资金集中起来，以联合资金破解单户农民势单力薄难以解决的问题。其次，在管理和分配制度上实行民主管理制，一人一票，会员大会是农协系统的最高权力机构；在分配方面，农协年终实现盈利时，拿出7%的利润向所有会员分红。

最后，根据立足基层、方便农户、便于管理的原则设立机构，坚持以互惠互利、调剂资金、满足生产需要为经营目的，以农村社区和社员为服务中心，提供一种直接面向农户、信贷交易成本较低、授信额度灵活的便利融资方式。

5.2.4　印度金融扶贫

（1）印度金融支农概况

印度是亚洲的发展中国家，也是典型的农业大国。目前，印度有人口 13.26 亿（2016 年），而生活在农村地区的农民就占到总人口的 72%，农民在印度的政治经济生活中发挥着十分重要的作用，农业在印度社会经济发展中占有极为重要的地位，通过印度政府不懈的努力以及强大的干预，印度在金融支农方面取得了一定的成绩。无论是领土、资源、地理位置、人口还是发展程度，中国和印度在农业发展上都有很大的相似性，研究印度金融体系的特点和经验教训，对我国支持农村金融的发展有着重要的借鉴与参考意义。

（2）印度金融支农体系

经过数十年的国家扶持与发展，印度基本形成了以农村合作银行、商业银行、地区农业银行和印度农业与农村发展银行等多种金融机构为主体的，相对完备的支农金融组织体系，为金融支持农业发展奠定了坚实的组织基础。

①印度储备银行是印度中央银行。印度储备银行是所有农村金融机构的融资、监管和协调机构，一方面对各类银行及分支机构的设立进行审批和监督，并对符合条件者发放金融机构许可证。另一方面每年的定期、中期和年度报告详细通报各农村金融机构的经营

状况、存在问题和改革建议等，这种审批及检查制度有利于农村金融机构的良性发展。

②印度农业和农村发展银行是印度金融支农体系的最高机构，印度央行授予其三项职能，即信贷职能、开发职能和监管职能。 在信贷方面，该行可以通过其他银行向农业、小工业、乡村工业和手工业等提供贷款，也可以为邦合作银行、地区农村银行、邦土地开发银行和商业银行提供再融资来保持农业的持续稳定发展和农村经济繁荣。 在开发职能方面，《印度银行监管法》给予全国农业和农村开发银行监察地区农村银行和合作银行的权力。 这些银行如要向央行申请开设分支机构，必须在该行获得推荐资格。

③地区农村银行，由于印度农村信用社的资金来源和经营管理方面都比较薄弱，而印度商业银行资金雄厚，管理专业，但却以城市服务为主要对象。 为了结合两者的长处，印度 1976 年通过《地区农村银行法》，建立了地区农村银行。 每个地区农村银行均由一家商业银行主办，核准资本为 1 000 万卢比，由中央政府认缴 50%，邦政府认缴 35%，主办商业银行认缴 15%，还可通过发行债券筹措资金。 地区农村银行是维护社会脆弱阶层利益的典型代表，它不以营利为目的，主要向贫困农民提供"三农"方面的信贷支持，并面向社会吸收存款，也可获得印度农业和农村发展银行再贷款。 目前已发展成为印度贫农获得信贷资金来源的主要渠道。

④农村合作银行，即信贷合作社。 它是向农民提供廉价信贷的来源，分为三个层次：第一层次，初级农业信用社，由每个村庄的农民通过自愿入股的形式组成。 它主要向社员提供短中期贷款，以满足农民在种子、农机设施、投资等方面的需要。 这种贷款期限一

般是一年，利率比较低。它除提供贷款外，还向社员提供如化肥等生产资料供应、剩余农产品销售等服务。第二层次，中心合作银行。是初级农业信贷合作社联合起来组成的，它的经营活动限定于某一特定区域，主要是向初级农业信用社发放贷款，以解决其成员即初级农业信用社资金不足的困难。第三层次，邦合作银行。它主要通过资金运营，把从印度储备银行获得的资金融通以及吸收的一部分个人存款提供给中心合作银行，以满足他们的信贷需求。以上三层机构环环相扣，互相支撑扶持。

⑤土地开发银行，土地开发银行的设立是为了解决农村土地开发所需的长期贷款，如购买拖拉机、水泵等机械，以及平整土地、改造土壤、维护堤坝和修井打井等所需的资金向农民发放中长期贷款，其贷款期限长且利率低，期限可延长到 15~20 年。它分为 2 级：一是基层的初级土地开发银行，直接与农民有货币资金的往来；二是每个邦的中心土地开发银行，主要是向初级土地开发银行提供资金，是连接初级土地开发银行与其他金融机构的纽带。此外土地开发银行还可以发行公司债券筹集资金，也可以向全国农业与农村开发银行进行再融资。

⑥农村金融保险方面，印度 1962 年就成立了"存款保险和信用担保公司"，股本为 5 亿卢比，全部为印度储备银行持有。公司可以为商业银行、地区农村银行和信用合作银行的存款者提供存款保险。为了促进金融机构向农村等优先发展部门贷款，该公司还为农村弱势群体和小型工业的贷款提供信用担保，贷款金融机构所交纳的担保费构成"信用担保基金"，理赔资金由担保基金承担。1972 年印度政府决定由政府直接组织和试办保险，由全国性保险机构负

责其业务，并且保险责任由中央政府与邦政府两级按比例分摊，经营管理费用全由国家负责。 它实行自愿保险与有条件的强制保险相结合的方式，即只对那些种植被保险农作物并申请到这种农作物生产贷款的农户实行依法强制保险，其他的保险如牲畜保险则由农户根据自己的条件选择是否参加。 新的全国农业保险计划从 1999 年 3 月起实施，由印度保险总公司执行，承保面扩大到所有农户，不但中央政府补贴开办农作物保险计划，而且各邦也根据实际情况办理没有政府补贴的农作物保险。 另外，印度最近开始开办经济作物保险，并且印度农业保险公司也制订出多个专项保险计划，主要针对茶叶、橡胶、棉花和甘蔗种植。 为了进一步推动农业保险事业，2003 年 4 月，印度财产保险公司、印度人寿保险公司和全国农业和农村开发银行共同组建了印度农业保险有限公司。 该公司于 2005 年推出了"VarshaBima 计划"，该项目可以向因旱灾减产的投保农民进行赔偿。

（3）印度金融支农制度特点

①适时推出金融支农特殊制度安排，金融服务针对性强。 针对不同发展阶段的农业对金融的需求状况和特征，印度政府适时推出了不同的金融支持农业发展的制度安排。 如牵头银行计划、银行—自助团体联系计划、农民信用卡计划和农民收入保险计划等 4 个特殊的金融制度安排，就是为了有针对性解决农村地区信贷供给协调不够、有相同经济背景人群和妇女等弱势群体信贷供给不足、农业生产资金短缺、农民抗风险能力差等不同问题，从 20 世纪 60 年代到 21 世纪初的 40 多年时间里不断创新，逐渐推出的特殊的金融支农措施，为印度农业发展提供了金融服务便利。

②以法律形式明确金融机构的支农责任。 为了确保金融机构的资金流向农业，真正起到扶持农业发展的作用，印度运用强制手段，构建了金融机构支持农业发展的法规体系，以法律形式明确了金融机构的支农责任。《国家农业和农村开发银行法》在国家农业和农村开发银行成立之前就已经通过。 该法规定国家农业和农村开发银行是一个最高再融资机构，它可以对那些为农业发展提供支持的机构如邦土地开发银行、邦合作银行、地区农业银行、商业银行等银行提供再融资便利，提供并管理为促进和发展农业的相关经济活动的信贷和其他便利。《银行国有化法案》规定商业银行必须把放宽的一定比例用于支持农业发展并且要在农村地区设立一定数量的分支机构。《地区农业银行法》规定其经营目的是"满足农村地区到目前为止受到忽视的那部分人的专门需要"，其营业机构主要建立在农村信贷机构薄弱的地区。 除了《国家农业和农村开发银行法》等与金融相关的主要法律有明文规定相关金融机构有支持农业发展的具体要求外，印度还要求私人银行和外资银行必须增加农村网点，国内银行对"三农"、中小微型企业等领域的信贷规模不得低于贷款净额的40%，外商银行不得低于32%，其中对直接用于农业部分的贷款不得低于贷款净额的18%。

③动员和鼓励多层次的金融主体服务农业发展。 印度政府鼓励金融机构拓展农村业务，支持农业发展。 目前印度支持农业发展的金融主体呈现出了层次多、功能各异的特点。 第一个层次是国有商业银行、合作银行、地区农业银行等机构。 它们是支农的主体，发挥着服务农村的骨干作用。 第二个层次是微型金融机构、私人银行和非政府组织等机构。 它们主要涉足小额信贷等领域，在金融支农

中起到了较好的补充作用。 同时，印度的保险公司在涉及农业生产、销售等方面提供了一条龙的保险服务。 这些保险服务为农业发展提供了保障，大大降低了农村地区的信贷风险，对鼓励和促进金融机构支持农业发展发挥了积极作用。

④再融资渠道广。 为了保证和增加流入农村地区的资金，印度政府制定了一系列强有力的措施发展农村金融，拓宽资金来源。 印度建立了专门的农村信用合作银行和地区农村银行，它们可以从农村筹集资金，也可从印度储备银行和其他金融机构获得再融资。 具有信贷、开发和监管三重职能的全国农业和农村开发银行每年都从储备银行、印度政府和其他机构获得大量的直接融资，它还有权在国内外债券市场募集所需资金。

⑤多样化的金融产品和服务，通过良性循环提高贷款的可持续性。 印度金融机构为支持农业发展，向农户及相关企业提供了多样化的并且适合其需求的金融产品和服务。 农户的借贷一般时间短，次数频繁，额度小，而且一般没有合适的担保品，微额信贷机构就为其提供了以小组为基础的、专门面向穷人的金融服务。 例如吸收存款、发放免抵押品的贷款、保险服务、支付服务等，甚至指导他们投资，帮助他们理财，还鼓励他们储蓄，从而帮助他们增加收入、摆脱贫困。 在支农过程中，商业银行对农户、农企进行农产品生产、销售等环节进行培训，费用很低甚至不收取。 该方法能让农民充分利用有限的金融资源，对农民生产生活水平提高有很大帮助。 同时由于农民的知识水平与经济能力增强，贷款的可收回性能得到较大保证，金融机构自身的支农积极性得以提升。

⑥注重员工素质的提高。 在提供各种金融产品和服务的同时，

印度的金融机构还非常注重提升员工的素质和业务水平，从而更好地为农业发展服务。 印度农村和农业开发银行及其他金融机构都建立了相对完善的培训组织体系。 他们结合农村工作的特点和实际，有针对性地培训员工，甚至还从当地招聘一些更懂得农户需要的员工。 除了培训员工外，他们还培训客户，既培训农业信贷相关的内容，又提供一定的农业技术方面的培训，为客户提供更好的发展机会。

5.2.5 孟加拉国金融扶贫

（1）孟加拉金融支农概况

孟加拉国是人口较多的农业主导型国家，同时也是世界发展中国家中农村小额信贷发展最为成功的国家。 孟加拉国金融支农最大的特点为大力发展农村小额信贷，以格莱珉银行（格莱珉——孟加拉语，意为"乡村的"）为典型代表，格莱珉银行（Grameen Bank，简称 GB）俗称穷人的银行，是"世界上第一家专门借钱给穷人的银行"，其背后的尤努斯模式闻名世界，在孟加拉国脱贫方面取得了很大的成功。"迄今为止，格莱珉银行共向贫困农民发放近 57 亿美元的贷款，扶持农村贫困人口 768 万人开展生产性创收活动，覆盖 83 566 个村，占孟加拉国全部村庄的一半以上，而这一阶段格莱珉银行的累计还款率均在 98% 以上，从而使格莱珉银行成为最有效和效益最好的农村扶贫银行"。 同时也为世界许多欠发达国家所效仿，今天有 250 多个机构在将近 100 个国家里按照格莱珉银行的模式运作着，小额信贷已经帮助了世界上 1 亿个需要帮助的家庭。其创始人——尤努斯，被称为"穷人的银行家"，1983 年他创建了格莱珉银行，并因他在消除贫困上所做出的卓越贡献于 2006 年 10 月 13 日获得了诺贝尔和平奖。 随着中国精准扶贫的不断发展以及创新金融的不断探索，了解并借鉴孟加拉的金融支农模式为我国金融助力脱贫提供了新思路和新可能。

（2）孟加拉格莱珉银行的概况

①以穷人为主要贷款对象的经营理念，服务于农民，消除贫困。 格莱珉银行摒弃传统意义上逐利的银行经营理念，不再只关心如何实现股东利益最大化，而是将银行的大门向穷人开放，通过乡村银行发放几十美元甚至几美元的小额贷款，把银行服务送到穷人的家门前，实现社会福利的最大化。

②妇女是格莱珉银行小额信贷目标对象的主要群体。 乡村银行将 96% 的贷款发放给了贫困妇女。 妇女是社会弱势群体中的弱势者。 同时妇女是最顾家的，贫困妇女具有更加强烈的通过辛勤劳动改善现状的愿望。 母亲是一个家庭中最关爱家庭成员的，为贫困妇女贷款更有助于改善家庭成员和孩子的福利水平。 因此乡村银行把贷款对象重点放在妇女身上，通过对妇女的扶助，帮助了她们的家庭，并最终惠及整个社会。

③无抵押，无担保，成立乡村中心和借款小组并以小组为信用担保的机制。 借款小组和乡村中心是格莱珉银行运行的基础。 在村中每 5 个人自愿组成一个借款小组，以 6 个小组为单位组成一个乡村中心。 格莱珉银行有严密的组织层次：以首都总行为第一层次，其下属各地分行构成它的第二个层次。 每个分行下面有 10~15 个支行，支行是乡村银行的基层组织。 每个支行管理 120~150 个乡村中心，在财务上自负盈亏。 严密的组织和制度保障，使各贷款成

员之间形成相互支持、相互监督的氛围，保证了较高的还款率，组织结构的简化又有效地节约了运营和监督成本。

④提供小额短期贷款，并采用分期还款的方式偿还贷款。 小额贷款期限一般为一年，采用每周偿还的方式，一年内还清贷款。 根据适当的利息每周偿还贷款金额的2%，还款期限为50周，如果这周没能及时还上，在下周及时补上就可以了，不会对信用水平产生影响。 借款人按照规定还清贷款以后，才有资格获取下一笔贷款。银行对借款人进行长期扶持，直至脱贫为止。

⑤贷款资金用于快速见效的生产活动，从而保证了分期付款方案的有效实施。 为了保证及时还款，贷款人把资金用于能够快速创收的生产性活动，特别是非粮食生产的各类小型生产项目，主要是小手工业和副业。

⑥资金来源多元化。 格莱珉银行最初归政府所有，后来格莱珉银行允许贷款客户持有股份，目前乡村银行94%的股权由借款人持有，同时，格莱珉银行不同于一般的小额信贷单一的只贷不存的模式，其允许银行吸收存款，存贷相结合，贷款客户的存款迅速增加，促进了乡村银行的可持续发展。

⑦贷款利率市场化。 格莱珉银行的利率要比一般商业银行的利率高但低于黑市和民间借贷的利率。 采用简单利息，分为四种：创收目的的贷款利率为20%、住房贷款利率为8%、学生贷款利率为5%、艰难成员（乞丐）贷款免息即零利率。

⑧非政府化。 格莱珉银行是由非政府组织发起的，以非营利为目的，只为贫困人群服务，贷款者拥有银行94%的股权，政府拥有6%。 为了降低成本，雇佣的操作人员大多是学生身份的志愿者，

即非商业银行的员工。

(3) 格莱珉银行的特点

①通过一系列的措施严格防控风险。 首先以小组为单位，形成互助共勉的团体。 同一社区内社会地位和经济地位相近的贫困人口形成的贷款小组，其中又以贫困妇女为主。 这种集体小组可以互助共勉，通过规定如果某个成员借款不还，则其他成员有义务帮他（她）还款，同时不还款的成员将被逐出小组且永远不得再申请借款。 这种小组联动的模式颇有"株连"的性质，小组成员形成了利益共同体，一方面内部互相监督，减少监督成本；另一方面有效地控制了风险。 其次以项目为主导，有效规避风险。 通过贷款小组相互选择项目，并监督项目的实施，相互承担还贷责任以有效地减少风险的发生。 贷款小组的成员如果想获得贷款，必须要有好的项目作为支撑；如果没有项目，则申请不到贷款。 获得贷款之后由于小组成员之间的联动作用，又可以有效的互相监督鞭策，使项目得到良好地推行。 最后，将主要群体定位为妇女，提高还款率。 一方面妇女比男人更要"面子"，欠债不还对他们而言舆论压力更大；另一方面，妇女流动性较男人更差，她们外出的机会成本更高。 因此，妇女借款意愿更强，还款可能性也更大，从而有效地规避了风险。

②可持续发展性强。 在考虑获利的同时也兼顾了保护农民的利益，可持续发展性强。 分期还款减少了还款压力带来的影响。"听最少的鹅叫拔到最多的鹅毛"。 考虑到穷人对金钱较敏感，利率弹性较大，采用以星期为单位还款的方式最大化地减少了还款压力对生产生活的影响。 同时利率定位也始终不低到因为无抵押无担保的

高风险而无利可图，同时其非扶贫基金性也规避了寻租行为，不使富人有利可图，有利于政策的可持续推进。 利率始终以市场为准绳，跟随市场波动而变动，在扶贫和盈利之间找到平衡点，实现了从补贴性质的小额信贷到持续性的小额信贷，契合了孟加拉国的国情。 最后在帮助贫困妇女实施项目的过程中也尽可能地提供便利，最大限度地减免项目的各种税费，从而降低贷款的成本，提高盈利能力。

③有效的客户制度。 采用"贷款者+存款者+持股者"的三位一体的客户制度提高客户参与感和积极性。 贷款者同时也是银行的存款者，每周偿还小额贷款的同时还要存入金额更小的存款。 如果一年后债还清了，他们可以申请更大的贷款，同时又有一笔存款可以动用，令农户逐步脱离贫穷线。 贷款者还可以购买格莱珉银行的股份，成为一名股东。 成为股东的门槛非常低，每一股的价格大概是1.5美元，只要他们有这笔钱，就可以成为股东，他们可以投票选举董事会，也有资格成为董事会成员，这使贷款者觉得银行是属于自己的，提高了他们还款及生产的积极性。

④市场机制取代政府机制起决定性作用。 格莱珉银行模式的成功很大程度上归功于其市场化的转型，由最初的政府所有，到后来允许贷款客户持有股份，以非政府组织及相关金融机构为主体，依赖于市场化经营。 目前格莱珉银行的信贷行为已经完全商业化，94%的股权由借款人持有，且贷款客户的存款还在迅速增加，同时充分运用各种风险管理工具提高其运营水平，资金来源也更加多元化。

5.2.6　国外金融支农对我国金融减贫的启示

（1）我国需要自上而下并且切实服务于民的农村合作社系统

事实证明，即使在日本、德国这样的农业发展相对成熟的国家，合作金融依然是农村金融体系不可或缺的重要组成部分，同时我国农村合作经济组织发育严重滞后，无法适应农村市场经济发展的需要，使得农民增收缓慢，城乡关系严重失衡，农民权益得不到保障。因此，我国更应重视农村合作金融的作用，借鉴日本农协模式的优点和成功之处，大力发展农村合作经济，自上而下地建立全国农村合作社系统。一是通过这一组织系统，有效地将成千上万的小农户组织起来，并为其提供产前、产中、产后多种形式的综合服务，切实解决小农户与国际国内大市场的尖锐矛盾，提高我国农业的总体竞争能力，以应对其他国家农产品对我国农产品市场的冲击，并走出国门开拓市场，为农民创造经济效益，增加农民收入，缩小工农差别。二是农民通过这一组织向政府和社会其他阶层进行呼吁，增强农业保护意识，反映和争取农民的合法权益。这一点对农民来说是非常迫切的，以户籍制度为依据，我国目前还有近6亿农民，由于组织化程度低，实际上已经成为最弱势的一个群体，农民利益根本得不到保障。只有通过自上而下的农民合作社系统，才能增强农民的呼声，促使政府实行有利于农业发展和农民利益保护的政策，调动农民生产的积极性，促进农村经济的发展和农民生活水平的提高。三是政府可以依靠这个组织系统实施政策和管理，实现农业宏观调控目标。可见，建立全国农村合作社系统，可以成为我国破解"三农"问题的有效途径。

(2) 坚持依法治国的精神，健全农村合作金融法律法规

我国在农村金融体系建设和改革中，一直存在相关法律法规不健全的问题。 目前我国仍未出台专门的"合作金融法"，2006 年才颁布的《中华人民共和国农民专业合作社法》也没有关于"合作金融"的内容。 面对农村信用社在机构性质、法律地位、机构设立、经营、清算重组、监督管理及财税、货币政策等方面，存在与商业性银行机构日益趋同，职能相互混淆和交叉的情况。 我们应当借鉴日本以法管理农协和以法促进农协的经验，尽快制定出一部有中国特色的《农村合作经济法》，明确合作社的法律地位，确定合作社的运行框架，规范政府与合作社的关系，依法保护合作社及其成员的生产经营活动和各项权益。 通过完善相关法规制度建设，鼓励发展各类合作性金融组织和业务，使其在享有特定优惠政策的同时，切实真正服务于"三农"事业。

(3) 积极引导非正规金融

孟加拉国的经验表明，正规金融与非正规金融的纵向连接是一种"正和博弈"的做法，具有"帕累托"改进效应。 通过这种连接，正规金融可以充分利用非正规金融的信息地缘等优势，降低他们直接面对中小农户的信息不对称程度，提高正规金融交易效率。非正规金融可以获得充裕的资金实现规模效益，同时增加了借款人信贷资金的可获得性，降低融资成本。 印度的实践证明，正规金融机构对农户金融服务的覆盖面往往不足农户总数的3%，大量的农村金融服务需求必须通过农村非正规金融来满足。 非正规金融在中国历史上早就存在，虽然经过清理整顿，但在农村地区却一直存在并延续着、发展着，这说明它们在农村地区有其自身优势以及生存的土壤。 因此，我们要从完善法律制度、政策入手，积极引导各种形

式的非正规金融健康发展，使其合法化、公开化和规范化并纳入农村金融体系中加以监管，以增加农村金融的服务供给。 民间资本或者说民间借贷有着自身存在的必要性，如果对他们进行良好的规范，会对金融减贫提供强大的资金支持以及为金融减贫注入活力。

(4) 加强农村合作金融组织与服务创新

一是为农民专业合作社和资金互助合作社等提供宽松优惠的政策环境，支持相关合作组织的发展壮大。 财政每年安排一定额度的资金建立农业合作发展基金和担保基金，支持符合产业政策的新型农民合作组织的生产发展、技术推广、贷款贴息、教育培训等。 二是探索吸纳农民专业合作社、资金互助合作社等组织入股农村信用社的运行机制，调动农民和各级组织的合作积极性，整合吸收农民合作组织的农业生产经营、农产品销售和发展农业所需资金筹集等业务，拓宽农信社的服务领域，创新适合"三农"特点的金融产品，便利社员享受综合高效的合作制金融服务，降低社员生产成本和交易成本。 三是结合农民专业合作社和资金互助社等组织的特点，创新信贷产品和运作方式，强化支农效果。 灵活运用农民专业合作社和资金互助合作社等信用共同体的信用和担保功能，形成"农信社+合作社（互助社）+农户"模式，以联保小组的形式获得农信社贷款，然后再将贷款贷给成员，有效降低农信社贷款风险。

(5) 因地制宜地制定个性化的金融支农方案

在支持农业发展的过程中，政府应针对农业发展的不同阶段适时推出针对性和个性化强的，能满足农业发展不同时期、不同地域、不同经营模式需求的金融支持计划，有效支持"三农"经济发展。 印度在金融支持"三农"的实践中，先后推出的牵头银行计划、银行—自助团体联合计划、小额信贷项目等支农方案，就对印度农业的发展起到了十分积极的作用。 与印度相比，我国幅员更加辽阔、农村经营形式更加多样，农业发展更具有多样性和差异性，这就要求金融机构大力开展金融创新，不断丰富金融支农的产品和服务，制定出差异化、个性化的金融支农方案，切实发挥金融支持农业发展的功能。

(6) 要坚持农村合作社的民办性质，减少政府的行政干预

我国过去公办合作社的深刻教训之一就是政府的行政干预过多，在重新建立我国农村合作社的过程中，必须始终坚持民办、民营、民管的原则，政府应更多地运用经济手段和各种优惠政策，为农村合作社提供指导、支持和服务，为其发展创造宽松、良好的政策环境和经济环境。 同时，从日本农协发展的经验来看，随着经济社会环境的变化，农村合作社也需要不断调整和改革，只有这样合作社才能生存、发展、壮大。 因而，我国政府也应及时、认真总结农村合作社的发展经验，勇于改革，大胆实践，积极探索适合我国农村经济发展需要的新的合作组织形式。 以推动我国农村合作经济组织的不断创新和发展，加快农业现代化进程。

(7) 拓宽融资渠道，发展多样化的农村小额信贷

格莱珉银行的经验表明，作为微型金融机构，小额贷款机构要实现良性运营和可持续发展，就应允许其吸收公众存款，拓宽融资渠道。 从我国试点的情况看，发起人有限的资本金和各界的捐助无法满足小额贷款机构服务农村经济的资金需求。 因此小额贷款组织无法进一步推广和壮大。 故应制定有关政策，在有效监管的前提下，允许小额贷款组织逐步扩大融资渠道。 监管机构可对小额贷款组织进行考核，根据小额贷款组织的经营纪录，达到标准后允许其扩大经营范围，如从本乡、本县扩大到本地区；待其发展成熟，达到商业银行标准后，可允许其转化为标准的商业银行。

6 金融减贫的政策启示与建议

根据上文的理论分析及实证结论，结合对宜宾市金融发展及减贫成效的分析结果，借鉴国内外金融减贫的实践经验，以引导信贷资金更多流向农村贫困地区，改善农村金融环境，提高贫困人口收入，打赢脱贫攻坚战，到 2020 年全面建成小康社会为目标，本书从加强财政与金融扶贫联动、实施差异性金融扶贫措施、扩大金融服务覆盖面、提升金融扶贫效率、促进金融扶贫可持续、以农业保险助力金融扶贫、加强农村信用环境建设以及完善金融扶贫相关法律法规八个方面提出政策启示与建议。

6.1 加强财政与金融扶贫联动

金融减贫与财政扶贫不同，财政扶贫的主要对象是绝对贫困群体，而金融减贫的对象则是以相对贫困群体为主。因此，金融减贫应有效识别目标群体，针对不同的金融需求主体配合金融供给的形式，从而实现金融减贫的效益最大化。因此，为加强财政与金融扶贫联动，本书提出以下三点建议：

6.1.1　加强金融体制与财政体制的结合

应加强金融体制与财政体制的结合。 扶贫中的财政金融体制，第一步是实现精准扶贫，再用财政金融政策对其对症下药。 目前的财政资金在不断向扶贫倾斜的同时，也应该向中小型农村金融机构倾斜，完善中小型农村金融机构的信用体制和贷款体制，发挥中小型农村金融机构的地域优势和规模优势，完善金融体制的"造血"功能。

6.1.2　创新使用财政与金融政策

应创新使用财政与金融政策。 须改进落后陈腐的财政金融扶贫观念，在市场经济发展中创新使用财政工具和金融工具。 例如，开展财政支农资金股权量化改革，对贫困户"优先配股、双重配股"，有效助推扶贫进程，增加农民财产性收入；创新科技支撑机制，选派科技人才到贫困村开展技术指导；扎实开展农村承包经营权、林权等农村产权抵押担保融资，以财政资金为支撑，积极实施扶贫小额信贷，使有生产能力、有脱贫意愿的贫困户获得生产资本，从而投入脱贫生产等。

6.1.3　积极发挥财政扶贫作用

可以通过积极发挥财政扶贫作用，向上级部门争取更多政策、资金支持，加大财政在医疗保障、公共交通、卫生环境等领域的投入。 同时，农村地区基础金融薄弱，金融机构在贫困地区难以维持

运营，因此，政府应加大财政对风险的补偿力度，适当为金融机构
"买单"，通过财政贴息、税收减免、风险补偿等手段，降低金融机
构的准入门槛与经营成本，引导和撬动更多数量、种类的资本进入
金融扶贫领域，鼓励商业银行向农村地区投资，通过财政与金融扶
贫联动，弥补金融扶贫过程中由于资本的趋利性而带来的自身固有
缺陷，满足贫困地区的基本金融服务需求。 此外，还应充分发挥财
政资金的社会带动效益，积极调动社会资源，带动社会资本参与金
融扶贫。

6.2　实施差异化金融扶贫措施

由于宜宾市各区（县）贫困程度存在差异，在金融扶贫过程
中，应该依托当地特色，实施差异化的金融扶贫措施。 对于乌蒙山
连片特困地区，产业扶贫是金融扶贫的一个重要途径，从本质上来
看，提高扶贫绩效需要解决好产业定位和产业发展两大问题；而对
于片区外的扶贫重点县以及"插花"式贫困县，应精确瞄准扶贫主
体和扶贫对象，实现两者有效对接。 因此，为更好实施差异化金融
扶贫措施，本书提出以下两点建议：

6.2.1　产业扶贫

对屏山县等 5 个乌蒙山连片特困县，金融扶贫的重点在于通过
产业扶贫等形式带动区域整体性脱贫。 在规划上，建议对连片特困
区进行整体项目规划，制定统一扶持政策，这有利于实现地区的公

平与公正；在扶持措施上，可以将产业扶贫与技术扶贫相结合，利用先进的科技实现扶贫可持续发展；在扶持技术上，应大力推广特色种养技术，以激活贫困地区自我发展的潜力，比如积极应用病虫害防治和动物防疫技术，这不仅有利于增强贫困地区安全生产能力，而且有利于提升扶贫对象的农业技术水平、优化农产品种植结构、拓展农产品销售渠道，为扶贫地区引入新的企业及动力，丰富地区产业结构。

模式一：发展地区特色产业

在产业扶持方面，应以产品为核心，结合地区现有资源及产业特色，确定并瞄准目标市场，找准自身的市场定位，发展地区特色产业，重点打造地区特色产业品牌。 在产业发展过程中有两大重点，一是要培养和引进地区特色龙头企业，将金融资源向这些龙头企业倾斜，在金融政策上给予其优惠扶持政策，使其扎根成长，成为地区经济发展的助推器。 相关研究表明，农村企业组织贷款对农民收入的正向影响显著大于农户直接贷款。 龙头企业的发展一方面可以吸纳更多缺乏脱贫资源的贫困户参与企业工作，另一方面还可以鼓励农户以流转土地的形式入股，促进农户增收。 二是要重视产业链建设，拓展特色产业链，使贫困地区农户有机会参与到产业链的更多环节，从产业发展中获得更多收益。 另外，还应积极发展以生态旅游业、农村康养业等为代表的第三产业，丰富地区产业结构，增加连片特困地区农户收入。 在一系列的产业发展过程中，政府应给予商业机构、企业和农户更多的优惠政策以及更为宽松的法规支持，促使金融机构提供更多的信贷服务参与到贫困地区的产业发展过程中，使企业和贫困农户更积极地参加本地区特色产业建设，从而推动连片特困地区产业发展，实现以发展特色产业带动农村贫困地区经济发展的目标。

模式二："互联网+"产业扶贫

借助互联网技术完善产业融资、生产、销售链条，解决地方扶贫企业和产业面临的融资难、销售难等问题，通过微博、微信等新媒体宣传当地特色产品；通过淘宝、京东等第三方销售平台；拓展销售渠道；通过利用云计算、大数据技术为企业和农户提供网上交易数据分析指导，实现农产品按需种植、定制化生产，帮助农户解决市场信息不对称造成的"销售难"问题。同时加强仓储物流等配套设施建设，构建以乡镇农贸市场为基础，以农产品集散点为节点、农资与农产品配送中心为纽带的农产品现代流通体系；支持建设农村电子商务服务中心及站点，鼓励搭建农业电商平台，帮助农产品营销；推进农产品品牌建设，根据市场需求，开展农村电子商务从业人员培训，依托大专院校、电子商务技术服务企业培养本土化电子商务技术开发和应用人才。最终借助互联网电子交易系统和物流系统，实现网购、缴费、电子结算和取送货等服务功能，打通农村电子商务"最后一公里"。在"互联网+"产业扶贫的模式下，更高效地产出优质农产品、开拓出更便捷的销售渠道以及更大的市场需求，能增强扶贫对象对未来的信心，刺激其金融需求，有利于地区农村金融发展，使金融机构更愿意参与农村金融服务，为本地区提供更丰富的金融扶贫支持。

6.2.2　精准识别，因户施策

对宜宾县等 2 个片区外扶贫重点县以及翠屏区等 3 个"插花"

式贫困县，金融扶贫的重点在于完善对扶贫对象的精准识别机制，精准对接较为分散的各建档立卡贫困户，因户施策、因人施策。

精准识别机制包括识别贫困地区、贫困人口及致贫原因。首先，需在贫困人口建档立卡时详细登记贫困家庭情况，包括贫困家庭人口、结构、就业情况、财产状况、收入状况、消费状况、健康状况、贫困家庭子女受教育情况等信息，以便客观了解贫困人口信息及致贫原因。其次，应进一步完善扶贫基础数据软件工程建设，为精准扶贫提供科技支撑，实现计算机初步自动识别贫困人口，并升级贫困人口数据库，实现贫困人口信息的自行录入、定期更新，采用村、乡（镇）、县（市、区）层层审核的建档立卡方式，以缓和扶贫工作中基层人员配备不足及工作任务繁重的矛盾。最后，应及时对贫困人口数据库、扶贫金额等信息进行公示，并健全问责机制和定期抽检机制，以实现对扶贫工作的有效监督，促进脱贫人口退出机制的形成。

在精准识别的基础上，接下来应做到精准对接、因人施策，通过对建档立卡贫困户的信息进行整理，分析其致贫原因及家庭现状，在此基础上针对不同情况的贫困户采取不同的金融扶贫手段，设计与贫困户需求相适应的金融扶贫产品，制定相关扶持政策，形成完善的精准识别、精准帮扶机制，将金融扶贫落实到每一个贫困户，实现到 2020 年打赢脱贫攻坚战、全面建成小康社会的目标。

6.3 扩大金融服务覆盖面

政策金融、商业金融和集体合作金融是金融服务的主渠道，主

要包括中国农业发展银行、国家开发银行、国有商业银行、地方性
银行以及信用合作社等，这些金融机构是综合开发、基础设施建
设、产业发展、"三农"改革等的主导力量。但由于商业银行等机
构具有逐利性，部分已表现出"去农化"现象，减弱了金融发展的
减贫作用。因此，为扩大金融服务覆盖面，本书提出以下三点
建议：

6.3.1　发挥正规金融机构的支农作用

为更好发挥正规金融机构的支农作用，对于现有正规金融机
构，应依据其资产规模确定其向贫困群体提供金融服务的量化指
标，鼓励金融机构扩大服务范围，并在业务模式、金融产品上把贫
困群体作为服务对象之一。可以通过引入财政性、互助性的第三方
担保公司，探索抵押产品形式，如大件耐用消费品、注册商标、农
产品期货、订单质押、"农产品行业协会农户"等方式，缓解正规金
融机构的借贷问题，增加金融服务供给量，提高贫困群体获得金融
服务的可能性。

6.3.2　引入民间资本

同时，政府还应积极引导民间资本参与合作金融机构改制，参
股或控股微型金融机构，鼓励发展民营投资公司、信用担保公司
等。由于我国农村存在着二元金融结构，很大一部分被正规金融机
构排除在外的贫困群体往往是通过非正规金融获得贷款，因此，应
将非正规金融纳入监管范围，促进非正规金融的规范合法化运作，
充分发挥其减贫作用。另外，还可以借鉴日本的成功经验，发展合

作性金融，将一家一户分散的经营联合起来，一方面可以将资本聚集起来，提高农户的融资能力，使其互相帮助解决生产资金难题；另一方面联合起来也有利于提升其市场议价能力，促进其发展内生动力。 适时适度开放农村金融市场，鼓励民间金融、合作金融和商业金融在公平公开的市场环境中健康、有序的发展，有利于丰富农村基本金融服务。

6.3.3 鼓励发展微型金融

此外，由于微型金融在许多国家被证明是直接有效的减贫方式，在我国主要以村镇银行、小额贷款公司、资金互助社等试点方式进行，这些微型农村金融机构作为我国农村金融的"毛细血管"，可以真正深入到农村贫困地区，弥补我国金融高度集中的不合理结构所存在的问题。 因此，发展小额贷款等微型金融对于实现贫困减缓具有重要意义。 但同时运行成本、贷款利率、风险控制等因素也制约着微型金融扶贫的可持续性，因此，应充分借鉴和学习格莱珉银行等微型金融的扶贫成功经验，通过鼓励微型金融机构拓展资金来源、降低运行成本、积极进行产品及机制创新，同时推进市场化利率、提供宽松的政策环境、加强政府的监管机制及风险分担机制等措施保障微型金融的可持续性。

与此同时，应积极鼓励微型金融机构进入农村贫困区域，以提供多样化的金融服务，实现金融机构多样化发展，如建立社区化银行、逐步取消利率限制，鼓励微型金融机构不断创新，提高服务质量，为贫困人口提供金融服务。 同时，发放小额信贷的金融机构应根据实际操作中的成功经验，不断拓展服务功能，因地制宜开发不同形式的贷款方式，开办新的小额信贷品种，在已有服务范围的基础上，为农民外出务工、回乡创业等提供信贷帮助。此外，小额信贷模式的推广应由贫困农户自主参加、自我管理的专门机构来组织实施，采用联保小组相互担保的方式，扩大小额信贷的适用范围、规模和条件，应有步骤地开放金融市场。

6.4 提升金融扶贫效率

目前，我国的金融扶贫政策主要是信贷扶贫，这在我国的反贫困实践中发挥了重要作用。信贷扶贫一方面缓解了贫困群体的资金约束，使其能够通过生产性投资增加产出，提升收入水平；另一方面也有助于贫困群体进行教育等人力资本投资，从而提升其劳动生产率和预期收入水平。然而，信贷扶贫中存在着如信贷投向偏离、部分信贷无法收回等问题，使得金融信贷扶贫效果减弱。

从对宜宾市的实证分析中可以看到，该地区金融系统将吸收的存款转化为贷款用于生产投资的效率低下，存在"抽水机效应"，金融资源外流，没有充分应用于农村减贫领域。因此，金融减缓贫困，应与地方经济发展相协调，"扶"与"控"相结合，从而发挥金融发展的减贫效应。据此，为提升金融扶贫效率，本书提出以下两点建议：

6.4.1 规范信贷行为

要提升金融扶贫效率，首先应规范信贷行为。一方面，目前我国金融信贷减贫的实施方式是"区域水准型"，这种方式减少了识别贫困群体的交易成本，但由于缺乏相应的法律制度，信贷援助往往出现资金投向不准、使用效率低等问题，地方政府容易出现"寻租"行为。 因此，应完善相应法律、规章制度，规范地方政府的信贷获取、信贷投向和信贷用途，以充分发挥信贷减贫作用。

另一方面，应遏制资金外流。 包括：建立资金回流农村机制；出台相关优惠政策；通过法律手段规定支农扶贫资金的数额及投向，充分发挥投资拉动效应。 邮政储蓄银行应该将从农村吸收的资金"反哺"给农村，使农民的资金留在农村，作用于农村发展；商业性金融机构应该明确自身在农村金融服务中的职能及责任，遵循"工业反哺农业"的要求，积极参与农村基础设施建设。 通过建立反哺回流机制，真正将资金有效运用于"三农"。 同时，农村信用社要明确自身定位及职责，履行为"三农"服务的职责，将资金用于农村，促进农村经济发展。

6.4.2 优化信贷结构

在规范信贷行为的基础上，应优化信贷结构。 一方面，在信贷投向上，区域金融机构应在制度允许范围内加强资金管理与运作的自主性，适当提升存贷转化的速度，重点支持当地具备较高经济效益与社会效益的特色产业发展，提升服务业在国民经济中的比例，完善区域经济发展结构，将信贷资金投向符合国家政策的地方支柱产业、重点基础设施、农业生产等。

另一方面，应加大对服务行业、民生工程等的信贷支持，如支持保障性住房建设、生源地助学贷款等项目，根据地区经济发展特点，按照不同层次的资金需求、贷款用途、资信情况等，进一步优化信贷结构，重点支持实体经济增长。 同时，在符合条件的村镇，建立农户或农业团体入股、自我管理、服务社员为特点的合作性金融体系，通过"内生型"的金融服务模式，避免金融资源外流，从而发挥地区优势，找准金融与地方经济发展的结合点，提高贫困群体收入水平，实现金融的减贫作用。

6.5 促进金融扶贫可持续

可持续金融扶贫机制能够在金融扶贫的效率与公平之间实现平衡，将金融扶贫的外在推力转化为经济增长的内生动力，最终形成金融扶贫投入—扶贫地区经济增长—金融资产保值增值—金融资源再投入的良性循环机制。 而可持续金融扶贫应以信贷扶贫资金为主，在保留部分财政资金、社会帮扶资金等直接救济式金融扶贫的同时，应将剩余的财政资金、社会帮扶资金注入信贷业务中，充分发挥信贷资金的可持续性和杠杆性。 因此，为促进金融扶贫可持续，本书从政府、贫困户、金融机构方面分别提出以下三点建议：

6.5.1 加强区域合作

在政府方面，应树立大局意识，从整体上制定贫困地区综合发展规划，加强地区间合作，确定联合发展思路，加强融资、融智、融商等服务，积极支持并参与区域间相关综合规划及产业、行业专项规划的编制和实施工作，制定相应的系统性融资规划，使贫困区域相互借力，共同发展。 同时，促进各贫困地区的市场、人才、物资、信息的自由流动和共享，有利于市场要素的合理配置，发挥区域间金融服务基础设施及其配套设施的联动效应，更大限度地发挥金融资源的扶贫作用。 另外，参与扶贫工作的各级地方政府及相关部门也要加强区域间合作，明确自身在扶贫工作中的角色与责任，既要分工明确，也要协调合作；既要相互学习，也要相互监督，取长补短，共同为实现金融扶贫的目标而努力奋斗。

6.5.2　提升贫困户金融素养及自我发展能力

在贫困户方面，首先，金融机构可对贫困户进行相关金融知识的教育普及，在农村金融体系的建设中，在全社会范围内加强金融文化宣传和信用环境培育，打破扶贫对象对于金融服务的固有认知及畏惧心理，为贫困户树立科学的金融理念，提高其金融素养，使其在意识形态层面形成对金融的认可，进而使其能高效地运用金融产品，增强对金融系统的重视度和信任度，最终实现合理运用金融服务改变现状、摆脱贫困的目标。 其次，由于在政府的扶贫中存在着"资金怪圈"，当政府拨款扶贫时，贫困户生活改善，少拨或不拨时，生活再次陷入困境，其原因在于贫困户存在着思想上的落后性。

因此，在解决贫困的同时，应实现贫困户自我生产力开发，提高贫困户生产积极性。 如可以通过试点有偿使用财政资金进行扶贫，滚动式使用财政资金，为贫困户的就业、就学提供资金支持，改善贫困户的自我发展水平，同时节约财政资金，使扶贫对象由被动式"要我富"转变为主动式"我要富"，这样以教育为核心的人力资本投资在短期可以提升贫困户的劳动生产率，改善当期福利水平。 在长期能促进贫困户对新机会的把握，改善未来福利水平，这符合扶贫的可持续性要求。 同时，贫困户金融素养和脱贫积极性的提高也会有利于增强金融机构对农村金融业务的信心。

6.5.3　关注金融扶贫需求端

在金融机构方面，农村各级金融机构需深入研究区域对金融的实际需求，关注金融的人文主义特征，从金融必须服务于实体经济和缓解农村金融抑制的角度出发，开展与需求端相适应的金融服务，如提供适合农业生产周期的周转性贷款等金融产品，结算、保险、咨询以及金融教育等综合金融服务，形成品种齐全、多样的金融产品，通过金融扶贫服务的供给端与需求端的互动响应，使金融扶贫更加精准、更加高效，充分实现金融发展的减贫作用。 此外，应重视金融服务对周边未设立金融机构地区的辐射作用，充分发挥其对金融空白地区的金融服务的作用，优化区域金融生态环境，构建稳定的区域金融结构，为金融扶贫的可持续创造条件。

6.6　以农业保险助力金融扶贫

随着我国经济的不断发展，新时期农业风险除传统的自然灾害风险外还包括经济、技术、制度等方面的风险，而贫困农户在面对这些风险时往往缺乏抵抗能力和承受能力，甚至可能因此中断生产而陷入更加贫困的境地。 因此，作为引起贫困的重要原因之一，应该对因灾致贫加以充分重视，积极发挥农业保险的风险管理功能。农业保险作为农村金融深化的前提条件，在我国金融扶贫中发挥着重要作用。

目前，我国农业保险发展中存在着农户投保意识不强、逆向选择、保险产品缺乏多样性等问题。一方面，农业保险可以分散农村金融风险，通过改善农户信用环境为农村金融提供良好的外部环境，保障农村金融体系的稳定，促进农村金融市场发展。另一方面，农村金融对农业保险也具有推动作用，农村金融的众多网点和人才优势有利于农业保险挖掘市场，推广业务。因此，在金融扶贫过程中应重视农业保险发展，充分利用两者间的互动发展关系，以农业保险助力金融扶贫。据此，为更好实现农业保险助力金融扶贫，本书提出以下建议：

一方面，应结合金融扶贫的目标，设计与农户需求相适应的保险产品，从而增加农业保险需求，提高保险覆盖率；发展农业保险的多元化组织体系，积极开展农业保险试点工作；推广以乡镇一级为基本组织单位的合作制农业保险，政府给予其适当补贴与扶持，以使其规避道德风险、降低管理成本、促进投保人主动参与防灾减损等措施提高贫困地区农业保险效率；加快构建大灾风险分散机制，包括：农业保险再保险制度、以大灾风险准备金为主的大灾风险准备机制以及资产证券化；明确政府职能，提供政策性保费补贴，建立健全农业保险的相关法律制度。

另一方面，还应加强对贫困农户的保险宣传活动，定期派遣专业人员深入农村开展农业保险普及宣传活动，从根本上提高农户对农业风险的重视程度，纠正其对农业保险的错误认识，改变其保险意识薄弱的现状，提升贫困户投保率。 同时提高其日常风险防范意识，鼓励其在日常生活生产中有意识地规避各类可能发生的风险，将风险发生率尽可能降低。 通过以上手段，力图最大限度地利用农业保险防止农户因灾致贫、脱贫户因灾返贫，实现以农业保险保障金融脱贫的目标。

6.7　加强农村信用环境建设

信用是经济发展的前提，越是经济落后的地区，信用意识就越薄弱。 而在农村金融扶贫中，地区信用环境的优劣决定着该区域农村金融生态环境的好坏。 因此，为加强农村信用环境建设，本书提出以下两点建议：

6.7.1　优化农村信用环境

首先，应增强农村信用意识。 从促进经济方面使农民意识到信用的重要性，提高他们对信用风险的认识和了解，进行观念教育，培养诚信意识，从而改善农村地区的信用环境，进而提升农村融资信贷环境。

其次，应建立健全贫困户信用数据。 对于参与金融扶贫的金融机构而言，要建立和完善农村贫困户信用数据库，整理贫困户信用档案并及时更新，与政府相关部门加强合作，掌握各贫困户生产生活的详细情况，做到数据信息共享，提高数据整理效率。

最后，还应建立农村征信体系。 以数据库信息为基础，以村为单位开展信用评级活动，对农民个体、农村集体和镇集体为单位进行评级，并将评级情况记入数据库档案。 根据评级结果，在农村建立信用家庭标兵，以示范性带动整个农村的信用建设。 同时，在贷款时向"信用户""信用村""信用镇"倾斜，提供利率更低的贷款服务。 在征信过程中要反复审核，信贷后也要持续不间断地实地跟踪考察农户的贷款情况，尽早对农户生产生活情况做出预判，进而降低违约风险。

6.7.2　建立激励约束机制

由于农村信用环境建设尚不完善，贫困户信贷风险较高，导致金融机构自主扶贫的意愿不强，这时就需要建立农村金融扶贫激励约束机制。 这种激励约束机制作为农村信用体系建设的重要支撑，对农村金融扶贫可以产生有效的推动作用。 农村金融扶贫激励约束机制可以通过实实在在的"奖"与"罚"同时对金融机构和贫困农户起作用。 让金融机构和贫困农户更了解政策，享受遵守政策的奖励、承担违反政策的惩罚，使政策看得见、摸得着，以示范带动作用推进农村金融信用体系建设。

从政府角度来看，可以对乡镇地区银行以年度平均贷款余额增长情况为依据通过费用补贴等形式进行奖励。 同时，还可以灵活利用国库存款，以财政资金在农村金融机构的存放为激励，考察各级银行金融机构的涉农信贷投放情况，通过综合评定，决定财政资金的存放比例。 对于在农村经济建设中投入力度大的农村金融机构，可以适当提高政府财政资金的存放比例。

对于商业银行体系自身来说，要进一步建立健全有效的考核机

制以便进行奖惩。 应该把新增涉农贷款量、新增农村地区金融机构
和网点数、涉农金融服务效果及质量等指标纳入商业银行的绩效考
核体系中，并根据绩效考核结果进行奖惩，包括通过财政扶持以及
其他优惠政策进行奖励，通过提高税率、降低优惠幅度等措施进行
惩罚。

在贫困户方面，要将贫困户信贷情况、贷款资金实际利用方向
和资金利用质量、产出的效益、还贷的效率等纳入政府及金融机构
的综合评价体系，以其为评价指标进行奖惩。 奖励包括将其计入信
用客户名单；加大对其信贷帮扶的力度、给予其更高信贷额度和优
惠政策；将其作为带头模范在全村范围进行表扬宣传。 惩罚则包括
将其违规行为计入信用档案；进一步降低甚至不给其信贷支持；在
全村范围内进行通报批评等。 对于信用较差的农户，除了惩罚，还
应进行走访调查，了解其拖欠还款及贫困的原因，通过教育指导，
帮助其走出困境。 通过以上奖惩手段，可以合理规范农村金融扶贫
参与各方的行为，同时保障各方利益，有利于农村金融的和谐
发展。

6.8　完善金融扶贫相关法律法规

金融自由化可以提高市场效率，但同时也会带来金融风险、金
融危机等负面影响，因此，在以金融发展减缓贫困的作用机制中，
一方面，应尽量避免金融风险对贫困群体的伤害，这就要求我们加
强对金融市场的监管。 另一方面，法律法规是金融监管的主要手段

和表现形式，目前我国农村金融方面法律法规尚不健全，相关条文内容不够细化，这对于开展农村金融扶贫工作来说是一个巨大的隐患，一旦在农村金融发展和扶贫过程中出现问题，就很难依法依规行事。同时，由于农村相关法律法规的缺失，贫困地区农民的法律意识普遍相对薄弱，信用环境相对较差，贫困农户的还款意识不强，这就容易导致银行产生不良贷款，而法律法规的不健全又使得进一步的追款追债困难重重，最终将导致金融机构利益受损，逐渐退出农村金融市场，影响农村金融市场发展。这些问题都是由于农村现有相关法律法规不健全，不能保障农村金融参与各方的利益。由此，为完善金融扶贫相关法律法规，本书提出以下两点建议：

6.8.1　加强金融监管

在加强金融监管的过程中，各相关部门要分工明确，职责清晰，权责分明，加强自己监管范围内的业务管理，不越权、不干涉其他部门的监管领域，但可以相互监督。及时将金融扶贫政策、项目资金安排等情况向社会公布，使扶贫信息更透明，便于各方相互监管。

一方面，要重点控制商业银行信贷量的增长以及不良贷款，尤其是用于贫困减缓的贴息贷款，建议加强发放前的指导、使用过程的监控等环节，以使用指导、相关咨询、提供培训等方式加强对金融减贫产品的监督与管理，及时发现问题，及时解决问题，使金融减贫产品安全高效地服务于农村减贫工作。同时，随着银行、证券、保险等混业经营不断发展，应加强对金融创新工作的监管，发挥股票和债券等在贫困减缓中的作用。另一方面，金融监管部门要依法查处非法活动，严厉打击各类非法融资及以融资为名义进行的诈骗活动，保证农村金融生态的健康和稳定。建立金融监管法规的动态跟踪、评价和更新机制，避免金融风险发生可能性的增加，在保持金融发展规模和效率的同时，保障金融企业经营的安全，维护金融体系的稳定。

6.8.2 加强金融法制环境建设

在农村金融发展中，应以现有法律法规为基础，考虑农村金融扶贫过程中的实际情况，为更好地保护农民及各方的利益，进一步完善相关法律法规、行政规定及实施方法，使农村扶贫有法可依。应该以法律的形式明确农村金融机构的合法地位、市场准入标准和监管要求等，克服地方保护、人情关系等障碍，提高对贫困群体的保护力度，并允许更多的金融或非金融机构参与到农村扶贫工作中来。另外，应以法律形式明确和保障金融机构在农村贫困地区的服务范围，加强金融法制环境建设，优化金融生态环境，避免金融对贫困群体的服务歧视，实现金融生态圈的和谐发展。

参考文献

一、英文部分

[1] Yang Song. Poverty Reduction in China: The Contribution of Popularizing Primary Education [J]. China & World Economy, 2012, 20 (1).

[2] John G. Taylor, Li Xiaoyun. CHINA'S CHANGING POVERTY: A MIDDLE INCOME COUNTRY CASE STUDY [J]. Journal of International Development, 2012, 24 (6).

[3] Shi Li. Poverty Reduction and Effects of Pro – poor Policies in Rural China [J]. China & World Economy, 2014, 22 (2).

[4] Jose G. Montalvo, Martin Ravallion. The pattern of growth and poverty reduction in China [J]. Journal of Comparative Economics, 2009, 38 (1).

[5] Aina Tarabini, Judith Jacovkis. The Poverty Reduction Strategy Papers: An analysis of a hegemonic link between education and poverty [J]. International Journal of Educational Development, 2012, 32 (4).

[6] Jikun Huang, Qi Zhang, Scott Rozelle. Economic growth, the nature of growth and poverty reduction in rural China [J]. China Econom-

ic Journal, 2008, 1 (1).

[7] Lu, Lin, Vikse, Huang. Effectiveness of social welfare programmes on poverty reduction and income inequality in China [J]. Journal of Asian Public Policy, 2013, 6 (3).

[8] Xinping Guan. Poverty and anti‐poverty measures in China [J]. China Journal of Social Work, 2014, 7 (3).

[9] Xiaoxia Zhao, Zhaoquan Fan. New Theory on Foundation and Principle in Rural Anti‐poverty [J]. Asian Social Science, 2009, 5 (6).

[10] Jyotsna Jalan, Martin Ravallion. Transient Poverty in Postreform Rural China [J]. Journal of Comparative Economics, 1998, 26 (2).

[11] Chen Wen‐Xian, Li Ning‐Xiu, Ren Xiao‐Hui. Historical succour of poverty and medical assistance in rural China [J]. Zhonghua Yishi Zazhi, 2010, 39 (6).

[12] Osaore Aideyan. Social Theory and Poverty Reduction with Special Attention to Nigeria: Social‐Institutional Explanation of Small‐Scale Financial Institutions [J]. Poverty & Public Policy, 2012, 3 (4).

[13] Paul G Adogamhe. Economic Policy Reform & Poverty Alleviation: A Critique of Nigeria's Strategic Plan for Poverty Reduction [J]. Poverty & Public Policy, 2011, 2 (4).

[14] Shenggen Fan, Bingxin Yu, Somchai Jitsuchon. Does Allocation of Public Spending Matter in Poverty Reduction? Evidence from Thai-

land [J]. Asian Economic Journal, 2008, 22 (4).

[15] Shi Li. Poverty Reduction and Effects of Pro - poor Policies in Rural China [J]. China & World Economy, 2014, 22 (2).

[16] Cathy Ratcliff, Ann Thyle, Savita Duomai, et al. Poverty reduction in India through palliative care: A pilot project [J]. Indian Journal of Palliative Care, 2017, 23 (1).

[17] Kathleen Diga, Fortune Nwaiwu, Paul Plantinga. ICT policy and poverty reduction in Africa [J]. info, 2013, 15 (5).

[18] Mohammed Ziaul Haider, Champa Bati Dutta, Ohidul Islam Siddiqui. Role of Bangladesh Small and Cottage Industries Corporation in Poverty Reduction [J]. South Asia Economic Journal, 2015, 16 (1).

[19] Emmanuel Yeboah-Assiamah, Issah Justice Musah-Surugu, Justice Nyigmah Bawole, et al. The "Third Sector" and Poverty Reduction in Developing Societies [J]. International Journal of Rural Management, 2015, 11 (2).

[20] Xiaoxue Zhou, Jiancheng Chen, Zhihui Li, et al. Impact assessment of climate change on poverty reduction: A global perspective [J]. Physics and Chemistry of the Earth, 2017.

[21] Pornpen Vora Sittha. Governance and Poverty Reduction in Thailand [J]. Modern Economy, 2012, 03 (5).

[22] Frank Ellis. Livelihoods and Rural Poverty Reduction in Tanzania [J]. World Development, 2003, 31 (8).

[23] Hatemi-J, Uddin. On the causal nexus of remittances and poverty reduction in Bangladesh [J]. Applied Economics, 2014, 46(4).

二、中文部分

[1] 桑瑜. 基于组织创新的农村金融发展研究 [D]. 北京: 中共中央党校, 2012.

[2] 李海峰. 中国农村金融发展理论与实践研究 [D]. 长春: 吉林大学, 2012.

[3] 崔艳娟. 我国金融发展对贫困减缓的影响: 理论与实证 [D]. 大连: 东北财经大学, 2012.

[4] 霍焰. 农民收入增长与农村金融发展的互动研究 [D]. 长春: 吉林大学, 2013.

[5] 张洁. 中国农村合作金融理论与实践研究 [D]. 长春: 吉林大学, 2013.

[6] 赵小克. 甘肃省金融发展对经济增长的传导机制研究 [D]. 兰州: 兰州大学, 2013.

[7] 赵鑫. 中国民间金融发展的制度分析与改革设计 [D]. 北京: 中共中央党校, 2013.

[8] 晏海运. 中国普惠金融发展研究 [D]. 北京: 中共中央党校, 2013.

[9] 孙晶. 中国区域金融发展论 [D]. 南京: 南京师范大学, 2013.

[10] 郭刚. 中部区域农村经济发展金融支撑机制及实证研究 [D]. 长沙: 中南大学, 2012.

[11] 文豪. 中国金融发展方式转变研究 [D]. 沈阳: 辽宁大学, 2013.

[12] 余玲铮. 金融发展与收入分配: 理论及中国的经验研究

[D]. 天津：南开大学，2013.

[13] 刘璐. 金融发展与出口结构关系研究 [D]. 长春：吉林大学，2014.

[14] 陈文俊. 农村金融发展对农村经济增长的作用机理研究 [D]. 长沙：中南大学，2011.

[15] 苏静. 中国农村金融发展的减贫效应研究 [D]. 长沙：湖南大学，2015.

[16] 刘芳. 贫困地区农村金融减贫效应、运作机理与路径选择研究 [D]. 西安：陕西师范大学，2016.

[17] 黄秋萍，胡宗义，刘亦文. 中国普惠金融发展水平及其贫困减缓效应 [J]. 金融经济学研究，2017，32（6）：75-84.

[18] 单德朋，郑长德. 经济发展方式贫困减缓效应的微观机制与影响因素述评 [J]. 经济问题探索，2012（11）：161-166.

[19] 崔艳娟，孙刚. 金融发展是贫困减缓的原因吗？——来自中国的证据 [J]. 金融研究，2012（11）：116-127.

[20] 王姣，周颖. 基于贫困减缓视角的普惠金融发展研究 [J]. 农业经济，2017（2）：13-15.

[21] 郝依梅，夏咏，丁志勇，等. 普惠金融发展对农村贫困的减缓效应——基于新疆南疆24县（市）面板数据的实证研究 [J]. 江苏农业科学，2017，45（3）：310-314.

[22] 何雄浪，杨盈盈. 金融发展与贫困减缓的非线性关系研究——基于省级面板数据的门限回归分析 [J]. 西南民族大学学报（人文社科版），2017，38（4）：127-133.

[23] 彭诚. 城市化、劳动密集度与西部地区贫困减缓 [J]. 西

南民族大学学报（人文社科版），2016，37（4）：123-128.

[24] 张兵，翁辰.农村金融发展的减贫效应——空间溢出和门槛特征 [J].农业技术经济，2015（9）：37-47.

[25] 秦芳.农村金融发展与贫困减缓 [D].广州：广东外语外贸大学，2016.

[26] 李荣.甘肃省农村金融发展对农村贫困减缓的影响研究 [D].兰州：兰州商学院，2014.

[27] 王俊文.当代中国农村贫困与反贫困问题研究 [D].武汉：华中师范大学，2007.

[28] 朱霞梅.反贫困的理论与实践研究 [D].上海：复旦大学，2010.

[29] 成卓.中国农村贫困人口发展问题研究 [D].成都：西南财经大学，2009.

[30] 王洪涛.中国西部地区农村反贫困问题研究 [D].北京：中央民族大学，2013.

[31] 何通艳.藏区参与式反贫困研究 [D].成都：西南财经大学，2013.

[32] 何源源.我国农村反贫困问题及对策研究 [D].太原：太原理工大学，2017.

[33] 李凯恩.精准扶贫视域下的云南省反贫困治理绩效研究 [D].北京：中国社会科学院研究生院，2017.

[34] 郑腾林.改革开放以来中国共产党农村反贫困模式探索 [D].兰州：兰州财经大学，2017.

[35] 阮瑶，张瑞敏.马克思反贫困理论的经济伦理特质及其在

当代中国的价值实现［J］.北京师范大学学报（社会科学版），2016
（1）：145-151.

［36］黄承伟，刘欣."十二五"时期我国反贫困理论研究述评
［J］.云南民族大学学报（哲学社会科学版），2016，33（2）：42-
50.

［37］傅鹏，张鹏.农村金融发展减贫的门槛效应与区域差异
——来自中国的经验数据［J］.当代财经，2016（6）：55-64.

［38］张秀艳，潘云.贫困理论与反贫困政策研究进展［J］.经
济问题，2017（3）：1-5.

［39］李文森，王少杰，褚文，等.金融支持精准扶贫工作研究
——减贫机制、现实约束与实证检验［J］.华北金融，2017（2）：
55-60.

［40］左停.贫困的多维性质与社会安全网视角下的反贫困创新
［J］.社会保障评论，2017，1（2）：71-87.

［41］陈昕.反贫困理论与政策研究综述［J］.价值工程，
2010，29（28）：256-257.

［42］闫坤，于树一.中国模式反贫困的理论框架与核心要素
［J］.华中师范大学学报（人文社会科学版），2013，52（6）：1-11.

［43］杨冬民，韦苇.贫困理论中若干问题的比较研究及对西部
反贫困实践的启示［J］.经济问题探索，2005（1）：4-7.

［44］苏静.中国农村金融发展的减贫效应研究［D］.长沙：湖
南大学，2015.

［45］刘芳.贫困地区农村金融减贫效应、运作机理与路径选择
研究［D］.西安：陕西师范大学，2016.

[46] 程华. 我国微型金融对农村减贫的影响研究 [D]. 西安: 西北大学, 2015.

[47] 韩芳. 金融减贫效应的门槛特征分析及实证检验 [J]. 金融发展研究, 2014 (11): 22-26.

[48] 汪晓文, 马晓锦. 农村普惠金融减贫机制分析——以甘肃省为例 [J]. 财会研究, 2014 (12): 66-68、71.

[49] 王昊. 金融减贫机理综述及实证研究 [J]. 甘肃金融, 2015 (1): 30-32.

[50] 苏静, 胡宗义. 农村金融减贫的直接效应与中介效应——基于状态空间模型和中介效应检验的动态分析 [J]. 财经理论与实践, 2015, 36 (4): 33-38.

[51] 谢婷婷, 郭艳芳. 西部少数民族地区非正规金融减贫效应研究——以新疆为例 [J]. 中央民族大学学报 (哲学社会科学版), 2015, 42 (5): 37-44.

[52] 韩芳. 金融发展的减贫效应研究 [D]. 杭州: 浙江工商大学, 2014.

[53] 范志敏. 科技创新引领精准扶贫的实践与发展路径思考——以宜宾市科技扶贫为例 [J]. 技术与市场, 2017, 24 (12): 41-42、44.

[54] 田景鹃. 民族地区整村精准扶贫绩效评价研究 [D]. 贵阳: 贵州民族大学, 2017.

[55] 单德朋, 王英. 金融可得性、经济机会与贫困减缓——基于四川集中连片特困地区扶贫统计监测县级门限面板模型的实证分析 [J]. 财贸研究, 2017, 28 (4): 50-60.

［56］苗军.习近平精准扶贫思想与南疆四地州扶贫研究［D］.哈什：喀什大学，2017.

［57］朱肖怡.国家精准扶贫框架下扶贫存在的问题及对策研究［D］.北京：对外经济贸易大学，2017.

［58］刘雨果，黄静仪，孙秋.精准扶贫背景下区域扶贫成效分析与对策研究——以四川省宜宾市为例［J］.现代商业，2017（11）：161-162.

［59］杨曼路.浅析科技扶贫在全面小康社会建设中的重要作用——以四川科技扶贫调查为例［J］.决策咨询，2017（1）：61-64.

［60］陈文文.我国农村精准扶贫困境研究［D］.合肥：安徽大学，2017.

［61］钟君.西南地区贫困测度与益贫式增长研究［D］.武汉：华中师范大学，2016.

［62］袁坤.整体性治理视角下西部农村地区协同扶贫机制研究［D］.武汉：华中师范大学，2016.

［63］兰昊骋，杨帆.四川藏区基本公共服务对减贫的影响作用分析［J］.四川农业大学学报，2016，34（1）：115-120.

［64］王萧.四川扶贫资金互助社发展问题研究［D］.成都：四川农业大学，2016.

［65］宜宾市科技局制定科技扶贫专项行动方案——宜宾市扎实推进科技扶贫工作［J］.宜宾科技，2015（4）：8.

［66］宋庆伍.关于宜宾县扶贫开发工作的思考［J］.当代县域经济，2015（10）：44-45.

［67］桑晚晴.四川民族地区集中连片特困区搬迁扶贫研究

[D]. 成都：四川省社会科学院，2015.

[68] 郭晗. 四川农村金融扶贫路径选择研究 [D]. 成都：西南财经大学，2014.

[69] 范永忠. 中国农村扶贫资金效率研究 [D]. 长沙：湖南农业大学，2013.

[70] 鞠晴江. 道路基础设施、经济增长和减贫——基于四川的实证分析 [J]. 软科学，2006（6）：52-55.

[71] 庄天慧，王思铁. 四川扶贫新村建设存在的主要问题与对策研究 [J]. 农村经济，2006（5）：54-56.

[72] 王卓. 四川扶贫绩效评价 [J]. 财经科学，1995（5）：21-26、39.

[73] 张建伟，杨阿维. 精准扶贫视域下农村公共品供给绩效评价研究——基于14个连片特困地区的实证分析 [J]. 西藏大学学报（社会科学版），2017，32（3）：129-137.

[74] 刘洋，张波. 连片开发扶贫效果评估——基于合成控制法的河北省试点实证研究 [J]. 经济论坛，2017（7）：10-16.

[75] 刘倩倩. 我国农村扶贫绩效评价与实证分析 [D]. 青岛：青岛大学，2017.

[76] 郭艳芳. 新疆少数民族地区金融扶贫绩效研究 [D]. 石河子：石河子大学，2017.

[77] 林文曼. 海南农村精准扶贫项目绩效评估实证研究 [J]. 中国农业资源与区划，2017，38（4）：102-107.

[78] 刘世成. 扶贫小额信贷的瞄准机制与绩效评估实证分析——基于四川 R 县数据 [J]. 西南金融，2016（9）：12-14.

［79］刘有军.农村整村推进减贫绩效评估中的农民参与问题研究［J］.西部经济管理论坛，2016，27（3）：27-31.

［80］孙晗霖.连片特困地区财政扶贫绩效评价及影响因素研究［D］.重庆：西南大学，2016.

［81］孙璐.扶贫项目绩效评估研究［D］.北京：中国农业大学，2015.

［82］焦克源，徐彦平.少数民族贫困县扶贫开发绩效评价的实证研究——基于时序主成分分析法的应用［J］.西北人口，2015，36（1）：91-96.

［83］焦克源，吴俞权.农村专项扶贫政策绩效评估体系构建与运行——以公共价值为基础的实证研究［J］.农村经济，2014（9）：16-20.

［84］陈忠文.山区农村贫困机理及脱贫机制实证研究［D］.武汉：华中农业大学，2013.

［85］张曦.连片特困地区参与式扶贫绩效评价［D］.湘潭：湘潭大学，2013.

［86］徐志明.贫困农户内生动力不足与扶贫政策绩效——基于江苏省342个贫困农户的实证分析［J］.农业经济，2013（1）：63-65.

［87］李佳路.扶贫项目的减贫效果评估：对30个国家扶贫开发重点县调查［J］.改革，2010（8）：125-132.

［88］游新彩，田晋.民族地区综合扶贫绩效评价方法及实证研究［J］.科学经济社会，2009，27（3）：7-13.

［89］帅传敏，梁尚昆，刘松.国家扶贫开发重点县投入绩效的实证分析［J］.经济问题，2008（6）：84-86.

［90］张全红，张建华. 中国经济增长的减贫效果评估［J］. 南方经济，2007（5）：75-82.

［91］苏静. 中国农村金融发展的减贫效应研究［D］. 长沙：湖南大学，2015.

［92］邰秀军，畅冬妮，郭颖. 宁夏生态移民居住安置方式的减贫效果分析［J］. 干旱区资源与环境，2017，31（4）：47-53.

［93］陈清华，杨国涛，董晓林. 村级互助资金与扶贫贴息贷款的动态减贫效果比较——以宁夏为例［J］. 经济问题，2017（8）：7-14、27.

［94］单德朋. 民族地区贫困的测度与减贫因素的实证研究［D］. 成都：西南民族大学，2013.

［95］胡鞍钢，童旭光. 新时期的减贫成效与经验——以青海为例［J］. 青海社会科学，2010（1）：1-5.

［96］胡鞍钢，童旭光. 中国减贫理论与实践——青海视角［J］. 清华大学学报（哲学社会科学版），2010，25（4）：106-112、125、161.

［97］李俊杰，陈浩浩. 甘肃民族自治地方减贫发展与生态环境改善的耦合研究［J］. 开发研究，2015（4）：137-141.

［98］申红兴. 青海藏区产业减贫的主体及路径分析［J］. 青海社会科学，2015（5）：172-178.

［99］胡鞍钢，童旭光，诸丹丹. 四类贫困的测量：以青海省减贫为例（1978—2007）［J］. 湖南社会科学，2009（5）：45-52.

［100］张琦，金飞. 经济增长与减贫关系的实证研究——以青海玉树为例［J］. 广西大学学报（哲学社会科学版），2013，35

（2）：87-94.

[101] 王龙魁. 甘肃贫困农户经济行为分析与区域减贫研究 [D]. 兰州：兰州大学，2012.

[102] 马凌云. 经济增长视角下的甘肃农村减贫机制研究 [D]. 兰州：兰州大学，2012.

[103] 梁静. 甘肃贫困地区人力资源开发的减贫效应研究 [D]. 西安：西北师范大学，2016.

[104] 高飞，向德平. 社会治理视角下精准扶贫的政策启示 [J]. 南京农业大学学报（社会科学版），2017，17（4）：21-27、156.

[105] 邓大松，仙蜜花. 美国反贫困政策及对中国扶贫工作的借鉴和启示——基于美国福利政策的分析 [J]. 江淮论坛，2017（4）：124-128.

[106] 张彩云，傅王倩. 发达国家贫困地区教育支持政策及对我国教育精准扶贫的启示 [J]. 比较教育研究，2016，38（6）：77-83.

[107] 杨亮承. 扶贫治理的实践逻辑 [D]. 北京：中国农业大学，2016.

[108] 苏静. 中国农村金融发展的减贫效应研究 [D]. 长沙：湖南大学，2015.

[109] 李荫樾，王贤斌. 农村扶贫开发政策的变迁与启示 [J]. 现代化农业，2014（7）：43-44.

[110] 王海. 财政支出减贫：机理分析与政策启示 [J]. 河南师范大学学报（哲学社会科学版），2013，40（3）：69-73.

[111] 吴华. 中等收入阶段中国减贫发展战略与政策选择 [D].

北京：财政部财政科学研究所，2012.

[112] 刘进来.论我国民族地区扶贫政策的演进与启示 ［D］.长沙：中南民族大学，2011.

[113] 张玉玺，庄天慧.贵州省农村贫困人口分布变化趋势及其扶贫政策启示 ［J］.贵州农业科学，2011，39（1）：213-215.

[114] 沈茂英.四川农村贫困人口的分布变化及其扶贫政策启示 ［J］.安徽农业科学，2007（13）：3992-3994、3998.

[115] 张永丽，王虎中.新农村建设：机制、内容与政策——甘肃省麻安村"参与式整村推进"扶贫模式及其启示 ［J］.中国软科学，2007（4）：24-31.

[116] 不同国度下的相同取向——部分发展中国家扶贫政策措施的启示 ［J］.农村财政与财务，2007（4）：46-47.

[117] 张永丽，黄祖辉.西部地区新农村建设的机制、内容与政策——来自"参与式整村推进"扶贫模式的启示 ［J］.甘肃社会科学，2006（6）：223-227.

附录

关于全面做好扶贫开发金融服务工作的指导意见

银发〔2014〕65 号

为贯彻落实党的十八大、十八届三中全会、中央经济工作会议和中央城镇化工作会议精神，按照《中国农村扶贫开发纲要(2011—2020 年)》和《中共中央办公厅 国务院办公厅印发〈关于创新机制扎实推进农村扶贫开发工作的意见〉的通知》(中办发〔2013〕25 号)的有关要求，进一步完善金融服务机制，促进贫困地区经济社会持续健康发展，现就全面做好扶贫开发的金融服务工作提出以下意见：

一、总体要求

（一）指导思想。

以邓小平理论、"三个代表"重要思想、科学发展观为指导，认真落实党中央、国务院关于扶贫开发的总体部署，合理配置金融资源，创新金融产品和服务，完善金融基础设施，优化金融生态环境，积极发展农村普惠金融，支持贫困地区经济社会持续健康发展和贫困人口脱贫致富。

（二）总体目标。

按照党的十八大明确提出的全面建成小康社会和大幅减少扶贫对象的目标要求，全面做好贫困地区的金融服务，到 2020 年使贫困地区金融服务水平接近全国平均水平，初步建成全方位覆盖贫困地区各阶层和弱势群体的普惠金融体系，金融对促进贫困地区人民群众脱贫致富、促进区域经济社会可持续发展的作用得到充分发挥。

1．信贷投入总量持续增长。 力争贫困地区每年各项贷款增速高于当年贫困地区所在省（区、市）各项贷款平均增速，新增贷款占所在省（区、市）贷款增量的比重高于上年同期水平。

2．融资结构日益优化。 信贷结构不断优化，直接融资比例不断上升。 通过加强对企业上市的培育，促进贫困地区上市企业、报备企业及重点后备上市企业的规范健康发展，资本市场融资取得新进展。 推动债券市场产品和制度创新，实现直接融资规模同比增长。

3．金融扶贫开发组织体系日趋完善。 政策性金融的导向作用进一步显现，商业性金融机构网点持续下沉，农村信用社改革不断深化，新型农村金融机构规范发展，形成政策性金融、商业性金融和合作性金融协调配合、共同参与的金融扶贫开发新格局。

4．金融服务水平明显提升。 到 2020 年，具备商业可持续发展条件的贫困地区基本实现金融机构乡镇全覆盖和金融服务行政村全覆盖，建成多层次、可持续的农村支付服务体系和完善的农村信用体系，贫困地区金融生态环境得到进一步优化。

（三）基本原则。

1．开发式扶贫原则。 坚持以产业发展为引领，通过完善金融服务，促进贫困地区和贫困人口提升自我发展能力，增强贫困地区"造血"功能，充分发挥其发展生产经营的主动性和创造性，增加农民收入，实现脱贫致富。

2．商业可持续原则。 坚持市场化和政策扶持相结合，以市场化为导向，以政策扶持为支撑，充分发挥市场配置资源的决定性作用，健全激励约束机制，在有效防范金融风险的前提下，引导金融资源向贫困地区倾斜。

3．因地制宜原则。 立足贫困地区实际，根据不同县域的产业特点、资源禀赋和经济社会发展趋势，结合不同主体的差异化金融需求，创新扶贫开发金融服务方式，让贫困地区农业、农村和农民得到更高效、更实惠的金融服务。

4．突出重点原则。 加强与贫困地区区域发展规划和相关产业扶贫规划相衔接，重点支持贫困地区基础设施建设、主导优势产业和特色产品发展，保护生态环境，着力提供贫困人口、特别是创业青年急需的金融产品和服务，破除制约金融服务的体制机制障碍，努力寻求重点领域新突破。

（四）实施范围。

本意见的实施范围为《中国农村扶贫开发纲要（2011—2020年）》确定的六盘山区、秦巴山区、武陵山区、乌蒙山区、滇桂黔石漠化区、滇西边境山区、大兴安岭南麓山区、燕山—太行山区、吕梁山区、大别山区、罗霄山区等区域的连片特困地区和已经明确实施特殊政策的西藏、四省藏区、新疆南疆三地州，以及连片特困地区以外的国家扶贫开发工作重点县，共计832个县。

二、重点支持领域

（一）支持贫困地区基础设施建设。 加大贫困地区道路交通、饮水安全、电力保障、危房改造、农田水利、信息网络等基础设施建设的金融支持力度，积极支持贫困地区新农村和小城镇建设，增强贫困地区经济社会发展后劲。

（二）推动经济发展和产业结构升级。 积极做好对贫困地区特色农业、农副产品加工、旅游、民族文化产业等特色优势产业的金融支持，不断完善承接产业转移和新兴产业发展的配套金融服务，促进贫困地区产业协调发展。

（三）促进就业创业和贫困户脱贫致富。 积极支持贫困农户、农村青年致富带头人、大学生村干部、妇女、进城务工人员、返乡农民工、残疾人等群体就业创业，加大对劳动密集型企业、小型微型企业及服务业的信贷支持，努力做好职业教育、继续教育、技术培训的金融服务，提升就业创业水平。

（四）支持生态建设和环境保护。 做好贫困地区重要生态功能区、生态文明示范工程、生态移民等项目建设的金融服务工作，支持结合地方特色发展生态经济，实现贫困地区经济社会和生态环境可持续发展。

三、重点工作

（一）进一步发挥政策性、商业性和合作性金融的互补优势。充分发挥农业发展银行的政策优势，积极探索和改进服务方式，加大对贫困地区信贷支持力度。 鼓励国家开发银行结合自身业务特点，合理调剂信贷资源，支持贫困地区基础设施建设和新型城镇化发展。 继续深化中国农业银行"三农金融事业部"改革，强化县事业部"一级经营"能力，提升对贫困地区的综合服务水平。 强化中国邮政储蓄银行贫困地区县以下机构网点功能建设，积极拓展小额贷款业务，探索资金回流贫困地区的合理途径。 注重发挥农村信用社贫困地区支农主力军作用，继续保持县域法人地位稳定，下沉经营管理重心，真正做到贴近农民、扎根农村、做实县域。 鼓励其他商业银行创新信贷管理体制，适当放宽基层机构信贷审批权限，增加贫困地区信贷投放。 积极培育村镇银行等新型农村金融机构，规范发展小额贷款公司，支持民间资本在贫困地区优先设立金融机构，有效增加对贫困地区信贷供给。 继续规范发展贫困村资金互助组织，在管理民主、运行规范、带动力强的农民合作社基础上培育发展新型农村合作金融组织。

（二）完善扶贫贴息贷款政策，加大扶贫贴息贷款投放。 充分发挥中央财政贴息资金的杠杆作用。 支持各地根据自身实际需求增加财政扶贫贷款贴息资金规模。 完善扶贫贴息贷款管理实施办法，依照建档立卡认定的贫困户，改进项目库建设、扶贫企业和项目认定机制，合理确定贷款贴息额度。 优化扶贫贴息贷款流程，支持金融机构积极参与发放扶贫贴息贷款。 加强对扶贫贴息贷款执行情况统计和考核，建立相应的激励约束机制。

（三）优化金融机构网点布局，提高金融服务覆盖面。 积极支持和鼓励银行、证券、保险机构在贫困地区设立分支机构，进一步向社区、乡镇延伸服务网点。 优先办理金融机构在贫困地区开设分支机构网点的申请，加快金融服务网点建设。 各金融机构要合理规划网点布局，加大在金融机构空白乡镇规划设置物理网点的工作力度，统筹增设正常营业的固定网点、定时服务的简易服务网点（或固定网点）和多种物理机具，并在确保安全的前提下，开展流动服务车、背包银行等流动服务。严格控制现有贫困地区网点撤并，提高网点覆盖面，积极推动金融机构网点服务升级。加大贫困地区新型农村金融机构组建工作力度，严格执行新型农村金融机构东西挂钩、城乡挂钩、发达地区和欠发达地区挂钩的政策要求，鼓励延伸服务网络。

（四）继续改善农村支付环境，提升金融服务便利度。加快推进贫困地区支付服务基础设施建设，逐步扩展和延伸支付清算网络的辐射范围，支持贫困地区符合条件的农村信用社、村镇银行等银行业金融机构以经济、便捷的方式接入人民银行跨行支付系统，畅通清算渠道，构建城乡一体的支付结算网络。大力推广非现金支付工具，优化银行卡受理环境，提高使用率，稳妥推进网上支付、移动支付等新型电子支付方式。进一步深化银行卡助农取款和农民工银行卡特色服务，切实满足贫困地区农民各项支农补贴发放、小额取现、转账、余额查询等基本服务需求。鼓励金融机构柜面业务合作，促进资源共享，加速城乡资金融通。积极引导金融机构和支付机构参与农村支付服务环境建设，扩大支付服务主体，提升服务水平，推动贫困地区农村支付服务环境改善工作向纵深推进。

（五）加快推进农村信用体系建设，推广农村小额贷款。深入开展"信用户""信用村""信用乡（镇）"以及"农村青年信用示范户"创建活动，不断提高贫困地区各类经济主体的信用意识，营造良好农村信用环境。稳步推进农户、家庭农场、农民合作社、农村企业等经济主体电子信用档案建设，多渠道整合社会信用信息，完善信用评价与共享机制。 促进信用体系建设与农户小额信贷有效结合，鼓励金融机构创新农户小额信用贷款运作模式，提高贫困地区低收入农户的申贷获得率，切实发挥农村信用体系在提升贫困地区农户信用等级、降低金融机构支农成本和风险、增加农村经济活力等方面的重要作用。 积极探索多元化贷款担保方式和专属信贷产品，大力推进农村青年创业小额贷款和妇女小额担保贷款工作。

（六）创新金融产品和服务方式，支持贫困地区发展现代农业。各银行业金融机构要创新组织、产品和服务，积极探索开发适合贫困地区现代农业发展特点的贷款专项产品和服务模式。 大力发展大型农机具、林权抵押、仓单和应收账款质押等信贷业务，重点加大对管理规范、操作合规的家庭农场、专业大户、农民合作社、产业化龙头企业和农村残疾人扶贫基地等经营组织的支持力度。 稳妥开展农村土地承包经营权抵押贷款和慎重稳妥推进农民住房财产权抵押贷款工作，进一步拓展抵押担保物范围。 结合农户、农场、农民合作社、农业产业化龙头企业之间相互合作、互惠互利的生产经营组织形式新需求，健全"企业＋农民合作社＋农户""企业＋家庭农场""家庭农场＋农民合作社"等农业产业链金融服务模式，提高农业金融服务集约化水平。

（七）大力发展多层次资本市场，拓宽贫困地区多元化融资渠道。 进一步优化主板、中小企业板、创业板市场的制度安排，支持符合条件的贫困地区企业首次公开发行股票并上市，鼓励已上市企业通过公开增发、定向增发、配股等方式进行再融资，支持已上市企业利用资本市场进行并购重组实现整体上市。 鼓励证券交易所、保荐机构加强对贫困地区具有自主创新能力、发展前景好的企业的上市辅导培育工作。 加大私募股权投资基金、风险投资基金等产品创新力度，充分利用全国中小企业股份转让系统和区域性股权市场挂牌、股份转让功能，促进贫困地区企业融资发展。 鼓励和支持符合条件的贫困地区企业通过发行企业（公司）债券、短期融资券、中期票据、中小企业集合票据及由证券交易所备案的中小企业私募债券等多种债务融资工具，扩大直接融资的规模和比重。

（八）积极发展农村保险市场，构建贫困地区风险保障网络。贫困地区各保险机构要认真按照《农业保险条例》（中华人民共和国国务院令第 629 号）的要求，创新农业保险险种，提高保险服务质量，保障投保农户的合法权益。 鼓励保险机构在贫困地区设立基层服务网点，进一步提高贫困地区保险密度和深度。 鼓励发展特色农业保险、扶贫小额保险，扩大特色种养业险种。 积极探索发展涉农信贷保证保险，提高金融机构放贷积极性。 加大农业保险支持力度，扩大农业保险覆盖面。 支持探索建立适合贫困地区特点的农业保险大灾风险分散机制，完善多种形式的农业保险。 拓宽保险资金运用范围，进一步发挥保险对贫困地区经济结构调整和转型升级的积极作用。

（九）加大贫困地区金融知识宣传培训力度。 加强对贫困地区县以下农村信用社、邮储银行、新型农村金融机构及小额信贷组织的信贷业务骨干进行小额信贷业务和技术培训，提升金融服务水平。 对贫困地区基层干部进行农村金融改革、小额信贷、农业保险、资本市场及合作经济等方面的宣传培训，提高运用金融杠杆发展贫困地区经济的意识和能力。 各相关部门、各级共青团组织、金融机构、行业组织、中国金融教育发展基金会等社会团体要加强协同配合，充分发挥"金融惠民工程""送金融知识下乡"等项目的作用，积极开展对贫困地区特定群体的专项金融教育培训。鼓励涉农金融机构加强与地方政府部门及共青团组织的协调合作，创新开展贫困地区金融教育培训，使农民学会用金融致富，当好诚信客户。

（十）加强贫困地区金融消费权益保护工作。各金融机构要重视贫困地区金融消费权益保护工作，加强对金融产品和服务的信息披露和风险提示，依法合规向贫困地区金融消费者提供服务。公平对待贫困地区金融消费者，严格执行国家关于金融服务收费的各项规定，切实提供人性化、便利化的金融服务。各金融机构要完善投诉受理、处理工作机制，切实维护贫困地区金融消费者的合法权益。各相关部门要统筹安排金融知识普及活动，建立金融知识普及工作长效机制，提高贫困地区金融消费者风险识别和自我保护的意识和能力。

四、保障政策措施

（一）加大货币政策支持力度。进一步加大对贫困地区支农再贷款支持力度，合理确定支农再贷款期限，促进贫困地区金融机构扩大涉农贷款投放，力争贫困地区支农再贷款额度占所在省（区、市）的比重高于上年同期水平。对贫困地区县内一定比例存款用于当地贷款考核达标的、贷款投向主要用于"三农"等符合一定条件的金融机构，其新增支农再贷款额度，可在现行优惠支农再贷款利率上再降1个百分点。合理设置差别准备金动态调整公式相关参数，支持贫困地区法人金融机构增加信贷投放。继续完善再贴现业务管理，支持贫困地区农村企业尤其是农村中小企业获得融资。

（二）实施倾斜的信贷政策。 积极引导小额担保贷款、扶贫贴息贷款、国家助学贷款等向贫困地区倾斜。 进一步完善民族贸易和民族特需商品贷款管理制度，继续对民族贸易和民族特需商品生产贷款实行优惠利率。 各金融机构要在坚持商业可持续和风险可控原则下，根据贫困地区需求适时调整信贷结构和投放节奏，全国性银行机构要加大系统内信贷资源调剂力度，从授信审查、资金调度、绩效考核等方面对贫困地区给予优先支持，将信贷资源向贫困地区适当倾斜。 贫困地区当地地方法人金融机构要多渠道筹集资本，增加信贷投放能力，在满足宏观审慎要求和确保稳健经营的前提下加大对贫困地区企业和农户的信贷支持力度。

（三）完善差异化监管政策。 要充分借鉴国际监管标准，紧密结合贫困地区实际，不断完善农村金融监管制度，改进监管手段和方法，促进农村金融市场稳健发展。 适当放宽贫困地区现行存贷比监管标准，对于符合条件的贫困地区金融机构发行金融债券募集资金发放的涉农、小微企业贷款，以及运用再贷款再贴现资金发放的贷款，不纳入存贷比考核。 根据贫困地区金融机构贷款的风险、成本和核销等具体情况，对不良贷款比率实行差异化考核，适当提高贫困地区金融机构不良贷款率的容忍度，提高破产法的执行效率，在有效保护股东利益的前提下，提高金融机构不良贷款核销效率。在计算资本充足率时，按照《商业银行资本管理办法（试行）》（中国银行业监督管理委员会令 2012 年第 1 号发布）的规定，对于符合规定的涉农贷款和小微企业贷款适用 75% 的风险权重。 使用内部评级法的银行，对于符合规定的涉农贷款和小微企业贷款可以划入零售贷款风险暴露计算其风险加权资产。

（四）加大财税政策扶持力度。 加强金融政策与财政政策协调配合，有效整合各类财政资金，促进形成多元化、多层次、多渠道的投融资体系，充分发挥财政政策对金融业务的支持和引导作用。推动落实农户贷款税收优惠、涉农贷款增量奖励、农村金融机构定向费用补贴等政策，降低贫困地区金融机构经营成本，调动金融机构布点展业的积极性。 支持有条件的地方多渠道筹集资金，设立扶贫贷款风险补偿基金和担保基金，建立健全风险分散和补偿机制，有效分担贫困地区金融风险。 鼓励和引导有实力的融资性担保机构通过再担保、联合担保以及担保与保险相结合等多种形式，积极提供扶贫开发融资担保。

五、加强组织领导

（一）加强部门协调。 各有关部门要认真履行职责，加强协调配合，建立人民银行牵头、多部门共同参与的信息共享和工作协调机制。 人民银行各分支机构要加强统筹协调，灵活运用多种货币信贷政策工具，努力推动相关配套政策落实，确保贫困地区金融服务工作有序、有效开展；财政部门要支持各地立足本地实际，逐步增加财政扶贫贷款贴息资金；银行业监管部门要完善银行业金融机构差异化监管政策和准入制度，实行绿色通道，完善融资性担保机构部际联席会议机制，促进融资性担保机构在扶贫开发金融服务中发挥积极作用；证券监管部门要积极支持和培育贫困地区企业上市，并通过资本市场融资；保险监管部门要积极推进农村保险市场建设，不断增强贫困地区风险保障功能；扶贫部门要完善精准扶贫工作机制，建立健全贫困户、项目库等信息系统，做好优质项目、企业的推荐工作；共青团组织要加大农村青年致富带头人的培养力度，发挥其在贫困地区脱贫致富中的带动作用。

（二）完善监测考核。 建立和完善贫困地区金融服务的统计分析制度，及时了解工作进展和存在的问题。 创新开展贫困地区县域法人金融机构一定比例存款用于当地贷款考核和金融支持贫困地区发展的专项信贷政策导向效果评估，并将考核和评估结果作为实施差别准备金动态调整和再贷款（再贴现）政策、银行间市场业务准入管理、在银行间债券市场开展金融产品创新试点、新设金融机构加入人民银行金融管理与服务体系、差异化监管及费用补贴的重要依据，促进金融政策在贫困地区得到有效贯彻落实。

请人民银行上海总部，各分行、营业管理部、省会（首府）城市中心支行会同所在省（区、市）财政部门、银监局、证监局、保监局、扶贫部门、共青团组织将本意见联合转发至辖区内相关机构，并协调做好本意见的贯彻实施工作。

中国人民银行

财政部

银监会

证监会

保监会

扶贫办

共青团中央

2014 年 3 月 6 日

关于创新发展扶贫小额信贷的指导意见

国开办发〔2014〕78 号

各省（区、市）扶贫办（局）、新疆生产建设兵团扶贫办；财政厅（局）；中国人民银行上海总部、各分行、营业管理部、各省会（首府）城市中心支行；银监局；保监局：

为贯彻落实《关于创新机制扎实推进农村扶贫开发工作的意见》（中办发〔2013〕25 号）和《关于全面做好扶贫开发金融服务工作的指导意见》（银发〔2014〕65 号）的要求，完善扶贫贴息贷款政策和机制，推进扶贫小额信贷工作，促进贫困人口脱贫致富，提出以下工作意见：

一、指导思想

以邓小平理论、"三个代表"重要思想、科学发展观为指导，学习贯彻习近平总书记扶贫开发战略思想，认真落实党中央、国务院关于创新机制扎实推进扶贫开发的总体部署，把激发建档立卡贫困户内生动力、实现脱贫致富作为创新发展扶贫小额信贷的根本任务，推动财政扶贫政策与金融良性互动，充分发挥金融机构作用，拓展针对建档立卡贫困户的特惠政策措施，为实现新时期《中国农村扶贫开发纲要（2011—2020 年）》目标做出贡献。

二、工作目标

丰富扶贫小额信贷的产品和形式，创新贫困村金融服务，改善贫困地区金融生态环境。 扶贫小额信贷覆盖建档立卡贫困农户的比例和规模有较大增长，贷款满足率有明显的提高。 努力促进贫困户贷得到、用得好、还得上、逐步富。

三、工作原则

（一）精准扶贫、信用贷款。 把提高建档立卡贫困户贷款可获得性作为工作的基本出发点。 在普惠政策的基础上，采取更具针对性的政策措施，进一步完善思路、改进办法、创新方式，提高扶贫小额信贷的精准性和有效性。 对建档立卡贫困户进行评级授信，使建档立卡贫困户得到免抵押、免担保的信用贷款。

（二）政府引导、市场运作。 发挥政府统筹协调作用，注重按市场规则推动扶贫小额信贷持续健康发展，协调金融机构为建档立卡贫困户量身定制贷款产品，完善信贷服务。 金融机构自主调查评审放贷。

（三）加强宣传、尊重意愿。 加大政策宣传和培训工作力度，让建档立卡贫困户知晓相关程序和政策。 贫困农户自主贷款、自主发展。

（四）规范运作、防范风险。 各地要加强金融风险防控，探索建立贷款风险分散和化解机制。 金融机构应根据建档立卡贫困户的信用评级，审慎核定授信总额，合理设定贷款管理比率。

四、扶持的范围、重点和方式

（一）扶持对象：有贷款意愿、有就业创业潜质、技能素质和一定还款能力的建档立卡贫困户。

（二）扶持重点：支持建档立卡贫困户发展扶贫特色优势产业，增加收入。

（三）扶持方式：对符合贷款条件的建档立卡贫困户提供 5 万元以下、期限 3 年以内的信用贷款。鼓励金融机构参照贷款基础利率，合理确定贷款利率水平。

五、政策措施

（一）在开展"信用户、信用村、信用乡（镇）"创建活动的基础上，针对贫困户的实际情况，完善增信措施，通过改进评级方法或制定专门的授信政策，对申请贷款的建档立卡贫困户进行授信。将全国扶贫信息网络系统与银行贷款管理系统有效对接，建立建档立卡贫困户个人信用档案。

（二）加大对贫困地区支农再贷款、再贴现支持力度，引导金融机构扩大对建档立卡贫困户的信贷投放。降低建档立卡贫困农户融资成本。

（三）各地可统筹安排财政扶贫资金，对符合条件的贷款户给予贴息支持，贴息利率不超过贷款基础利率（上一年度贷款基础利率报价平均利率平均值）。

（四）有条件的地方可根据实际情况安排资金，用于补偿扶贫小额信贷发生的坏账损失。支持推广扶贫小额信贷保险，鼓励贷款户积极购买，分散贷款风险。

（五）采取"以社带户、以企带村"的方式，组织贫困农户参与扶贫特色优势产业建设，拓宽建档立卡贫困户获得贷款的途径。

（六）探索建立县、乡（镇）、村三级联动的扶贫小额信贷服务平台，为建档立卡贫困户提供信用评级、建立信用档案、贷款申报等信贷服务。

六、组织保障

（一）加强领导。 各省（区、市）扶贫开发领导小组要把创新发展扶贫小额信贷工作，作为实现精准扶贫的关键举措，科学确定发展规划，明确发展目标，加强监督考核。

（二）明确程序。 建立完善方便快捷的信贷服务程序。 鼓励金融机构创新信贷审批方式，吸收村民、村两委成员组建农户信用状况评议小组，提高村民对信贷活动的参与度。 地方政府、村两委和驻村工作队要加强服务金融机构和贫困户。

（三）落实职责。 扶贫部门要做好组织动员、政策协调工作，发挥村两委、驻村工作队、妇联等组织的作用，做好建立信用档案、项目咨询、项目指导、宣传培训等方面的工作。 各地财政部门要立足本地实际，做好扶贫小额信贷贴息工作。 人民银行各分支机构灵活运用多种货币信贷政策工具，努力推动相关配套政策落实，提供贷款基础利率数据。 银行业监管部门要完善银行业金融机构差异化监管政策，提高扶贫小额信贷不良贷款率的容忍度。 保险监管部门要积极推进农村保险市场建设，不断增强贫困地区风险保障功能。

（四）制定规划。 各省（区、市）应根据建档立卡贫困户和扶贫开发工作需要，编制扶贫小额信贷发展规划（2015—2020 年）和年度工作计划，报经省扶贫开发领导小组审批后实施，并报国务院扶贫办、财政部、人民银行、银监会、保监会备案。 各地扶贫小额信贷工作开展情况纳入扶贫开发工作考核。

（五）公告公示。 各地应将扶贫小额信贷政策规定、贴息资金使用情况向社会公开。 县级政府要在本地门户网站或主要媒体公告公示贷款和贴息资金扶持对象名单，公布举报电话，接受社会公众监督。 要继续坚持和完善行政村公告公示制度，引导扶贫对象自我监督、自主管理。

（六）监督检查。 各地应加强对扶贫小额信贷政策执行情况的监督检查，及时发现和整改出现的问题。 对违反本指导意见，虚报、冒领、套取、挪用财政贴息资金的单位和个人，按照《财政违法行为处罚处分条例（国务院令第 427 号）》有关规定处理、处罚、处分。

（七）解释执行。 本指导意见自 2015 年 1 月 1 日开始执行。《关于全面改革扶贫贴息款管理体制的通知》（国开办发〔2008〕29 号）中涉及户贷款的相关规定，与本指导意见不一致的，遵循本指导意见。 各地可根据本指导意见，制定实施细则。 本指导意见由国务院扶贫办会同财政部、人民银行、银监会和保监会负责解释。

国务院扶贫办

财政部

中国人民银行

银监会

保监会

2014 年 12 月 10 日

关于金融助推脱贫攻坚的实施意见

为贯彻落实《中共中央 国务院关于打赢脱贫攻坚战的决定》和中央扶贫开发工作会议精神，紧紧围绕"精准扶贫、精准脱贫"基本方略，全面改进和提升扶贫金融服务，增强扶贫金融服务的精准性和有效性，现提出如下实施意见：

一、准确把握金融助推脱贫攻坚工作的总体要求

（一）深入学习领会党中央、国务院精准扶贫、精准脱贫基本方略的深刻内涵，瞄准脱贫攻坚的重点人群和重点任务，精准对接金融需求，精准完善支持措施，精准强化工作质量和效率，扎实创新完善金融服务体制机制和政策措施，坚持精准支持与整体带动结合，坚持金融政策与扶贫政策协调，坚持创新发展与风险防范统筹，以发展普惠金融为根基，全力推动贫困地区金融服务到村到户到人，努力让每一个符合条件的贫困人口都能按需求便捷获得贷款，让每一个需要金融服务的贫困人口都能便捷享受到现代化金融服务，为实现到2020年打赢脱贫攻坚战、全面建成小康社会目标提供有力有效的金融支撑。

二、精准对接脱贫攻坚多元化融资需求

（二）精准对接贫困地区发展规划，找准金融支持的切入点。人民银行分支机构要加强与各地发展改革、扶贫、财政等部门的协

调合作和信息共享，及时掌握贫困地区特色产业发展、基础设施和基本公共服务等规划信息。 指导金融机构认真梳理精准扶贫项目金融服务需求清单，准确掌握项目安排、投资规模、资金来源、时间进度等信息，为精准支持脱贫攻坚奠定基础。 各金融机构要积极对接扶贫部门确定的建档立卡贫困户，深入了解贫困户的基本生产、生活信息和金融服务需求信息，建立包括贫困户家庭基本情况、劳动技能、资产构成、生产生活、就业就学状况、金融需求等内容的精准扶贫金融服务档案，实行"一户一档"。

（三）精准对接特色产业金融服务需求，带动贫困人口脱贫致富。 各金融机构要立足贫困地区资源禀赋、产业特色，积极支持能吸收贫困人口就业、带动贫困人口增收的绿色生态种养业、经济林产业、林下经济、森林草原旅游、休闲农业、传统手工业、乡村旅游、农村电商等特色产业发展。 有效对接特色农业基地、现代农业示范区、农业产业园区的金融需求，积极开展金融产品和服务方式创新。 健全和完善扶贫金融服务主办行制度，支持带动贫困人口致富成效明显的新型农业经营主体。 大力发展订单、仓单质押等产业链、供应链金融，稳妥推进试点地区农村承包土地的经营权、农民住房财产权等农村产权融资业务，拓宽抵质押物范围，加大特色产业信贷投入。

（四）精准对接贫困人口就业就学金融服务需求，增强贫困户自我发展能力。 鼓励金融机构发放扶贫小额信用贷款，加大对建档立卡贫困户的精准支持。 积极采取新型农业经营主体担保、担保公司担保、农户联保等多种增信措施，缓解贫困人口信贷融资缺乏有效抵押担保资产问题。 针对贫困户种养殖业的资金需求特点，灵活确定贷款期限，合理确定贷款额度，有针对性改进金融服务质量和效率。 管好用好创业担保贷款，支持贫困地区符合条件的就业重点群体和困难人员创业就业。 扎实开展助学贷款业务，解决经济困难家庭学生就学资金困难。

（五）精准对接易地扶贫搬迁金融服务需求，支持贫困人口搬得出、稳得住、能致富。 支持国家开发银行、农业发展银行通过发行金融债筹措信贷资金，按照保本或微利的原则发放低成本、长期的易地扶贫搬迁贷款，中央财政给予90%的贷款贴息。 国家开发银行、农业发展银行要加强信贷管理，简化贷款审批程序，合理确定贷款利率，做好与易地扶贫搬迁项目对接。 同时，严格贷款用途，确保贷款支持对象精准、贷款资金专款专用，并定期向人民银行各分支机构报送易地扶贫搬迁贷款发放等情况。 开发性、政策性金融与商业性、合作性金融要加强协调配合，加大对安置区贫困人口直接或间接参与后续产业发展的支持。 人民银行各分支机构要加强辖内易地扶贫搬迁贷款监测统计和考核评估，指导督促金融机构依法合规发放贷款。

（六）精准对接重点项目和重点地区等领域金融服务需求，夯实贫困地区经济社会发展基础。 充分利用信贷、债券、基金、股权投资、融资租赁等多种融资工具，支持贫困地区交通、水利、电力、能源、生态环境建设等基础设施和文化、医疗、卫生等基本公共服务项目建设。 创新贷款抵质押方式，支持农村危房改造、人居环境整治、新农村建设等民生工程建设。 健全和完善区域信贷政策，在信贷资源配置、金融产品和服务方式创新、信贷管理权限设置等方面，对连片特困地区、革命老区、民族地区、边疆地区给予倾斜。

对有稳定还款来源的扶贫项目，在有效防控风险的前提下，国家开发银行、农业发展银行可依法依规发放过桥贷款，有效撬动商业性信贷资金投入。

三、大力推进贫困地区普惠金融发展

（七）深化农村支付服务环境建设，推动支付服务进村入户。加强贫困地区支付基础设施建设，持续推动结算账户、支付工具、支付清算网络的应用，提升贫困地区基本金融服务水平。 加强政策扶持，巩固助农取款服务在贫困地区乡村的覆盖面，提高使用率，便利农民足不出村办理取款、转账汇款、代理缴费等基础金融服务，支持贫困地区助农取款服务点与农村电商服务点相互依托建设，促进服务点资源高效利用。 鼓励探索利用移动支付、互联网支付等新兴电子支付方式开发贫困地区支付服务市场，填补其基础金融服务空白。 在农民工输出省份，支持拓宽农民工银行卡特色服务受理金融机构范围。

（八）加强农村信用体系建设，促进信用与信贷联动。 探索农户基础信用信息与建档立卡贫困户信息的共享和对接，完善金融信用信息基础数据库。 健全农村基层党组织、"驻村第一书记"、致富带头人、金融机构等多方参与的贫困农户、新型农业经营主体信用等级评定制度，探索建立针对贫困户的信用评价指标体系，完善电子信用档案。 深入推进"信用户""信用村""信用乡镇"评定与创建，鼓励发放无抵押免担保的扶贫贴息贷款和小额信用贷款。

（九）重视金融知识普及，强化贫困地区金融消费者权益保护。加强金融消费者教育和权益保护，配合有关部门严厉打击金融欺诈、非法集资、制售使用假币等非法金融活动，保障贫困地区金融消费者合法权益。 畅通消费者投诉的处理渠道，完善多元化纠纷调解机制，优化贫困地区金融消费者公平、公开共享现代金融服务的环境。 根据贫困地区金融消费者需求特点，有针对性地设计开展金融消费者教育活动，在贫困地区深入实施农村金融教育"金惠工程"，提高金融消费者的金融知识素养和风险责任意识，优化金融生态环境。

四、充分发挥各类金融机构助推脱贫攻坚主体作用

（十）完善内部机构设置，发挥好开发性、政策性金融在精准扶贫中的作用。 国家开发银行和农业发展银行加快设立"扶贫金融事业部"，完善内部经营管理机制，加强对信贷资金的管理使用，提高服务质量和效率，切实防范信贷风险。"扶贫金融事业部"业务符合条件的，可享受有关税收优惠政策，降低经营成本，加大对扶贫重点领域的支持力度。

（十一）下沉金融服务重心，完善商业性金融综合服务。 大中型商业银行要稳定和优化县域基层网点设置，保持贫困地区现有网点基本稳定并力争有所增加。 鼓励股份制银行、城市商业银行通过委托贷款、批发贷款等方式向贫困县（市、区）增加有效信贷投放。 中国农业银行要继续深化"三农"金融事业部改革，强化县级事业部经营能力。 鼓励和支持中国邮政储蓄银行设立"三农"金融事业部，要进一步延伸服务网络，强化县以下机构网点功能建设，逐步扩大涉农业务范围。 各金融机构要加大系统内信贷资源调剂力度，从资金调度、授信审批等方面加大对贫困地区的有效支持。 鼓励实行总、分行直贷、单列信贷计划等多种方式，针对贫困地区实际需求，改进贷款营销模式，简化审批流程，提升服务质量和效率。

（十二）强化农村中小金融机构支农市场定位，完善多层次农村金融服务组织体系。农村信用社、农村商业银行、农村合作银行等要依托网点多，覆盖广的优势，继续发挥好农村金融服务主力的作用。在稳定县域法人地位、坚持服务"三农"的前提下，稳步推进农村信用社改革，提高资本实力，完善法人治理结构，强化农村信用社省联社服务职能。支持符合条件的民间资本在贫困地区参与发起设立村镇银行，规范发展小额贷款公司等，建立正向激励机制，鼓励开展面向"三农"的差异化、特色化服务。支持在贫困地区稳妥规范发展农民资金互助组织，开展农民合作社信用合作试点。

（十三）加强融资辅导和培育，拓宽贫困地区企业融资渠道。支持、鼓励和引导证券、期货、保险、信托、租赁等金融机构在贫困地区设立分支机构，扩大业务覆盖面。加强对贫困地区企业的上市辅导培育和孵化力度，根据地方资源优势和产业特色，完善上市企业后备库，帮助更多企业通过主板、创业板、全国中小企业股份转让系统、区域股权交易市场等进行融资。支持贫困地区符合条件的上市公司和非上市公众公司通过增发、配股，发行公司债、可转债等多种方式拓宽融资来源。支持期货交易所研究上市具有中西部贫困地区特色的期货产品，引导中西部贫困地区利用期货市场套期保值和风险管理。加大宣传和推介力度，鼓励和支持贫困地区符合条件的企业发行企业债券、公司债券、短期融资券、中期票据、项目收益票据、区域集优债券等债务融资工具。

（十四）创新发展精准扶贫保险产品和服务，扩大贫困地区农业保险覆盖范围。 鼓励保险机构建立健全乡、村两级保险服务体系。扩大农业保险密度和深度，通过财政以奖代补等方式支持贫困地区发展特色农产品保险。 支持贫困地区开展特色农产品价格保险，有条件的地方可给予一定保费补贴。 改进和推广小额贷款保证保险，为贫困户融资提供增信支持。 鼓励保险机构建立健全针对贫困农户的保险保障体系，全面推进贫困地区人身和财产安全保险业务，缓解贫困群众因病致贫、因灾返贫问题。

（十五）引入新兴金融业态支持精准扶贫，多渠道提供金融服务。 在有效防范风险的前提下，支持贫困地区金融机构建设创新型互联网平台，开展网络银行、网络保险、网络基金销售和网络消费金融等业务；支持互联网企业依法合规设立互联网支付机构；规范发展民间融资，引入创业投资基金、私募股权投资基金，引导社会资本支持精准扶贫。

五、完善精准扶贫金融支持保障措施

（十六）设立扶贫再贷款，发挥多种货币政策工具引导作用。设立扶贫再贷款，利率在正常支农再贷款利率基础上下调 1 个百分点，引导地方法人金融机构切实降低贫困地区涉农贷款利率水平。合理确定扶贫再贷款使用期限，为地方法人金融机构支持脱贫攻坚提供较长期资金来源。 使用扶贫再贷款的金融机构要建立台账，加强精准管理，确保信贷投放在数量、用途、利率等方面符合扶贫再贷款管理要求。 加大再贴现支持力度，引导贫困地区金融机构扩大涉农、小微企业信贷投放。 改进宏观审慎政策框架，加强县域法人金融机构新增存款一定比例用于当地贷款的考核，对符合条件的金融机构实施较低的存款准备金率，促进县域信贷资金投入。

（十七）加强金融与财税政策协调配合，引导金融资源倾斜配置。 有效整合各类财政涉农资金，充分发挥财政政策对金融资源的支持和引导作用。 继续落实农户小额贷款税收优惠、涉农贷款增量奖励、农村金融机构定向费用补贴、农业保险保费补贴等政策，健全和完善贫困地区农村金融服务的正向激励机制，引导更多金融资源投向贫困地区。 完善创业担保贷款、扶贫贴息贷款、民贸民品贴息贷款等管理机制，增强政策精准度，提高财政资金使用效益。 建立健全贫困地区融资风险分担和补偿机制，支持有条件的地方设立扶贫贷款风险补偿基金和担保基金，专项用于建档立卡贫困户贷款以及带动贫困人口就业的各类扶贫经济组织贷款风险补偿。 支持各级政府建立扶贫产业基金，吸引社会资本参与扶贫。 支持贫困地区设立政府出资的融资担保机构，鼓励和引导有实力的融资担保机构通过联合担保以及担保与保险相结合等多种方式，积极提供精准扶贫融资担保。 金融机构要加大对贫困地区发行地方政府债券置换存量债务的支持力度，鼓励采取定向承销等方式参与债务置换，稳步化解贫困地区政府债务风险。 各地中国人民银行省级分支机构、银监局要加强对金融机构指导，推动地方债承销发行工作顺利开展。

（十八）实施差异化监管政策，优化银行机构考核指标。 推行和落实信贷尽职免责制度，根据贫困地区金融机构贷款的风险、成本和核销等具体情况，对不良贷款比率实行差异化考核，适当提高贫困地区不良贷款容忍度。 在有效保护股东利益的前提下，提高金融机构呆坏账核销效率。 在计算资本充足率时，对贫困地区符合政

263

策规定的涉农和小微企业贷款适用相对较低的风险权重。

六、持续完善脱贫攻坚金融服务工作机制

（十九）加强组织领导，健全责任机制。 建立和完善人民银行、银监、证监、保监、发展改革、扶贫、财政、金融机构等参与的脱贫攻坚金融服务工作联动机制，加强政策互动、工作联动和信息共享。 切实发挥人民银行各级行在脱贫攻坚金融服务工作的组织引导作用，加强统筹协调，推动相关配套政策落实。 开展金融扶贫示范区创建活动，发挥示范引领作用。 进一步发挥集中连片特困地区扶贫开发金融服务联动协调机制的作用，提升片区脱贫攻坚金融服务水平。

（二十）完善精准统计，强化监测机制。 人民银行总行及时出台脱贫攻坚金融服务专项统计监测制度，从片区、县（市、区）、村、建档立卡贫困户等各层次，完善涵盖货币政策工具运用效果、信贷投放、信贷产品、利率和基础金融服务信息的监测体系，及时动态跟踪监测各地、各金融机构脱贫攻坚金融服务工作情况，为政策实施效果监测评估提供数据支撑。 人民银行各分支机构和各金融机构要按政策要求，及时、准确报送脱贫攻坚金融服务的相关数据和资料。

（二十一）开展专项评估，强化政策导向。 建立脱贫攻坚金融服务专项评估制度，定期对各地、各金融机构脱贫攻坚金融服务工作进展及成效进行评估考核。 丰富评估结果运用方式，对评估结果进行通报，将对金融机构评估结果纳入人民银行分支机构综合评价框架内，作为货币政策工具使用、银行间市场管理、新设金融机构

市场准入、实施差异化金融监管等的重要依据，增强脱贫攻坚金融政策的实施效果。

（二十二）加强总结宣传，营造良好氛围。 积极通过报刊、广播、电视、网络等多种媒体，金融机构营业网点以及村组、社区等公共宣传栏，大力开展金融扶贫服务政策宣传，增进贫困地区和贫困人口对精准扶贫金融服务政策的了解，增强其运用金融工具的意识和能力。 及时梳理、总结精准扶贫金融服务工作中的典型经验、成功案例、工作成效，加强宣传推介和经验交流，营造有利脱贫攻坚金融服务工作的良好氛围。

中国人民银行

国家发展和改革委员会

财政部

银监会

证监会

保监会

国务院扶贫开发领导小组办公室

2016 年 3 月 16 日

中国人民银行 银监会 证监会 保监会
关于金融支持深度贫困地区脱贫攻坚的意见

银发〔2017〕286 号

为深入贯彻落实党的十九大、深度贫困地区脱贫攻坚座谈会和《中共中央办公厅 国务院办公厅印发〈关于支持深度贫困地区脱贫攻坚的实施意见〉的通知》（厅字〔2017〕41 号）精神，集中力量、集中资源，创新金融扶贫体制机制，着力做好深度贫困地区金融服务，现提出如下意见。

一、强化责任、提升站位，金融扶贫资源要更加聚焦深度贫困地区。 攻克深度贫困堡垒，是打赢脱贫攻坚战必须完成的任务。做好金融助推深度贫困地区脱贫攻坚工作，是金融系统义不容辞的责任。 金融部门要坚持新增金融资金优先满足深度贫困地区、新增金融服务优先布设深度贫困地区，加大对建档立卡贫困户和扶贫产业项目、贫困村提升工程、基础设施建设、基本公共服务等重点领域的支持力度，着力增强深度贫困地区自我发展能力，为深度贫困地区打赢脱贫攻坚战提供重要支撑。

二、综合运用货币政策工具，引导金融机构扩大深度贫困地区信贷投放。 加强深度贫困地区扶贫再贷款管理，加大对深度贫困地区的扶贫再贷款倾斜力度，到 2020 年，力争每年深度贫困地区扶贫再贷款占所在省（区、市）的比重高于上年同期水平。 引导金融机构加强系统内信贷资源调剂，加大对深度贫困地区的支持力度。2020 年以前，深度贫困地区贷款增速力争每年高于所在省（区、市）贷款平均增速。

三、改进完善差别化信贷管理，更好地满足深度贫困地区群众合理融资需求。各银行业金融机构要合理调配信贷资源，优化调整内部授权与绩效考核，适当延长贷款期限，综合确定贷款额度。脱贫攻坚期内，对于精准扶贫贷款，在风险可控的前提下，稳妥办理无还本续贷业务，区别对待逾期和不良贷款。对深度贫困地区发放的精准扶贫贷款，实行差异化的贷款利率。规范发展扶贫小额信贷，着力支持深度贫困地区符合条件的建档立卡贫困户发展生产。在深度贫困地区，适度提高创业担保贷款贴息额度、取消反担保要求。加大国家助学贷款实施力度，支持更多家庭困难学生入学。延长民贸民品优惠利率贷款期限，因地制宜支持民贸民品企业发展，保障少数民族群众生产生活的特殊需求。建立带动建档立卡贫困人口脱贫的挂钩机制，加大对产业扶贫的金融支持力度。对存在不良信用记录的扶贫对象，要通过深入分析金融精准扶贫信息系统和金融机构记录，查找不良信用记录形成原因，开展信用救助，有针对性地帮助其重建良好信用。

四、加强资金筹集使用管理，全力做好深度贫困地区易地扶贫搬迁金融服务。国家开发银行、农业发展银行要根据深度贫困地区搬迁工作进度和资金需求，合理安排易地扶贫搬迁专项金融债券发行时机，筹集信贷资金，确保支持对象精准、贷款资金专款专用，坚决避免资金闲置挪用和因贷款原因影响搬迁进度，人民银行相关分支机构要加强动态监测和监督检查。各银行业金融机构要做好贫困人口安置综合金融服务，支持安置区贫困人口就近就地生产生活。

五、发挥资本市场作用，拓宽深度贫困地区直接融资渠道。 对深度贫困地区符合条件的企业首次公开发行股票，加快审核进度，适用"即报即审、审过即发"政策。 支持深度贫困地区符合条件的企业在全国中小企业股份转让系统挂牌，实行"专人对接、专项审核"，适用"即报即审，审过即挂"政策，减免挂牌初费。 对深度贫困地区符合条件的企业发行公司债、资产支持证券的，实行"专人对接、专项审核"，适用"即报即审"政策。 鼓励上市公司支持深度贫困地区的产业发展，支持上市公司对深度贫困地区的企业开展并购重组。 对涉及深度贫困地区的上市公司并购重组项目，优先安排加快审核。 支持证券经营机构开展专业帮扶，通过组建金融工作站等方式结对帮扶贫困县，增强深度贫困地区利用资本市场促进经济发展的能力。 支持深度贫困地区符合条件的企业通过发行短期融资券、中期票据、扶贫票据、社会效应债券等债务融资工具筹集资金，实行会费减半的优惠。

六、创新发展保险产品，提高深度贫困地区保险密度和深度。大力发展商业医疗补充保险、疾病保险、扶贫小额保险、农房保险等保险产品，重点服务深度贫困地区因病、因残致贫的突出困难群体。 加大对深度贫困地区建档立卡贫困户投保保费补贴力度，积极发展农业保险，适度降低深度贫困地区保险费率。 创新发展农产品价格保险和收入保险，提高深度贫困地区农业风险保障水平。 到2020年年底，实现深度贫困地区贫困人群医疗补充保险广覆盖，政策性农业保险乡镇全覆盖。

七、优先下沉深度贫困地区金融网点，更加贴近贫困农户需求。 金融机构要结合深度贫困地区实际需求，合理优化网点布局，保持现有网点基本稳定并力争有所增加，提升网点覆盖面，积极推动已有金融机构网点服务升级，适度下放管理权限。 地方法人金融机构要继续向深度贫困地区乡村下沉营业网点，扩大业务范围。 推动加大财政奖补力度，审慎稳妥扩充助农取款点服务功能，进一步推进支付服务进村设点，鼓励深度贫困地区推广网络支付，力争2020 年年底前实现助农取款服务在深度贫困地区行政村全覆盖，实现"基础金融服务不出村、综合金融服务不出镇"。

八、推进深度贫困地区信用体系建设，加大信用贷款投放力度。 全面开展信用乡镇、信用村、信用户创建，到 2020 年实现深度贫困地区建档立卡贫困户信用体系建设全覆盖。 结合深度贫困地区实际，探索开展信用培育有效途径，完善信用评价机制。 在风险可控、商业可持续的前提下，大力发展信用贷款业务，提高信用贷款金额，促进深度贫困地区信用贷款保持较快增长。

九、继续发挥经理国库职能，提升深度贫困地区国库服务水平。 发挥国库的监测分析作用，配合地方财政部门盘活财政资金存量，提高财政扶贫资金使用效率。 拓宽国库直接支付惠农资金种类和范围，完善贫困农户直接补贴机制，保障各类补贴资金安全及时足额发放到位。 适时开展国债下乡，为深度贫困地区农户提供安全可靠的投资渠道，提高财产性收入水平。

十、加强深度贫困地区金融生态环境建设，有效防范金融风险。 在深度贫困地区优先实施农村金融教育"金惠工程"，2020 年以前实现深度贫困地区贫困村金融宣传教育全覆盖。 加强对深度贫困地区基层干部的金融知识培训，提升金融风险防范意识和识别能力以及运用金融工具的能力。 强化深度贫困地区金融消费者权益保护，严厉打击金融欺诈、非法集资、制售使用假币等非法金融活动，规范金融机构业务行为，净化深度贫困地区金融消费环境。 严格扶贫项目贷款审批管理，避免假借扶贫名义违法违规举债融资上其他项目，切实防范金融风险，促进深度贫困地区经济可持续，为贫困群众"真脱贫、脱真贫"提供长远支撑。

十一、优化银行业金融机构监管考核，提升银行业金融机构贷款投放的积极性。 适当提高不良贷款容忍度，对深度贫困地区银行业金融机构个人精准扶贫贷款不良率高于自身各项贷款不良率年度目标 2 个百分点以内的，可以在监管部门监管评价和银行内部考核中给予一定的容忍度。 加快完善落实尽职免责制度，明确精准扶贫贷款发放过程中的尽职要求，强化正面引导。

十二、加强财税金融结合，撬动金融资源更多投向深度贫困地区。 加强与地方政府部门沟通协调，推动落实好扶贫贷款贴息政策。 健全融资风险分担和补偿机制，支持深度贫困地区设立贷款担保基金和风险补偿基金。 支持深度贫困地区设立政府性融资担保机构，通过资本注入、风险分担、风险补偿等方式，撬动金融资本和社会资金投入扶贫开发。 推动地方落实好支持企业融资税收优惠政策，引导金融机构更好地支持深度贫困地区农户、小微企业、个体工商户贷款融资。

十三、完善监测考核评价机制，强化金融精准扶贫政策宣传推广。 充分利用金融精准扶贫信息系统，加强信息对接共享和专项贷款统计，加强对金融精准扶贫服务情况和精准扶贫贷款异常波动情况的监测分析。 改进金融精准扶贫效果评估，丰富评估结果运用方式，推动纳入政府综合扶贫工作效果考核体系，并与扶贫再贷款使用、宏观审慎评估、银行间债券管理、金融产品创新等挂钩。 充分利用主流媒体和网络媒体广泛宣传金融扶贫政策、金融知识、金融产品和服务及金融扶贫效果，及时总结推广典型金融扶贫模式和经验，形成金融助推深度贫困地区脱贫攻坚的浓厚氛围。

中国人民银行

银监会

证监会

保监会

2017 年 12 月 15 日

中国银监会关于银行业金融机构
积极投入脱贫攻坚战的指导意见

银监发〔2016〕9号

各银监局，各政策性银行、大型银行、股份制银行，邮储银行，金融资产管理公司，其他会管金融机构：

为了认真贯彻落实中央扶贫开发工作会议和中共中央、国务院《关于打赢脱贫攻坚战的决定》（中发〔2015〕34号）精神，指导各级银行业监管部门和银行业金融机构按照人民银行、银监会等7部门《关于金融助推脱贫攻坚的实施意见》（银发〔2016〕84号）的总体部署，履行扶贫开发社会责任，有效发挥金融加速脱贫能效，助力"十三五"扶贫开发工作目标如期实现，齐心协力打赢脱贫攻坚战，现就银行业金融机构积极投入脱贫攻坚战、做好扶贫开发金融服务工作提出以下意见：

一、总体要求

（一）指导思想

全面贯彻落实党的十八大和十八届二中、三中、四中、五中全会精神以及中央扶贫开发工作会议精神，以习近平总书记重要讲话精神为指导，围绕实现脱贫攻坚"两个确保"，牢固树立创新、协调、绿色、开放、共享发展理念，遵循精准扶贫、精准脱贫基本方略，发挥银行业金融机构各自的独特优势，立足职能定位，持续加大扶贫资金投入，完善工作机制和服务政策，加强信贷管理和金融创新，鼓励和引导商业性、政策性、开发性、合作性等各类机构加大支持力度，全面做好金融扶贫这篇大文章。

(二) 基本原则

1. 精准发力，精细实施。 准确对接基础设施建设、产业生产和发展、移民搬迁安置等领域的金融服务需求，采取一项一策、一项一法、一项一品精细化管理措施，使金融服务精准落实到贫困人口、贫困户、扶贫开发项目，信贷支持做到对象准确、期限合理、流程匹配，切实提升扶贫开发金融服务工作实效。

2. 推进普惠，聚焦特惠。 在商业可持续前提下，推进各类金融资源在农村地区的均等化配置，履行扶贫开发社会责任，突出对贫困地区、贫困人口的特惠政策安排，让贫困地区、贫困人口得到更加实惠的金融服务。

3. 专门机构，专业管理。 在重点金融机构确定专门的扶贫开发金融服务工作部门，对扶贫开发金融服务工作进行单独管理、单独核算、单独调配资源。

4. 资金联合，机构联动。 以政府主导、财政投入为主的扶贫开发项目为靶向，加大金融资金跟进力度，形成资金合力；发挥各类银行业金融机构各自的独特优势，分工负责，协同行动。

5. 融资融智，综合服务。 既要加大资金投入，又要充分利用银行业金融机构的网络、信息和服务优势提供融智支持，通过提供全面综合性一揽子金融服务，促进贫困地区和贫困人口提升自我发展、就业创业能力。

(三) 工作目标

1. 资金投入持续增长。 加大银行业金融机构扶贫开发信贷资金投放，保持贫困地区、贫困户信贷投入总量持续增长，易地扶贫搬迁等脱贫攻坚项目的信贷资金投放与项目计划、进度要求相匹配，实现对符合条件建档立卡贫困户的有效贷款需求的扶贫小额信贷全覆盖，力争实现贫困地区各项贷款增速高于所在省（区、市）当年各项贷款平均增速，贫困户贷款增速高于农户贷款平均增速。

2. 优化调整贫困地区贷款结构。 为使贫困地区基础设施建设早建成、早见效、见长效，在政策性、开发性金融机构增加长期贷款投放的同时，引导商业性银行业金融机构在风险可控、商业可持续的前提下加大对贫困地区基础设施建设的支持力度，进一步提高中长期贷款比重。

3. 提高机构网点覆盖度。 引导贫困地区银行业金融机构持续下沉机构网点，在具备条件的贫困地区优先推动金融机构乡镇全覆盖和金融服务行政村全覆盖，基本实现"乡乡有机构、村村有机具、人人有服务"。

4. 完善扶贫开发金融服务机制。 建立健全与国家脱贫攻坚战相适应的金融服务体制机制，形成商业性、政策性、开发性、合作性等各类机构协调配合、共同参与的金融服务格局，创新扶贫开发金融产品和服务方式。

二、准确把握定位，全面落实责任

（四）找准服务定位

发挥政策性金融和商业性金融互补作用，国家开发银行和农业发展银行要发挥主渠道作用和开发性、倡导性、保本微利等特点，先期加大贫困地区基础设施、公共服务设施、移民搬迁、生态保护、教育扶贫等领域的资金投放，加快改善贫困地区、贫困人口生产生活条件。 商业性银行业金融机构特别是农业银行、邮储银行、农村中小金融机构等，要以政策扶持为支撑，通过市场机制引导加大信贷投入，对贫困地区主导产业、优势产业、农业现代化以及新型农业经营主体发展规模化生产进行重点支持，着重加大建档立卡贫困人口的扶贫小额信贷投放，扶持生产和就业，促进贫困地区经济增长和贫困人口增收。

加强服务能力建设，提升综合服务水平。 农业银行要通过强化贫困县"三农金融事业部"的"一级经营"能力，加大"三农"信贷投放和资源配置力度。 邮储银行要进一步拓展农村小额贷款业务，增加直接回流贫困地区的信贷资金，强化贫困地区县以下的乡、村机构网点功能建设。 农村中小金融机构要立足县域和社区，积极推进基础金融服务功能普及工作，加大贫困户信贷服务支持力度。 其他商业银行要将扶贫开发金融服务作为履行社会责任的重要内容，主动对接扶贫开发项目，特别是脱贫攻坚重点项目，创新信贷管理体制，增加贫困地区信贷投放，加强与主要扶贫开发金融服务机构的业务合作。

（五）建立工作机制

国家开发银行、农业发展银行要设立扶贫金融事业部，统筹协调扶贫开发金融服务工作。 其他涉农银行业金融机构要成立扶贫工作专门组织体系，建立有各部门参加直至末端的条线制专项工作机制，对联系扶贫部门、自身任务确定、责任划分、时间进度计划、信贷政策、业务授权、金融创新、资源配置、跟踪督查等进行统筹安排。

（六）落实任务责任

银行业金融机构要根据市场定位、机构优势和自身能力，聚焦有明确扶贫攻坚任务的省份、县和贫困人口所在地，建立各级贫困地区的分支机构明细表，制定区域内各级机构的扶贫开发任务规划。 任务规划安排要涵盖机构网点覆盖、扶持贫困户数量以及资金投放等内容。

三、实施倾斜信贷政策，切实增加贷款投放

（七）进一步完善贫困户贷款管理政策

扶贫小额信贷是银行业金融机构实施精准扶贫、精准脱贫方略，为建档立卡贫困户提供公平、持续、有效的信贷机会，保证信贷资金精准到户，帮助贫困户增加收入摆脱贫困的关键举措。 银行业金融机构要按照《关于创新发展扶贫小额信贷的指导意见》（国开办发〔2014〕78 号）各项政策精神，单独安排资金，单独考核责任，持续加大扶贫小额信贷投放力度。

拓展扶贫小额信贷适用范围，更好地满足建档立卡贫困户生产、创业、就业、搬迁安置等各类贷款需求，对建档立卡贫困户 5 万元以下、3 年以内的贷款，采取信用贷款方式，不设抵押担保门槛；对有贷款意愿、有就业创业潜质、技能素质和一定还款能力的建档立卡贫困户保证应贷尽贷；实行利率优惠。

完善生源地助学贷款政策。 支持银行业金融机构对有在读高校学生的贫困户发放生源地助学贷款，学生在读期间利息全部由财政补贴，延长贷款期限至最长 20 年。

区别对待贫困户不良贷款，在剔除主观恶意欠款不还因素情况

下，确系由于自然灾害、气候、市场变化等原因导致无法归还贷款的，可予贷款展期或适当延长还款期限；对通过追加贷款能够帮助渡过难关的，应予追加贷款扶持，避免因债返贫。

（八）设定信贷资金配套比例

对有财政专项扶贫资金投入、扶持生产和就业发展的项目和对象，银行业金融机构应根据财政专项资金规模，安排一定比例的信贷资金予以配套。

（九）合理确定扶贫贷款期限

对贫困地区基础设施、公共服务设施、易地扶贫搬迁等项目的贷款，原则上以中长期贷款为主，同时根据项目还款资金来源及进程，合理设定还款期限。

（十）允许采用过桥贷款方式

对有确定、稳定资金来源保障的扶贫项目，可以采用过桥贷款方式，发放特定期限、特定额度的贷款，先期支持项目及时启动，根据资金到位和后续现金流情况做出还款安排。

四、不断推进金融创新，探索有效服务模式

（十一）探索银行"包干服务"制度

监管部门可根据当地银行业金融机构服务专长和实际情况，按照建档立卡贫困户扶贫小额信贷发放、扶贫项目融资、服务网点布设等情况，建立分片包干责任制。对扶贫小额信贷发放，按乡镇明确一家责任银行，由责任银行对建档立卡贫困户实行名单制管理，对贫困户开展逐户走访和信用评定，采取"一次核定、随用随贷、余额控制、周转使用"的管理办法，在授信额度内，由贫困户自主

周转使用。 探索采取由主要责任银行承包扶贫开发项目融资服务、包干一定区域内金融服务机具布设、包干某类贫困人群的特定业务等方式，使金融扶贫的服务主体更加精准，服务责任更加明确。

（十二）创新金融服务产品

创新发展扶贫小额信贷，开发覆盖易地搬迁对象、返乡农民工、农村妇女等特定人群，促进创业就业、搬迁安置后续就业技能培训、提高投资收益的小额信贷产品。 鼓励银行业金融机构推出契合政府出资担保机构担保的多种贷款产品。 灵活运用特许经营项目的收益权、购买服务协议预期收益、林权、集体土地承包经营权、集体资产收益权等作为担保设计贷款新产品。 探索银保合作，开发保单质押贷款产品，利用扶贫小额信贷保险分散贷款风险。

（十三）开展融资模式创新

针对各地扶贫攻坚项目的新方式、新特点，开发多样化的授信服务和融资模式。 鼓励地方政府和扶贫开发部门灵活运用财政专项扶贫资金，通过财政资金投入建立扶贫贷款的担保、风险分散和补偿等机制，撬动信贷资金投入。

针对产业发展扶贫项目，对企业、公司或者基地与贫困户形成订单生产、雇佣生产、收购协议等关系的实际情况，可灵活采取"公司或基地+农户"统一授信、"公司担保（或订单保证）+农户贷款""公司统一承贷+农户使用"等基于产业扶贫链条授信方式。 对易地扶贫搬迁项目，金融服务要着力覆盖建设、安置、安居和就业创业各阶段，对于有稳定还款来源的安置区建设项目，可以对融资主体资质不足、资金到位较慢等问题采取适当放宽标准、特事特办的贷款方式，对搬迁对象的装修和购置家具等消费贷款、创业贷款、就业培训贷款等融资需求，可以按照预期到位补助标准的一定比例发放"一揽子"贷款。

五、加快金融服务均等化建设，提高服务覆盖度

（十四）提高贫困地区银行业网点和服务覆盖度

鼓励银行业金融机构到贫困地区、贫困县、机构空白乡镇设立标准化固定营业网点。支持在贫困地区发起设立村镇银行，稳步提高村镇银行贫困县覆盖面。采取多种形式提供简易便民服务，在贫困地区推动实现基础金融服务"村村通"。加强贫困地区电子服务渠道建设，特别是加大村级金融电子机具的布放力度，引导金融机构将金融服务触角向村一级有效延伸。

（十五）增强网点服务功能

加强服务能力建设，在存取款、结算等业务基础上，提供补贴、补助资金、养老金、最低保障金、粮食直补款的领取发放和新农保、公共事业缴费等代收代付业务服务；逐步强化查询、银行卡、小额贷款申请受理和基础信用信息收集等服务功能；进一步增加就业创业咨询、网络支付、理财服务等业务，推进服务精细化，提高综合性服务水平。

六、完善准入政策，实施差异化监管制度

（十六）放宽贫困地区机构准入政策

对银行业金融机构在贫困地区的乡、村设立服务网点实行更加宽松的准入政策。按照《关于银行业金融机构做好老少边穷地区农村金融服务工作有关事项的通知》（银监办发〔2012〕330号）精神，优先支持在贫困地区设立村镇银行等新型农村金融机构，立足县域金融承载能力，支持在贫困地区规模化集约化发起设立村镇银行，因地制宜采取'一行多县'等方式，在攻坚期内基本覆盖贫困县。攻坚期内严格控制贫困地区现有机构网点撤并。

（十七）鼓励多种金融服务业态发展

支持贫困地区培育发展农民资金互助组织，优先在贫困地区开展农民合作社内部信用合作试点。鼓励贫困地区设立政府出资的融资担保机构。优先支持在贫困地区设立小额贷款公司。鼓励利用互联网平台开展金融服务，发挥网络借贷机构融资便捷、对象广泛的特点，引导其开展对贫困户的融资服务。

（十八）完善差异化监管制度

进一步强化差异化监管政策，出台有针对性的扶贫开发金融服务监管措施。对贫困地区银行业法人机构的分支机构设立，以及现场检查等方面作出特殊安排。引导银行业金融机构合理确定扶贫项目贷款、扶贫小额信贷的不良贷款容忍度。对扶贫开发贷款作出尽职免责安排。严禁贷款利率浮动幅度过高。对于因自然灾害、农产品价格波动等客观原因造成无法按原定期限正常还款的贷款可以合理展期。对参与扶贫攻坚项目的公司主体、平台主体以及贫困户等因客观原因发生财务困难，无力及时足额偿还贷款本息的，可按有关规定实施贷款重组。

七、强化业务管理，防控金融风险

（十九）确保扶贫项目合规性

贷款发放与支付前，银行业金融机构要确保该扶贫项目已正式列入省级政府脱贫攻坚实施方案和实施计划；确保扶贫小额信贷的承贷贫困户经扶贫部门核定，保证精准支持扶贫对象。

（二十）落实还款保障条件

银行业金融机构按照商业化原则自主审贷，全面、深入评估有关扶贫项目风险，将确实的还款来源作为还款主要保障，在准确评定贫困户信用等级和还款能力基础上进行授信。

（二十一）加强贷款风险管理

全面了解贫困户和扶贫攻坚项目信息，强化项目全周期风险管理。 合理运用财政扶贫专项资金的补贴、贴息、担保和补偿功能，完善风险缓释机制。 严格按照贷款合同约定发放和使用贷款，坚持专款专用，防止贷款挪用。 确定专门项目账户，加强项目监测和管理。 定期对借款人生活和经营情况以及项目的建设和运营情况等进行监测分析，对可能影响贷款安全的不利情形及时采取针对性措施。

八、加强部门联动，形成工作合力

（二十二）做好监管服务

各级监管部门要在掌握扶贫部门建档立卡贫困户名单信息和摸清真实贷款需求基础上，实行分片包干，统筹推动辖区内银行业金融机构协同做好扶贫小额信贷发放工作，做到分工明确、责任清晰。 及时监测辖区内脱贫攻坚金融服务的进展、风险等情况，建立银行业支持脱贫攻坚的联络协商、交流合作、信息通报、经验总结和宣传推广制度，完善脱贫攻坚金融服务专项督查和考评机制。

（二十三）强化同业合作

加强监管政策与货币政策的协调，督促贫困地区金融机构之间密切合作，着力在增信服务方面拓展政银担、政银保合作的广度和深度，在银行业金融机构分工协作的基础上，形成货币、监管、征信、担保、保险机构各方参与的大合作格局。

（二十四）积极主动对接

银行业金融机构要主动联络当地政府扶贫部门，及时获取脱贫攻坚规划和实施方案、贫困户识别等信息，及时反馈各类客户的金融服务情况，听取政府扶贫部门在金融服务方面的需求和建议，建立长效沟通机制。要加强与农业、教育、科技、社会保障等部门的工作联系，全面了解教育扶贫、科技扶贫等方面的信息，逐步搭建扶贫部门和银行业金融机构共同参与的信息平台，提高信息共享时效性。

（二十五）加强协调沟通

加强与地方财政部门的工作协调，做好与财政资金、贴息资金对接工作，及时跟进金融服务。支持财政专项扶贫资金在贷款担保和补偿方面的运用，建立有效缓释风险的工作体制机制，保护银行业金融机构扶贫信贷投放的积极性。

2016 年 4 月 1 日

中国银监会办公厅关于 2016 年度银行业
金融扶贫工作情况的通报

银监办发〔2017〕37 号

各银监局：

党中央、国务院关于打赢脱贫攻坚战的决定发布后，银监会及时制定印发《关于银行业金融机构积极投入脱贫攻坚战的指导意见》(银监发〔2016〕9 号)，明确银行业机构金融扶贫的政策措施，同时编制银行业建档立卡贫困户贷款、扶贫开发项目贷款、贫困县银行机具服务覆盖情况统计表，定期统计、监测扶贫工作进展情况。 一年来，在各方共同努力下，银行业扶贫工作成效显著。 现将有关情况通报如下：

一、金融扶贫工作机制基本建立

各银监局都成立了由负责同志挂帅的扶贫工作领导小组，明确了工作部门和人员，细化并落实了工作职责，指导辖内银行业金融机构建立了专门的扶贫工作组织、机构以及基层业务团队。 各银行业金融机构也建立了相应的工作机制和组织架构，如开发银行、农发行设立了专门的扶贫金融事业部，大型银行均成立了由董事长任组长的金融扶贫工作领导小组。 同时，各地和各机构建立了有关信贷投放增量和增速、金融服务覆盖率等指标统计监测、定期通报以及考核评价制度。

二、落实建档立卡贫困户服务责任，扶贫小额信贷快速增长

2016 年，各银监局及辖内银行业金融机构着力通过扶贫小额信贷破解建档立卡贫困户融资瓶颈。 根据了解，已有 22 个省份基本以乡镇为单位落实了发放扶贫小额信贷的主要责任银行。 其中，河南银监局第一时间印发了省内各乡镇对应的服务责任银行名单；福建银监局推行责任银行设置片区信贷员负责制，实施"包村到人"战略；湖北省将金融扶贫纳入网格化建设，把金融扶贫责任落实到"网格员"；山东银监局建立扶贫小额信贷投放月度监测制度，动态掌握扶贫工作进度。 目前各地正在按照"精准到户"原则，落实责任分工，由主要责任银行对建档立卡贫困户实行名单制管理，对建档立卡贫困户开展逐户走访，摸清贷款意愿、用途、金额等情况，全面开展信贷需求摸底调查和信贷投放等服务工作。

截至 2016 年年末，全国银行业金融机构发放扶贫小额信贷余额 1 658 亿元，支持建档立卡贫困户 402 万户；发放有财政扶贫专项资金贴息的扶贫项目贷款余额 802.7 亿元（不含易地扶贫搬迁长期贷款）。 2016 年扶贫小额信贷支持的建档立卡贫困户新增 250 万户，扶贫小额信贷支持贫困户已经占到全国建档立卡贫困户的 17.7%，户均贷款余额 4 万元。 其中，甘肃、宁夏两地建档立卡贫困户的扶贫小额信贷覆盖率超过 90%；贵州、广西两地加大贷款支持力度，扶贫小额信贷余额分别达到了 196 亿元、188 亿元。

三、贫困村基础金融服务覆盖面稳步提升

各银监局及辖内银行业金融机构在银监会倡导的普惠金融—基

础金融服务"村村通"工程基础上，工作重心进一步向贫困村倾斜，在提高贫困村基础金融服务覆盖面的同时，有效提升了服务的便利性和可获得性。 全国 832 个贫困县中，已有 303 个设有村镇银行。 银行业金融机构通过网点、机具服务或流动服务覆盖的行政村已达 15.6 万个，贫困县行政村基础金融服务覆盖率达 92.9%。 河北辖内 2016 年填补了 2 个乡镇的机构网点空白；22 个扶贫重点省份中，已有 15 个完成省内机构空白乡镇网点全覆盖工作。 湖南在全省 8 000 个贫困村建立了金融扶贫服务站，实现贫困村基础金融服务"村村通"；四川辖区内在网点机具布设方面重点向贫困地区倾斜，在贫困县大量增设网点和机具。

四、探索创新多种金融扶贫方式方法

各银监局、各地银行业金融机构在认真贯彻落实中央扶贫攻坚总体部署的同时，紧密结合当地实际和扶贫对象的情况特点，因地制宜探索创新有效的扶贫方法和融资模式，主动适应当地脱贫攻坚投融资主体多样化的服务需求，建立高效服务流程。 黑龙江辖内银行业金融机构充分挖掘贫困户的抵押资源，利用"两权""粮食直补""贫困户互保"等抵押担保方式，推出面向贫困户的贷款产品。湖南银监局积极推广产业引导、金融支持、扶贫资金担保的"麻阳模式"。 部分银监局还协调地方政府和有关部门灵活运用财政专项扶贫资金，通过财政资金投入建立扶贫贷款的担保、风险分散和补偿等机制，撬动信贷资金投入。 河北银监局多方联动创新发展出"政银企户保"五位一体模式，实现政府搭台增信、银行降门槛降息、保险兜底保证。 有的省份充分发挥市场机制作用，引入农业保

险分散信贷风险，如宁夏区的特色农产品保险有效带动了扶贫信贷资金投入；甘肃省为解除银行对扶贫小额信贷风险的顾虑，在各县全面设立了由财政扶贫资金投入的贷款风险补偿金。 还有一些省份根据贫困地区产业发展项目实际，创新基于产业扶贫链条的授信方式，开发了"项目+贫困户""农村经营主体+贫困户""产业基地+贫困户"等信贷扶贫模式。

五、扶贫信贷协作联动机制逐步加强

一年多来，各银监局和辖内银行业金融机进一步加强沟通协调，理顺与地方扶贫办等有关部门的协作关系。 一是对建档立卡贫困户信息，大部分省份的扶贫办能够及时向银监局和银行业金融机构提供建档立卡贫困户名单，使精准对接、精准支持有了好的基础。 银行业金融机构已经基本掌握 2015 年年末 2 200 多万建档立卡贫困户名单信息。 二是对扶贫项目建设信息，各地银行业金融机构加强了与发展改革、扶贫、农业等部门沟通，及时掌握扶贫项目建设信息，做好配套金融支持服务。 三是对贴息、担保以及补偿基金等问题，协调地方政府加紧做好贷款贴息资金准时到位、设立专门担保机构或资金、建立贷款风险补偿基金等工作，利用财政资金撬动信贷资金的效果正在显现。

六、2017 年进一步做好脱贫攻坚金融服务工作要求

（一）脱贫攻坚金融服务要精准发力、精细实施，不断完善工作机制和服务政策，使各项措施精准落实到建档立卡贫困人口、贫困户、扶贫开发项目。

（二）要在全面落实扶贫小额信贷包干责任制基础上，坚持扶贫小额信贷资金投放精准到户，确保信贷资金用于帮助符合标准的建档立卡贫困户发展产业增收脱贫。不断丰富扶贫小额信贷产品，进一步开发覆盖易地搬迁对象、返乡农民工、农村妇女等特定人群，促进创业就业、搬迁安置后续就业技能培训等的扶贫小额信贷产品。

（三）各银监局要按时填报"银行业建档立卡贫困户贷款情况统计表""贫困县银行业机构机具服务覆盖情况统计表""银行业扶贫开发项目贷款情况统计表"，以 2015 年末建档立卡贫困户名单为基数，统计扶贫小额信贷各项数据。

（四）要注意收集整理开展脱贫攻坚金融服务的有效经验做法，主动发掘金融服务创新闪光点，对实践证明比较成熟、具有较高推广价值的新经验，加大交流推广力度。

（五）加强与当地政府及发展改革、扶贫、农业等有关部门沟通联系，共享建档立卡贫困户信息、扶贫项目建设信息，有效落实贴息、担保以及补偿基金等风险缓释措施。

2017 年 3 月 10 日

关于深入推进金融支持扶贫惠农工程
全面做好四川省扶贫开发金融服务工作的实施意见

为贯彻落实《中国人民银行 财政部 银监会 证监会 保监会 扶贫办 共青团中央关于全面做好扶贫开发金融服务工作的指导意见》（银发〔2014〕65号）和中共四川省委办公厅、四川省人民政府办公厅《贯彻〈关于创新机制扎实推进农村扶贫开发工作的意见〉实施方案的通知》精神，进一步完善金融服务机制，深入推进"金融支持扶贫惠农工程"，充分发挥金融在支持贫困地区扶贫开发中的作用，推动《四川省农村扶贫开发纲要（2011—2020年）》提出的奋斗目标的顺利实现，结合四川实际，现提出以下实施意见：

一、工作目标

（一）信贷总量持续增长。 引导信贷资金在风险可控的前提下加大力度投向贫困县域，贫困地区金融机构新增存款主要用于当地信贷投放，力争全省贫困地区每年各项贷款增速高于当年全省各项贷款平均增速，新增贷款占全省贷款增量的比重高于上年同期水平。

（二）融资结构不断优化。 信贷结构不断优化，直接融资比例不断上升。 对贫困地区基础设施建设、经济发展和产业结构升级、促进就业创业和贫困户脱贫致富、生态建设和环境保护等方面的金融支持力度不断加大。 银行间市场直接债务融资取得进展，促进贫困地区上市企业、报备企业及重点后备上市企业规范健康发展，资本市场融资取得进展。 推动债券市场产品和制度创新，实现直接融资规模同比增长。

（三）金融扶贫开发组织体系日趋完善。 贫困地区县域金融服务组织体系不断完善，政策性金融的导向作用进一步显现，商业性金融机构网点持续下沉，农村信用社改革不断深化，新型农村金融机构规范发展，形成政策性金融、商业性金融和合作性金融协调配合、共同参与的金融扶贫开发新格局。

（四）金融服务水平明显提升。 建成多层次、可持续的农村支付服务体系和完善的农村信用体系，贫困地区金融生态环境得到进一步优化。 基础金融服务全覆盖成果得到巩固，基础金融服务向行政村延伸。 金融产品和服务创新加强，贫困地区多元化融资需求得到有效满足。 扶贫对象运用金融脱贫致富的能力和金融扶贫项目覆盖带动的精准度进一步提升。

（五）促进政策资源有效整合。 包括扶贫主管部门在内的政府机构、金融监管部门以及金融机构的联动协作进一步加强，贫困地区金融政策与财税政策、产业政策等相关扶贫政策资源的契合度有效提升，推动形成金融支持扶贫开发的政策资源聚集与支持的合力。

二、基本原则

（一）开发式扶贫原则。 坚持以产业发展为引领，通过完善金融服务，不断培育壮大地方特色产业和支柱产业，扩大其对扶贫对象增收和脱贫致富的引领带动作用。

（二）商业可持续原则。 坚持以市场化为导向，以政策扶持为支撑，充分发挥市场配置资源的决定性作用，健全激励约束机制，在有效防范金融风险的前提下，引导金融资源向贫困地区倾斜。

（三）因地制宜原则。 立足贫困地区实际，根据不同县域的产业特点、资源禀赋和经济社会发展趋势，创新开发适合当地需求的金融产品和服务模式，力争实现"一县一式""一地一策"。

（四）以点带面原则。 结合《金融支持四川集中连片特困地区"扶贫惠农工程"工作方案》要求，加大对省级、市级示范县（市、区）的重点推动力度，确定一批重点支持或帮扶的示范项目、示范企业、示范基地、示范贫困村（寨）、示范帮扶农户和金融扶贫示范窗口，以点带面，有序推进，适时推广示范取得的经验和做法，全面改进完善集中连片特困地区的金融支持和服务。

（五）突出重点原则。 加强与贫困地区区域发展规划和相关产业扶贫规划的衔接，重点支持贫困地区基础设施建设和主导优势产业发展，保护生态环境。

三、实施范围

本意见的实施范围为《中国农村扶贫开发纲要（2011—2020年）》确定的秦巴山区（四川部分）、乌蒙山区（四川部分）等区域的连片特困地区和已经明确实施特殊政策的四川藏区以及我省连片特困地区以外的国家扶贫开发工作重点县，共计66个县（市、区）；《四川省农村扶贫开发纲要（2011—2020年）》确定的其他22个未纳入银发〔2014〕65号文件范围的四川省扶贫重点县（区、市），在省级支持政策范围内，可比照执行（名单见附件1）。 片区外 90 个有扶贫开发任务的县（市、区），有条件的，在省级支持政策范围内，也可比照执行。

四、重点工作

（一）完善贫困地区金融组织体系，进一步发挥政策性、商业性和合作性金融的互补优势。 鼓励政策性银行加大对贫困地区农业开发、农村基础设施建设、公共服务设施建设和新型城镇化发展的中长期信贷支持力度，着力做好农业转移人口的综合性金融服务。深化农业银行"三农金融事业部"改革试点，认真组织"三农金融事业部"考核，促进加大对贫困地区"三农"信贷投放和资源配置力度。 鼓励邮政储蓄银行拓展贫困地区农村金融业务，逐步扩大涉农业务范围，加快资金回流农村，不断提高"三农"贷款占比。 鼓励其他银行根据自身业务结构和特点发展涉农业务。 强化农村中小金融机构支农市场定位，更好地发挥其支农服务主力军作用。 督导贫困地区农村中小金融机构在稳定县域法人地位、维护体系完整、坚持服务"三农"的前提下，稳步推进农村信用社产权改革，积极稳妥组建农村商业银行，培育合格市场主体。 鼓励社会资本投资入股，支持农业产业化龙头企业、农产品加工企业以及涉农商贸企业入股农商行。 探索引进涉农企业独立董事，扩展独立董事选聘途径和视野，加快在董事会下设立"三农"专业委员会，强化服务"三农"的市场定位和作用。 不断强化四川省农村信用社联合社服务功能，做好指导协调，整合放大服务"三农"能力。 稳步培育发展村镇银行，提高民营资本持股比例，开展面向"三农"的差异化、特色化服务。 继续提高贫困村互助资金效益，在贫困村扶贫互助社基础上建立互助资金联合社，搭建金融与互助资金相连接的桥梁，拓宽扶贫对象合作金融发展道路。

（二）完善扶贫贴息贷款政策，加大扶贫贴息贷款投放力度。充分发挥中央、省财政贴息资金的杠杆作用，逐年增加财政贴息资金额度，扩大扶贫贴息贷款规模。完善扶贫贴息贷款政策，依据建档立卡认定的贫困户，完善项目库建设、扶贫企业和项目认定机制，合理确定贷款贴息额度。优化扶贫贴息贷款流程，推动扩大承贷机构范围。针对精准扶贫机制，增加对扶贫对象的特惠贷款项目。加强扶贫贴息贷款执行情况统计、考核，建立相应的激励约束机制。

（三）优化金融机构网点布局，扩大金融服务覆盖面。积极支持和鼓励银行、证券、保险机构在贫困地区设立分支机构，进一步向社区、乡镇延伸服务网点。加快金融服务网点建设，优先办理金融机构在贫困地区开设分支机构网点的申请。加大在金融机构空白乡镇规划设置物理网点的工作力度，统筹增设正常营业的固定网点、定时服务的简易服务网点（或固定网点）和多种物理机具，并在确保安全的前提下，开展流动服务车、背包银行等流动服务。积极推动金融机构网点服务升级。督导大中型银行稳定现有县域网点，拓展乡镇服务网络，严格限制现有乡镇网点撤并，适度提高贫困地区网点覆盖水平。加大贫困地区新型农村金融机构组建工作力度，鼓励延伸服务网络。

（四）继续改善农村支付环境，提高金融服务普惠程度。加快推进贫困地区支付服务基础设施建设，逐步扩展和延伸支付清算网络的辐射范围，支持贫困地区符合条件的农村信用社、村镇银行等银行业金融机构以低成本、快捷的方式接入人民银行跨行支付系统，畅通资金清算渠道，构建城乡一体的支付结算体系。 大力推广非现金支付工具，优化银行卡受理环境，提高银行卡使用率，稳妥推进网上支付、移动支付等新型电子支付方式。 扩大银行卡助农取款覆盖面，丰富银行卡助农取款服务点功能，探索依托银行卡助农取款点构建农村金融服务网络。 鼓励更多金融机构申请成为助农取款收单机构，推动助农取款服务点实现联网通用。 组织创建助农取款优质服务示范点，鼓励助农取款点在规范管理的前提下代理更多业务。 鼓励贫困地区银行网点安装自助机具。 优化助农取款服务点和自助机具布局，提高单点单机的辐射面。 推广农村地区手机支付业务，推动以银行卡为基础的电子支付手段在贫困地区的应用。

（五）加快推进农村信用体系建设，营造良好的金融生态环境。以家庭农场、专业大户、农民专业合作社、农业产业化龙头企业等新型农村经营主体为重点，在农村信用体系建设试验区建立农村信用信息数据库、信用信息服务网和融资对接平台，分层次推进农户信用建档，充分依托库网开展信用户、村、乡评定和新型农村经营主体信用评价，强化信用信息查询使用，提升信用信息对新型农村经营主体筛选、培育、融资对接的支撑力度。 深入开展"信用户""信用村""信用乡（镇）"以及"农村青年信用示范户"创建活动，促进信用体系建设与农户小额信贷有效结合，切实发挥农村信用体系建设在提升贫困地区农户信用等级、降低金融机构支农成本和风险、增加农村经济活力等方面的重要作用。 开展县域金融生态环境评价和综合排名发布工作，打造信用高地，形成资金洼地，不断增强良好信用环境对金融资源的吸引力。 积极探索多元化贷款担保方式和专属信贷产品，大力推进农村青年创业小额贷款工作。

（六）创新金融产品和服务方式，支持贫困地区发展现代农业。 金融机构要创新组织、产品和服务，积极探索开发适合贫困地区特点的贷款产品和服务模式。 大力发展大型农机具、林权抵押、仓单、保单和应收账款质押等信贷业务，重点加大对管理规范、操作合规的家庭农场、专业大户、农民合作社、产业化龙头企业、贫困村扶贫互助社和农村残疾人扶贫基地等经营组织的支持力度。 结合《中国人民银行关于做好家庭农场等新型农业经营主体金融服务的指导意见》（银发〔2014〕42 号）要求，选择部分重点农村新型经营主体建立主办行制度，从省到县分级指导，对重点农村新型经营主体提供"一对一服务"，给予全方位、系统性金融支持。 健全"企业+农民合作社+农户""企业+家庭农场""家庭农场+农民合作社"等农业产业链金融服务模式，提高农业金融服务集约化水平。同时，完善小额信用贷款管理制度，优化农村青年小额贷款流程，充分利用现代支付手段创新适合农户需求的金融产品，不断扩大小额信用贷款覆盖面。 积极推进农村土地流转收益保证贷款试点，根据国家有关试点安排，慎重稳妥开展农村土地承包经营权、集体建设用地使用权、宅基地使用权抵押贷款试点。

（七）充分利用多层次资本市场融资，支持企业发展壮大。 支持贫困地区上市公司发展壮大。 支持贫困地区符合条件的上市公司通过增发、配股、公司债、可转债等多种方式实施再融资，并鼓励将募集资金投入贫困地区建设项目，带动地区经济发展。 支持上市公司并购重组贫困地区符合条件的企业，优化资源配置，推进产业升级。 支持企业利用多层次资本市场融资发展。 根据地方资源优势和产业特色，发掘一部分优质企业作为后备企业，有效整合各类资源，协调组建由沪深交易所、中小企业股转系统、辖区知名中介机构等单位组成的培育培训工作小组，根据企业发展现状和实际需求，开展多层次资本市场知识讲解、政策宣传和实务指导等，积极推动当地企业改制上市或挂牌。

（八）积极推动农业保险改革创新，促进农业保险稳健发展。鼓励保险公司创新农业保险险种，积极探索农产品目标价格保险试点。 探索发展涉农信贷保证保险。 加快发展藏区农业保险，提高藏区农业保险覆盖率。 督促保险公司提高农业保险服务质量，完善内控制度，增设服务网点，增加服务人员，建立有效的农险服务网络体系。 探索建立农业保险大灾风险分散机制，监督经办机构严格执行财政部关于大灾风险准备金提取的相关规定。

（九）加大金融政策和金融知识宣传培训力度，加强贫困地区金融消费权益保护工作。 加强对基层农村金融机构信贷业务骨干进行小额信贷业务技术培训，提升金融服务水平。 对贫困地区基层干部进行农村金融改革、小额信贷、农业保险、资本市场及合作经济等方面的宣传培训，提高运用金融杠杆发展贫困地区经济的意识和能力。 相关部门、共青团组织、金融机构、行业组织要加强协同配合，充分发挥农村金融教育培训（"金融惠民工程"）、"送金融知识下乡"等活动的作用，不断加强选派银行业金融机构优秀青年干部赴贫困县县级团委挂职工作力度，积极开展对贫困地区农村创业青年等特定群体的专项金融教育培训。 鼓励涉农金融机构加强与地方政府部门及共青团组织的协调合作，创新开展贫困地区金融教育培训。 加强金融消费权益保护工作，提高贫困地区农村金融机构从业人员素质，提升城乡居民和工商企业的金融意识和运用金融工具的能力以及风险识别、自我保护意识和能力。培育和提升对扶贫对象的金融扶贫能力，提高金融扶贫项目覆盖带动扶贫对象的精准度。

五、保障政策措施

（一）加大货币政策支持力度，增强信贷投放能力。进一步加大对贫困地区支农再贷款支持力度，合理确定支农再贷款期限，促进贫困地区金融机构扩大涉农贷款投放，力争贫困地区支农再贷款额度占全省的比重高于上年同期水平。落实支农再贷款优惠利率政策，对贫困地区一定比例存款用于当地贷款考核达标的、贷款投向主要用于"三农"等符合一定条件的金融机构，其新增支农再贷款额度，可按照银发〔2014〕65号文件规定实行优惠支农再贷款利率。深入推进支农再贷款引导支持惠农示范基地建设工程试点，引导提高支农再贷款使用导向效果，开展支农再贷款示范基地挂牌，加大支农再贷款使用效果宣传。合理设置和调整差别准备金动态调整公式相关参数，支持贫困地区法人金融机构增加信贷投放。完善再贴现业务管理，支持农村企业尤其是农村中小企业、农业产业化龙头企业、重点扶贫龙头企业等获得融资。

（二）有效实施差别化信贷政策，优化信贷结构。加大信贷政策指导力度，着力引导金融机构在坚持商业可持续和风险可控原则下，根据贫困地区实际需求适时调整信贷结构和投放节奏，将信贷资源向贫困地区适当倾斜。引导全国性银行机构加大系统内信贷资源调剂力度，从授信审查、资金调度、绩效考核等方面对贫困地区给予优先支持。 引导当地地方法人金融机构多渠道筹集资本，增加信贷投放能力，在满足宏观审慎要求和确保稳健经营的前提下，加大对贫困地区企业和农户的信贷支持力度。 积极引导小额担保贷款、扶贫贴息贷款、国家助学贷款等向贫困地区倾斜。 进一步完善民族贸易和民族特需商品贷款管理制度，继续对民族贸易和民族特需商品生产贷款实行优惠利率。

（三）强化农村金融差异化监管，引导银行业机构规划贫困地区网点服务建设和加大涉农信贷投放。 适当放宽贫困地区现行存贷比监管标准，对符合条件的贫困地区金融机构发行金融债券募集资金、发放的小微企业贷款以及运用再贷款再贴现资金发放的贷款，不纳入存贷比考核。 根据贫困地区金融机构贷款的风险、成本和核销等具体情况，对不良贷款比率实行差异化考核，适当提高贫困地区金融机构不良贷款率的容忍度，提高破产法的执行效率，在有效保护股东利益的前提下，提高金融机构不良贷款核销效率。 在计算资本充足率时，按照《商业银行资本管理办法（试行）》（银监会令2012年第1号）的规定，对符合规定的小微企业贷款适用75%的风险权重。 使用内部评级法的银行，对符合规定的小微企业贷款可以划入零售贷款风险，暴露计算其风险加权资产。 结合机构市场准入、监管评级、高管履职动态考核、信贷支农承诺等要素，探索制订多维度的银行业机构支农服务考核标准。

（四）加强财政金融政策配合，发挥财政政策的撬动作用。 加强金融政策与财政政策的协调配合，推动整合各类财政奖补资金，推动落实农户贷款税收优惠、涉农贷款增量奖励、农村金融机构定向费用补贴及小微企业贷款增量奖励等政策。 支持有条件的地方多渠道筹集资金，设立扶贫贷款风险补偿基金和担保基金，建立健全风险分散和补偿机制。整合政策资源，改革财政专项扶贫资金管理使用机制。推动贫困地区符合条件的市（州）、县（市、区）人民政府加快落实区域集优风险缓释基金，实现区域集优债券发行量的突破。

六、加强组织领导

（一）建立健全金融扶贫工作协调机制。成立以人行成都分行、财政厅、四川银监局、四川证监局、四川保监局、省扶贫移民局、团省委为成员单位的四川省金融扶贫工作协调小组，办公室设在人行成都分行。定期召开会议，互通信息、相互配合、整合资源、形成合力，构建多层次、多渠道的银政、银企定期磋商和扶贫融资对接机制，推动形成政府、相关部门、金融机构全面参与、整体推进的金融支持扶贫开发格局。各市（州）相关部门要根据工作实际情况，建立完善工作协调机制。

（二）加强协调，认真履职。人民银行各有关分支机构要加强统筹协调，灵活运用多种货币信贷政策工具，努力推动相关配套政策落实，确保贫困地区金融服务工作有序、有效开展；财政部门要支持各地立足本地实际，逐步增加财政扶贫贷款贴息资金；银行业监管部门要完善银行业金融机构差异化监管政策和准入制度，实行绿色通道，促进融资性担保机构在扶贫开发金融服务中发挥积极作用；证券监管部门要积极支持和培育贫困地区企业上市，并通过资本市场融资；保险监管部门要积极推进农村保险市场建设，不断增强贫困地区风险保障功能；扶贫移民部门要完善精准扶贫工作机制，建立健全贫困户、项目库等信息系统，做好优质项目、企业的推荐工作；共青团组织要加大农村青年致富带头人培养力度，发挥其在贫困地区脱贫致富中的带动作用。

（三）完善监测分析和考核评估制度。 进一步完善贫困地区金融服务的监测统计制度，继续按照《中国人民银行成都分行办公室关于建立金融支持集中连片特困地区"扶贫惠农工程"统计监测和报告制度的通知》（成银办发〔2013〕170 号）做好贫困地区经济金融相关数据的按季监测分析工作，并将监测范围从 2014 年第二季度起扩大至全省 88 个县。 建立贫困地区经济金融和扶贫相关数据共享和交换机制，财政厅、四川银监局、四川证监局、四川保监局、省扶贫移民局在每季度次月 20 号前向人行成都分行通报相关数据；人行成都分行定期和不定期通报相关情况。 探索开展金融扶贫信贷政策导向效果评估工作，加强考核并将考核和评估结果作为实施差别准备金动态调整和再贷款（再贴现）政策、银行间市场业务准入管理、在银行间债券市场开展金融产品创新试点、新设金融机构加入人民银行金融管理与服务体系等的重要依据，促进金融政策在贫困地区得到有效贯彻落实。

人民银行成都分行

四川省财政厅

四川银监局

四川证监局

四川保监局

四川省扶贫移民局

四川省团省委

四川省推进普惠金融发展规划

（2016—2020 年）

普惠金融是指立足机会平等要求和商业可持续原则，以可负担的成本为有金融服务需求的社会各阶层和群体提供适当、有效的金融服务。小微企业、农民、城镇低收入人群、贫困人群和残疾人、老年人等特殊群体是当前我省普惠金融重点服务对象。大力发展普惠金融，是四川同步全面建成小康社会的必然要求，有利于促进金融业可持续均衡发展，推动大众创业、万众创新，助推经济发展方式转型升级，增进社会公平和社会和谐。根据《国务院关于印发推进普惠金融发展规划（2016—2020 年）的通知》（国发〔2015〕74 号）、《四川省金融业"十三五"发展规划》以及《G20 数字普惠金融高级原则》，结合我省实际，制定本规划。

一、基础与现状

近年来，我省普惠金融服务在覆盖率、可得性、满意度方面取得明显成效。

（一）金融服务覆盖面稳步扩大。

1. 农村金融基础设施不断完善。截至"十二五"期末，全省农村地区共有金融服务网点 8 635 个；发展银行卡助农取款服务点 9.5 万个，累计布放 ATM 机具 1.9 万台、POS 机 35.6 万台；除甘孜、阿坝、凉山等 9 个市（州）外，均实现了乡镇银行网点全覆盖，支付清算网络不断向农村地区延伸；在全省具备条件的行政村实现了基础金融服务全覆盖。

2. 金融 IC 卡和移动金融有效推进。 截至 2015 年年末，金融 IC 卡累计发行 1 亿张，在存量银行卡中占比达 39.5%，新发行的银行卡基本上为金融 IC 卡；成都、自贡、雅安、南充、德阳 5 市被确定为全国金融 IC 卡多应用城市，并取得积极成效，显著提升了金融服务的便利性。

3. 保险保障能力不断提升。 截至 2015 年年末，全省共有 939 家保险机构经办农险业务，依托政府建立乡镇服务站 4 098 个、村级服务点 43 194 个，对 98% 的区（县）实现农险服务机构覆盖。 从事农险工作的专、兼职人员共有 47 808 名。 已构建了全国最大、覆盖面最全的农网保险服务体系。

（二）金融服务可得性不断提高。

1. “三农”金融服务不断完善。 截至“十二五”期末，全省金融机构涉农贷款余额 1.4 万亿元，占各项贷款新增额的 45.9%；累计发放支农再贷款 160.7 亿元，排名全国第 1 位；全省 16 个市（州）已开办土地流转收益保证贷款业务，累计发放贷款 8.1 亿元；全省涉农上市公司 16 家，新三板挂牌 7 家，涉农企业直接融资逾 63 亿元。

2. 小微企业金融服务水平不断提高。 截至 2015 年年末，全省小微企业贷款余额 10 404 亿元，贷款增速 17.32%，高于全省各项贷款平均增速 5.98 个百分点。 全省重点培育的“万家千亿”诚信小微企业中，成功融资率达到 81%，贷款余额 1 872.2 亿元。

3. 特殊群体金融服务不断加强。 高校毕业生、下岗失业人员、城镇低收入人群、贫困人群、残疾人、老年人等特殊群体金融支持不断加强。 截至 2015 年年末，四川省金融机构小额担保贷款余额 29.5 亿元，累计发放大学生村干部创业贷款 1.2 亿元。 2015 年全省贫困县各项贷款增速高于全省平均增速 4.1 个百分点，新增贷款占全省的比重为 8.7%；大病保险实现全省覆盖，共有 23 万人次受益于大病保险赔付，大病基金支出 6.7 亿元。 推动保险公司参与新农合、城镇职工补充养老保险、社会医疗救助等共计 204 项医保经办服务。

（三）金融服务满意度逐步提升。

1. 小微企业和农户贷款满意度不断提高。 截至 2015 年年末，小微企业贷款户数 85.5 万户，申贷获得率达到 93.9%。 农户贷款户均余额 3.86 万元。 为 39.7 万小微企业、45.9 万农户、2 129 户农村新型经营主体建立信用档案；共有 86 家小额贷款公司和融资性担保公司接入征信系统，上报个人征信数据 10.6 万笔，企业征信数据 1 250 笔。

2. 不断完善风险分担补偿机制，减轻企业财务负担。 积极发挥政策性担保、商业性担保服务实体企业的互补作用。 截至 2015 年年末，全省融资性担保公司小微企业在保余额 832.57 亿元，占比 45.87%。 通过财政金融互动、贴息安排，设立应急转贷资金、贷款风险补偿基金等渠道，增强金融机构的风险抵御能力。 2015 年累计兑现小微企业贷款奖补资金 2.9 亿元。 积极开展小额贷款保证保险试点，不断丰富科技保险、短期信用保险等适用于小微企业的产品。 2015 年全省运用小额贷款保证保险撬动银行机构发放小额贷款 56 亿元。 清理整顿不合理金融服务收费，规范中介机构收费行为。

2015 年全省共取消小微企业收费项目 162 项，实施优惠收费项目 87 个，累计受惠企业 6.33 万户，涉及金额 5.39 亿元。

3. 金融消费者权益保护工作扎实开展。初步建立了消费者权益保护机制，有效化解了金融消费纠纷，保护金融消费者合法权益。2015 年办结金融消费者投诉 2 000 多件。

尽管四川省普惠金融服务成效明显，但仍面临诸多问题与挑战：普惠金融服务不均衡；普惠金融体系不健全；金融基础设施建设有待加强；普惠金融产品创新力度不够，服务民生和弱势群体方面需要更精准。

二、指导思想、基本原则和发展目标

（一）指导思想。

以党的十八大和十八届三中、四中、五中、六中全会以及省委十届八次、九次全会精神为指导，认真贯彻落实党中央国务院和省委省政府工作部署，坚持政府引导与市场主导相结合、完善基础金融服务与改进重点领域金融服务相结合，不断提高金融服务的覆盖率、可得性和满意度，使最广大人民群众公平分享金融改革发展的成果。

（二）基本原则。

健全机制、持续发展。建立有利于普惠金融发展的体制机制，进一步加大对薄弱环节金融服务的政策支持，提高精准性与有效性，调节市场失灵，确保普惠金融业务持续发展和服务持续改善，实现社会效益与经济效益的有机统一。

机会平等、惠及民生。以增进民生福祉为目的，让所有阶层和

群体能够以平等的机会、合理的价格享受到符合自身需求特点的金融服务。

市场主导、政府引导。 坚持市场化运作，探索多元化、可持续的普惠金融发展模式，使市场在金融资源配置中发挥决定性作用。更好发挥政府在统筹规划、组织协调、均衡布局、政策扶持等方面的作用。

防范风险、推进创新。 在有效防范风险的基础上，鼓励金融机构在盈利模式、服务理念、产品和技术等方面的创新。 对难点问题坚持先试点，试点成熟后再推广。

统筹规划、因地制宜。 加强统筹协调，优先解决欠发达地区、薄弱环节和特殊群体的金融服务问题，鼓励各部门、各市（州）结合实际，积极探索，先行先试，做到"服水土、接地气、益大众"。

（三）发展目标。

到 2020 年，建立与全面建成小康社会相适应的具有四川特色的普惠金融服务和保障体系，有效提高金融服务可得性，明显增强人民群众对金融服务的获得感，显著提升金融服务满意度，满足人民群众日益增长的金融服务需求，特别是要让小微企业、农民、城镇低收入人群、贫困人群和残疾人、老年人等及时获取价格合理、便捷安全的金融服务，使我省普惠金融发展水平居于全国中上游水平。

1. 提高金融服务覆盖率。 构建起多层次、广覆盖的普惠金融组织体系，巩固助农取款服务村级覆盖网络，推动行政村一级实现更多基础性金融全覆盖。 拓展城市社区金融服务广度和深度，显著改善城镇企业和居民金融服务的便利性。 到 2020 年，在全省金融机构空白乡镇新设简易网点 130 个，保险服务乡镇覆盖率达 99.9%、村级覆盖率达 95%。

2. 提高金融服务可得性。 加大对城镇低收入人群、困难人群以及农村贫困人口、创业农民、创业大中专学生、残疾劳动者等初始创业者的金融支持，完善对特殊群体的无障碍金融服务。 加大对电子商务等新业态、新模式、新主题的金融支持，对电子商务等轻资产企业创新改革金融产品、降低融资贷款门槛。 未来五年，小微企业贷款信贷计划单列，力争每年实现"三个不低于"以及国务院和银监会关于小微企业金融服务的考核要求。 积极推进"三农"金融服务，努力实现涉农信贷投放持续增长。 到 2020 年，农业保险参保农户覆盖率提升至 95% 以上。

3. 提高金融服务满意度。 金融工具的使用效率得到有效提高。进一步提高小微企业和农户申贷获得率和贷款满意度。 力争到 2020 年年底，小微企业信用档案建档率达到 80%、农户信用档案建档率达到 50%。 明显降低金融服务投诉率。

三、主要任务

（一）发挥各类金融机构作用，建立健全金融监管差异化激励机制。

1. 发挥各类银行机构作用。 鼓励政策性银行以批发资金转贷形式与其他银行业金融机构合作，降低小微企业贷款成本。 探索与其他银行业机构合作开展出口退税账户委托贷款、统借统还转贷等业务，扩大对小微企业的支持覆盖面。 强化政策性功能定位，加大对农业开发和水利、贫困地区公路等农业农村基础设施建设的贷款力度，为"三农"发展提供期限长、成本低的政策性资金支持。

大型银行、股份制银行、邮政储蓄银行要继续推进专营机构建设，在川一级分行设立专门部室，二级分行以下安排专人专岗。 地方性法人银行要继续向小微企业集中区域增设小微支行、社区支行。 鼓励股份制商业银行、城市商业银行和民营银行扎根基层、服务社区，为小微企业、"三农"和城镇居民提供更有针对性、更加便利的金融服务。 鼓励法人金融机构发行"三农""小微企业"专项金融债券，增强支农支小资金实力。 支持邮政储蓄银行四川省分行稳步发展小额涉农贷款业务，逐步扩大涉农业务范围。

积极稳妥推进农村信用社产权改革，严格按照银监会和省政府"成熟一家，启动一家"的要求开展农村商业银行组建工作。 持续做好民营银行设立工作，继续支持民间资本投资入股或发起设立地方中小法人金融机构，进一步优化股权结构，增强内生发展动力。以集中连片扶贫县、百万人口大县中未组建村镇银行的县（市、区）为重点，加快在县（市、区）集约化发起设立村镇银行步伐，重点布局在"老少边穷"地区、农业地区、小微企业聚集地区。

2. 发挥多层次资本市场的作用。 以"创业板行动计划"和"四川省省级上市和挂牌企业后备资源库"为抓手，做实企业上市和直接融资培育工作，支持符合条件的涉农企业、中小微企业在多层次资本市场融资，促进更多涉农企业挂牌、上市，促进更多涉农上市公司再融资。 促进农产品期货市场发展。 支持贸易商、合作社充分利用期货市场，为规避农产品价格波动风险提供有效手段。 鼓励引导成都（川藏）股权交易中心、天府商品交易所、成都农村产权交易所、雅安市蒙顶山茶叶交易所等机构围绕小微企业、"三农"等普惠金融重点服务对象规范提供交易、融资等服务。 支持符合条件的涉农企业、小微企业在银行间市场发行各类债务融资工具。

3. 发挥保险公司保障优势。 稳步拓宽政策覆盖面，提高保险保障水平，增强风险保障能力。 加大对涉农保险财政税收优惠政策的支持力度。 鼓励保险机构调动更多保险资源进入农业农村，建立健全涉农保险服务体系，提高涉农保险服务的可及性和便利性。 鼓励保险公司规范农业保险投保、理赔程序，简化办事手续。 鼓励各地因地制宜开展特色优势农产品保险，探索开展农产品价格指数保险、气象指数保险、农产品产量保险等，稳步扩大畜牧业、森林保险、农房保险、农业基础设施保险、农机具保险等的覆盖范围，满足不同层次的农业保险需求。 推动保险资金直投支农融资项目。积极发展涉农小额贷款保证保险，开展农险保单贷款业务，缓解农业企业、农户等农业生产经营主体周转资金困难。 鼓励保险机构将资源向贫困地区和贫困人群倾斜，积极开发扶贫农业保险产品，满足贫困农户多样化、多层次的保险需求。 建立健全贫困地区保险服务体系，依托村委会、居委会建设保险服务站，开展面向基层群众的保险惠民服务。 大力发展针对小微出口企业的短期出口信用保险，支持小微出口企业扩大出口规模，重点支持农产品出口和农业企业走出去。 深入推进城乡居民住房地震保险和个人税优健康保险试点。 以商业养老保险和医疗健康保险等为重点，鼓励商业保险机构提供与社会保险相衔接的产品和服务，发挥商业保险对社会保险的补充作用。 大力发展环境污染、医疗执业、安全生产等与公众利益密切相关的责任保险，探索开展强制责任保险试点。 充分发挥保险的风险管理技术优势，将保险纳入灾害事故防范救助体系。

4. 规范发展各类新型机构。 大力发展政府性融资担保机构，规范发展民营、混合经营的融资担保机构。 加快建设纵横交错的全省融资担保体系、再担保业务体系。 推进完善"政银"担风险分担试点，引入更多"金融活水"支持小微企业和"三农"发展。 地方政府主导建立风险担保基金，引领推动各类农业农村产权抵押贷款发展壮大。

积极发挥小额贷款公司和典当行融资功能，努力提升小微企业融资服务水平。 鼓励优质小额贷款公司通过引进战略投资者、增资扩股、定向发债、资产转让、资产证券化、股东借款等方式做大做强。 推动符合条件的小额贷款公司享受西部大开发企业所得税优惠政策。

推动唯品会消费金融公司等设立落地，推动青白江、温江村镇银行尽快设立。 鼓励消费金融公司、财务公司、融资租赁公司创新开发差异化金融产品，更好地满足小微企业和涉农企业的融资需求。 力争新建金融租赁公司、消费金融公司，激发消费潜力，促进消费升级。

促进互联网金融组织规范健康发展，严格执行行业准入标准和从业行为规范，建立信息披露制度，提高普惠金融服务水平，降低市场风险和道德风险。

积极稳妥发展农村资金互助合作组织，促进资金互助与农业生产有效融合，更好地发挥资金互助合作组织在支持"三农"发展和脱贫攻坚中的积极作用。

5. 健全金融监管差异化激励机制。 以正向激励为导向，从业务和机构两方面采取差异化监管政策，引导银行业金融机构将信贷资源更多地投向小微企业、"三农"、特殊群体等普惠金融薄弱群体和领域。 推进小微企业专营机构和网点建设。 有序开展小微企业金融债券、"三农"金融债券的申报和发行工作。 进一步研究加强对小微企业和"三农"贷款服务、考核和核销方式的创新。 推进落实有关提升小微企业和"三农"不良贷款容忍度的监管要求，完善尽职免责相关制度。 积极发挥区域性股权市场、债券市场和期货市场的作用，引导证券投资基金、私募股权投资基金、创业投资基金增加有效供给，进一步丰富小微企业和"三农"的融资方式。 鼓励建立农业产业发展投资引导基金。 加强四川省农业保险统筹规划，完善农业保险管理制度，建立全省农业保险管理信息平台。 扶持小额人身保险发展，支持保险公司开拓县域市场，积极争取保险公司总部政策支持，大力推进"险资入川"。

（二）创新金融产品和服务手段，促进金融脱贫攻坚和精准扶贫。

1. 创新小微企业金融产品和服务。 围绕小微企业融资特点，引导银行机构积极开展保理、融资租赁、企业主个人财产担保、联保贷款等新型信贷业务。 推动金融机构开展担保方式创新，大力推广应收账款、知识产权、股权、动产、订单、仓单抵质押贷款。 鼓励银行与保险公司合作，引入贷款保证保险机制。 支持发展出口信用保险、信用保证保险和保单质押贷款，盘活应收账款等担保资源。支持金融机构优化民营企业信贷管理，通过提前进行续贷审批、设立循环贷款、实行年审制等措施降低民营企业融资成本。 积极推广"银税互动""银税保互动"等新服务模式，将"银税合作"推广到县域。 支持优质小微企业上市或到"新三板"、成都（川藏）股权交易中心挂牌融资。 鼓励小微企业引入私募股权投资基金、创业投资基金，以及利用债贷组合等新型模式融资。 构建"小额担保贷款+信用社区建设+创业培训"等联动机制，以创业带动就业，支持大学毕业生、返乡农民工自主创业。

2. 创新"三农"金融产品和服务。 以成都市农村金融服务综合改革试点为契机，探索开展涉农资产证券化试点。 加强对规模农业、农产品加工、休闲观光农业和农村电子商务等的金融支持。 建立农村"两权"抵押、流转、评估的专业化服务机制。 在涉农金融机构中全面开展农村土地承包经营权抵押、农民住房财产权抵押和农村土地流转收益保证贷款试点，激活农村金融市场。 大力发展农业保险，鼓励市、县因地制宜开展特色农险，积极开发推广目标价格保险、天气指数保险、收入保险试点等，精准对接农业保险服务需求。

支持金融机构根据农业生产经营流程，发展订单、仓单质押等产业链、供应链金融服务新模式，引导金融机构创新"合作社+农户""公司+基地+农户"等服务方式，提高农业金融服务集约化水平。 积极开展农机具、存货、订单、应收账款、水域滩涂使用权抵押等创新业务。 鼓励开展农业机械等方面的金融租赁业务。 建立多元化的农业农村贷款担保机制，创新联保、互保等多种形式组合担保贷款模式、推进农户信用评级，设立"星级信用户"评价制度，实行免评估、可循环小额信用贷款的鼓励政策。

3. 促进互联网金融健康、良性发展。 积极推动银联入股天府通，四川商通等法人机构争取互联网支付、移动支付、银行卡收单等牌照，进一步整合各方资源、拓展业务范围。 鼓励互联网支付机构服务电子商务发展，为社会提供小额、快捷、便民支付服务，提升支付效率。 发挥网络借贷平台融资便捷、对象广泛的特点，引导其缓解小微企业、农户和各类低收入人群的融资难问题。 发挥股权众筹融资平台对大众创业、万众创新的支持作用。 发挥网络金融产品销售平台门槛低、变现快的特点，满足各消费群体多层次的投资理财需求。 鼓励金融机构加强与社保、医保、交通、旅游、商务等相关的行政管理机构合作，运用大数据、云计算等新兴信息技术，打造互联网金融服务平台，为客户提供信息、资金、产品等全方位金融服务。

4. 加大金融对脱贫攻坚的支持力度。 重点围绕"四大集中连片特困地区"和"五个一批"攻坚行动计划，按照"监管引导、信贷支持、普惠服务、智力扶持、结对帮扶"的模式和"四单"要求实施精准扶贫。

发挥货币政策工具的支持引导作用。 切实增强贫困地区金融机构就地、就近的媒介资金作用，在相关合意信贷规模或宏观审慎标准的权重计量上，体现对贫困地区金融机构的必要倾斜。 加大对贫困地区扶贫再贷款支持力度，合理确定扶贫再贷款期限，执行优惠利率，引导地方法人金融机构加大专项信贷投放，切实降低贫困地区融资成本。 在贫困地区开展金融助推脱贫攻坚示范基地创建。加大再贴现支持力度，支持贫困地区农业产业化龙头企业、小微企业等获得融资。 认真落实县域法人金融机构新增存款一定比例用于当地、定向降准等优惠政策，对符合条件的金融机构实行较低的存款准备金率。

加大贫困地区信贷投放。 以 2015 年年底银行业贫困地区贷款

311

为基数，各银行业机构进一步加大信贷投入，确保贫困地区各项贷款增速高于全省当年各项贷款平均增速，贫困户贷款增速高于农户贷款平均增速，贫困地区中长期贷款增速高于各项贷款平均增速。重点鼓励开发行省分行、农行省分行加大贫困地区基础设施、产业发展、生态保护、教育扶贫等领域的信贷资金投放，其他涉农金融机构要着重加大建档立卡贫困户的小额信贷投放，大幅度提高建档立卡贫困户扶贫小额信贷覆盖率。

创新连片贫困区域的金融组织体制。 对在甘孜藏族自治州、阿坝藏族羌族自治州、凉山彝族自治州（以下简称"三州"）设立的村镇银行及创新金融企业，争取有关部门的支持，优先在三州试点，实施"企业自主、全州覆盖"的业务模式。 创新金融扶贫产品及模式。 完善小额信贷、创业担保贷款、助学贷款、康复扶贫贷款政策，稳妥推进农村"两权"抵押贷款试点，拓宽贫困户抵押担保范围。 因地制宜指导 88 个贫困县小贷公司建设。 指导开发行省分行、农发行省分行对接各地项目和资金需求，加大对易地扶贫搬迁的金融支持。 研发扶贫开发金融产品，加大对实施易地扶贫搬迁的贫困人口安置、安居和就业创业各阶段的信贷支持。 积极做好定点扶贫和驻村帮扶工作，制定并落实"金融扶贫开发合作协议"和"一对一"个性化帮扶方案。 深入实施智力扶贫，认真办理 88 个贫困县国家助学贷款和生源地助学贷款，做到应贷尽贷，确保受助总人数、贷款金额逐年上升。

（三）健全信用信息体系，推进金融基础设施建设。

1. 推进信用信息体系建设。 加快建立多层级的小微企业和农民信用档案平台，实现企业主个人、农户家庭等多维度信用数据可应用。 扩充金融信用信息基础数据库接入机构，降低普惠金融服务对象的征信成本。 积极培育从事小微企业和农民征信业务的征信机构，构建多元化信用信息收集渠道。 通过全国统一的信用信息共享交换平台及地方各级信用信息共享平台，推动政务信息与金融信息互联互通。 鼓励各市（州）设立服务小微企业和农村的信用信息服务机构，加快建设信用信息服务网络和融资对接平台。 做好新设村镇银行、小额贷款公司和融资性担保公司接入征信系统工作，不断扩大金融信用信息基础数据库覆盖面。 扩大征信产品运用领域和范围，探索适合小微企业和农村经营主体的征信产品和征信服务。 健全互联网、自助查询设备等多元化的信用报告查询渠道，优化征信异议和投诉处理工作流程，持续提升金融信用信息基础数据库服务水平。

2. 推动农村支付服务体系建设。 持续开展"支付惠农示范工程"创建活动，巩固农村支付服务环境建设成果。 全面实现全省银行卡受理机具和业务功能互联互通，丰富银行卡助农取款服务点的转账、缴费等业务功能。 拓展银行卡助农取款服务广度和深度，切实提升支付基础设施的有效使用率。 大力推广银行卡、电子账户等非现金支付工具，提高银行账户普及率。 鼓励银行机构和非银行支付机构面向农村地区提供安全、可靠的网上支付、手机支付等服务。 进一步加强支付系统建设，不断延伸支付清算网络覆盖面，推动和指导中小金融机构接入四川支付结算综合服务系统，丰富资金结算渠道。

3. 完善农村金融网点布局。 鼓励和支持银行、证券、保险机构优化网点布局，进一步向县域及乡镇延伸网点，加大在金融机构空白乡镇规划设置便民简易网点和提供定时定点服务及流动服务方式，支持设立新型农村金融机构，努力消除金融机构空白乡镇。 支持有关银行机构在乡村布放 POS 机、自动柜员机等各类机具，进一步向乡村延伸银行卡受理网络。 鼓励保险机构建立健全乡、村两级保险服务体系，提升涉农保险服务水平。 增强证券、期货、基金等

313

经营机构对县域范围内投资者的服务。加强规划布局，提高准金融机构在县域的覆盖率。引导省内符合条件的融资性担保机构在县域设立分支机构或开展业务。

4. 加强城市社区便民金融服务。围绕衣、食、住、行等民生活动，建立社区金融生活圈，为社区服务商和居民提供普惠金融服务。大力推进普及金融 IC 卡，推动金融 IC 卡在交通、旅游、园区、社保、卫生等公共服务领域多应用规模化发展。深化移动电子商务金融科技服务创新试点工作，完善金融 IC 卡暨移动金融基础服务平台。

（四）加强普惠金融教育和金融消费者权益保护，培育公众风险意识。

1. 加强金融知识宣传教育。广泛利用电视广播、"书报刊"、数字媒体等渠道，多层面、广角度长期有效普及金融基础知识，注重培养社会公众的信用意识和契约精神。针对农民、城镇低收入人群、贫困人群和残疾人、老年人等特殊群体有针对性地开展反假货币、投资理财、第三方支付等金融知识教育，开展"送金融走基层"等特色化、差异化政策宣传，深化金融政策普及度。

2. 加大消费者权益保护力度。加强金融消费权益保护监督检查，进一步加强银行卡风险管理，及时查处侵害金融消费者合法权益行为，维护金融市场秩序。畅通金融机构、行业协会、监管部门、仲裁、诉讼等金融消费争议解决渠道，建立健全第三方非诉讼纠纷解决机制。加强与金融消费者权益有关的信息披露和风险提示，引导金融消费者根据自身风险承受能力和金融产品风险特征理性投资与消费。

3. 培育公众风险意识。以金融创新业务为重点，针对金融案件

314

高发领域，运用各种新闻信息媒介开展金融风险宣传教育，提高公众对非法集资行为的认知度和辨识度，树立"收益自享、风险自担"观念，促进公众强化金融风险防范意识。

四、保障措施

（一）加强组织推进。

依托全省现代金融业推进工作领导小组，建立普惠金融工作组织推动机制。强化统筹协调，加强各部门之间的信息沟通和共享，形成工作合力。各市（州）、各部门、有关单位应结合工作职责，研究制定具体措施。加强专项督导，建立规划推动的跟踪督办和考核评估机制。

（二）发挥政策引导激励作用。

1. 加大信贷支持力度。实施年度贷款增量奖补、新增客户首贷奖补、金融专项债券奖补等财政政策，支持金融机构增加小微和"三农"贷款投放，促进四川省金融信贷规模稳步增长。建立定向贷款激励机制。实施支农支小贷款奖补、精准扶贫贷款奖补等财政政策，引导金融机构重点增加对"三农"、小微企业、精准扶贫等薄弱环节的信贷投放，降低社会融资成本。

2. 健全融资分险机制和补偿机制。建立健全政府、银行、担保、信保共同分担的融资担保风险补偿机制，搭建针对中小微型出口企业的综合金融服务平台，统筹解决小微出口企业接单、风险和融资难题。实施实体企业贷款风险补贴和小微企业贷款风险补贴等财政政策，支持设立扶贫贷款风险补偿基金和担保基金，营造促进实体企业融资良好的外部环境，吸引更多金融资源投向实体。

3. 加强财政与金融政策的协调配合。探索整合财政扶贫资金，充分发挥财政资金对金融资源的支持和撬动作用。 认真落实农户小额信用贷款税收优惠、涉农贷款增量奖励、农村金融机构定向费用补贴、农业保险保费补贴和精准扶贫、支农支小等财政金融互动政策，撬动更多金融资源向贫困地区配置和倾斜。

4. 设立普惠金融发展专项资金。 发挥财税政策作用，立足公共财政职能，设立、完善、用好普惠金融发展专项资金，重点针对普惠金融服务市场失灵的领域，遵循保基本、有重点、可持续的原则，对普惠金融相关业务或机构给予适度支持，更好地保障困难人群的基础金融服务可得性和适用性。

（三）开展普惠金融试点示范。

规划实施应全面推进、突出重点、试点探索、防范风险。 对需要深入研究解决的难点问题，可在小范围内分类开展试点示范，待试点成熟后，再总结推广。 各市（州）要在风险可控、依法合规的条件下，开展推进普惠金融发展试点，推动改革创新，加强实践验证。 积极探索发挥基层组织在推进普惠金融发展中的作用。 以创建为契机、以典型作示范，推动金融扶贫惠农工作向更深层次、更高水平拓展。

（四）建立健全普惠金融践行评价体系。

推动设立四川省普惠金融研究院，开展普惠金融监测评估、行业调研与培训，编制四川省普惠金融发展蓝皮书，构建普惠金融发展评价体系。

四川省人民政府

2016 年 12 月 26 日